JN098321

民事判例 *27*

2023年前期

現代民事判例研究会編

日本評論社

民事判例 27——2023年前期　目次

●本号の対象裁判例について

『民事判例 27　2023 年前期』のうち、最新裁判例を紹介・検討する第 1 部、第 2 部、第 3 部では、基本的に、2023 年 1 月〜 6 月に公刊された裁判例登載誌に掲載された裁判例を対象としている。

◆「第 1 部最新民事裁判例の動向」で対象とした裁判例登載誌は以下のとおりである (括弧内は略語表記)。それ以降 (若しくはそれ以前) の号についても対象としていることがある。なお、前号までの当欄ですでに紹介された裁判例については省略している。また、環境、医事、労働、知財に関する裁判例については、原則として第 2 部の叙述に譲るものとしている。

最高裁判所民事判例集 (民集)	76 巻 5 号〜 76 巻 6 号
判例時報 (判時)	2535 号〜 2553 号
判例タイムズ (判タ)	1502 号〜 1507 号
金融法務事情 (金法)	2201 号〜 2212 号
金融・商事判例 (金判)	1656 号〜 1668 号
家庭の法と裁判 (家判)	42 号〜 44 号 (「家族裁判例の動向」のみ)

◆「第 2 部最新専門領域裁判例の動向」では、第 1 部で対象とした上掲の裁判例登載誌を基本としつつ、各専門領域の特性に応じて、裁判例登載誌等の対象が若干変わっている。

「環境裁判例の動向」→上掲の民集、判時、判タのほか、判例地方自治（判例自治）492 号〜 498 号を付加。2023 年 1 月〜 6 月に裁判所 HP に掲載されたものも含める。
「医事裁判例の動向」→上掲の民集、判時、判タ、金法、金判のほか、2023 年 1 月から 6 月が判決の言い渡し日かつ 2023 年 6 月末日までに HP に掲載された裁判所 HP に掲載されたものも含める。
「労働裁判例の動向」→上掲の民集、判時、判タのほか、労働判例（労判）1275 号〜 1285 号、労働経済判例速報（労経速）2499 号〜 2515 号を付加。
「知財裁判例の動向」→言渡日が 2023 年 1 月〜 6 月であって、2023 年 6 月末時点で裁判所 HP に掲載されたもの、また、行政裁判例（審決取消訴訟の裁判例）も含める。

◆裁判例登載誌の表記は、本文では紙幅の都合により原則として 1 誌のみを表示し、「今期の裁判例索引」において可能な限り複数誌を表示することとした。

◆「第 3 部注目裁判例研究」では、第 1 部、第 2 部の「動向」で対象としたもののうち、とくに注目すべき裁判例をとりあげ、検討を加えている。なお、「動向」欄では前号までに紹介済みとして省略した裁判例であっても、今期対象とした裁判例登載誌等にも登場したものについては、第 3 部で検討する対象に含めている。

本書の略号

民集：最高裁判所民事判例集　　　　　金判：金融・商事判例
集民：最高裁判所裁判集民事　　　　　家判：家庭の法と裁判
裁時：裁判所時報　　　　　　　　　　判例自治：判例地方自治
訟月：訟務月報　　　　　　　　　　　労判：労働判例
判時：判例時報　　　　　　　　　　　労経速：労働経済判例速報
判タ：判例タイムズ　　　　　　　　　ほか、雑誌名は通常の略記法に従う
金法：金融法務事情

取引裁判例の動向

熊谷士郎　青山学院大学教授

現代民事判例研究会財産法部会取引パート

はじめに

　今期の取引に関わる最高裁判決としては、賃料債務等の保証委託及び連帯保証に関する契約書中の無催告解除条項及び明渡擬制条項の消契法10条該当性に関する [1] 最一判令4・12・12民集76巻7号1696頁並びに地方自治体との給水契約に関わる [6] がある。前者は、注目裁判例研究「取引1」に委ねる。後者は、主に行政法の判例として取り上げられるものであるが、「給水契約は、水道事業者が水道により常時水を供給する義務を負い、需要者がこの給付に対して料金の支払義務を負う有償双務契約であり、私法上の契約である」(本件コメント・判タ1501号48頁) という観点からは、ここで紹介することが許されよう。

　今期の特徴としては、消費者法関連の判例・裁判例が多いことが挙げられる。前掲 [1] のほか、[18] ～ [22] の計5事例がある ([2] もここに含み得ようか)。また、取引裁判例として診療契約の債務不履行のみを問題としている [14] だけを紹介したが、医療過誤関連の裁判例が多い。取引環境に戸惑い、心と体を傷つけられる人の脆弱性について考えさせられる。また、破産申立事件処理の委任契約に基づく弁護士の財産散逸防止義務に関する [13] と合わせると、専門家責任ないし信任関係という視点が見えてくるかもしれない。

1　契約の成立・錯誤

　インターネット・オークションに関する [2] 横浜地判令4・6・17判時2540号43頁(確定) が注目され、本稿のもとになっている研究会においても議論が集中したため、やや詳細に紹介したい。Xは、令和3年4月26日20時7分、ヤフーオークションにおいて、Yが出品した腕時計(本件時計)につ

いて9万2000円の価格を入札した。その後、Xが入札した価格よりも高い価格で入札した者が落札者(第1落札者)に決定されたが、この入札をYが入札者削除の方法により取り消したため次点の入札者(第2落札者)が補欠落札者として繰り上がった。Yは、同日21時42分、第2落札者の入札も入札者削除の方法により取り消したため、次々点の入札者であったXが補欠落札者として繰り上がった。Xは、本件時計の落札に同意するか確認されたため、同日21時52分、同意し、同日21時57分、Yahoo！かんたん決済を使用して本件時計の代金(送料含む)を支払ったうえで、取引ナビの取引メッセージで「支払い完了しました。どうぞよろしくお願いいたします。」と連絡した。同日22時4分、YはXに対し、取引ナビの取引メッセージで「この価格では売れません。常識的な価格が有ると思います。終了時間を間違えました。当方のミスです。」などと連絡したところ、Xは、同日22時45分、Yに対し、取引ナビの取引メッセージで「契約の不当解除は受け入れられません。…契約の履行を請求します。」などと連絡した。翌27日7時17分、YはXの都合によるキャンセルとしてXにつき落札者から削除したのに対して、Xは、同日9時20分、Yに対し電話で本件時計の引渡を求めた。このような事実関係のもとで、Xは、ヤフーオークションにおいて、Yが出品した本件時計を落札したが、Yが正当な理由なく取引を中止したことについて、債務不履行に基づく損害賠償等を請求した。原審(保土ヶ谷簡判令3・10・28判時2540号47頁) は、「一般的に、インターネットオークションにおいては、落札者が決定した後に、出品者と落札者が交渉して取引条件に関する意思が合致した時に商品の売買契約が成立するものと考えられ」、「本件取引に関しては、Xが落札者に決定された後、Yが直ちに「落札者の都合」によって落札者(X)を削除していることに争いはないから、XY間に取引条件に関する意思の合致はな」い、とし

て売買契約の成立を否定した。X控訴。本判決は、「インターネット・オークションにおいて商品が落札された場合、出品者と落札者は、売買契約を締結することになる」が、「売買契約は、売主と買主の申込みと承諾の意思表示が合致した時点で成立するところ、取引のどの過程のどの段階で契約が成立するかについては、個々の取引の規定、態様、経過等を考慮して当事者の合理的意思解釈をする必要がある」という一般論を述べたうえで、「ヤフーオークションでは、……出品者と落札者との間の売買契約の成立時期を明示した規定は存在していないため、XとYとの間の取引について、取引態様等に鑑みて判断するのが相当である」とし、「Yは、本件時計を出品した時点で、送料は落札者負担、送料は全国一律520円、支払手続から1〜2日で発送する旨提示していたこと、本件時計の落札者は、「Yahoo！かんたん決済」など複数の方法から自ら選択して、落札金額に上記送料を足した額を即時に支払うことが可能であったことが認められ」「Yと本件時計の落札者との間で、落札後に取引条件について交渉することは予定されていなかった」こと、「Yは、本件時計を出品し、入札可能期間が終了するまで、その出品を取り消さず、さらに、「補欠を繰り上げる」が選択されている状態で、第1落札者と第2落札者の入札を落札者削除の方法により取り消し、Xを補欠落札者として繰り上げたことから、補欠落札者となったXは、本件時計の落札に同意した」ことに鑑みると、「遅くとも、Yが、Xが落札者に繰り上げる旨の操作をした時点で、YからXに対し売買契約の申込みの意思表示があったと解することができ、Xが落札に同意したことで売買契約に承諾する意思表示があり、XとYとの間で、売買契約が成立した」と判断した。また、Yの錯誤取消しの主張については、「Yは、Xより高い価格で落札した第1落札者及び第2落札者の入札を取り消していること、Xにより支払完了の連絡があるや否や、即座にXによる落札価格では売れない旨連絡したことが認められるから、Yが「補欠を繰り上げる」が選択されている状態で第2落札者を削除する旨の操作をした時点において、Yには、Xに対して落札価格9万2000円で本件時計を売る意思はなかったことが推認される」ので、「Yの意思表示には対応する意思がなく、当該意思表示は、錯誤（民法95条1項1号）に基づくものと認められ」、「法律行為の目的及び取引上の社会通念に照らして重要なものであると認められる」としたうえで、重過失の有無について、ヤフーオークションのシステムのもとでは、「Yは、第2落札者を削除する操作をするに当たって、2度、明確に、補欠落札者が繰り上がることを示されていながら、これを看過したこと」、また、Yは、Xを補欠落札者として繰り上げる前にも、「補欠を繰り上げる」が選択されている状態で第1落札者を削除し、第2落札者を繰り上げていた」こと、さらに、「Yが、多数の取引経験を有し、本件取引以前の複数回の取引において、落札後に落札者を削除していたと認められることを併せ考えると、Yは、「補欠を繰り上げる」の選択を解除しないで落札者を削除すると、補欠落札者が繰り上がり、次点の落札者に権利が移転することを容易に認識し得た」として、Yの錯誤は重大な過失によるものであったとし、売買契約の申込みの意思表示の取消しを認めなかった。結局、本判決は、Yの売買契約に基づく本件時計の引渡義務の債務不履行に基づく損害賠償を認め、本件時計価額相当額15万円からXが支払うはずであった9万2520円を控除した残額5万7480円の損害賠償請求を認容した。本判決はインターネット・オークションあるいはヤフーオークション一般についての契約成立時期を論じたものではなく、あくまで本件XY間の売買契約の成立について判断したものとされる。もっとも、研究会においては、この判決の射程を広く解すべき可能性の指摘とともに、射程を限定的に解する場合に本件の特殊性をどこにみるべきかについて議論があった。また、本判決の評釈（深川裕佳・法セ823号114頁、右近潤一・新判例解説Watch民法（財産法）No.244）では検討されていないが、錯誤取消しに関する判断も注目されるべきであろう（研究会においては、錯誤の有無に関する本判決の判断を問題視する指摘があった）。

錯誤について判断したものとして、[3] 東京高判令3・12・23金判1666号8頁（上告・上告受理申立て後、東京高決令4・3・31により上告受理申立て却下、最一決令4・7・28自保ジャーナル2135号175頁により上告棄却）もある。8年以上日本に入国していなかったAが、日本に入国した後、成田空港に所在するYの保険代理店であるBのカウンターにおいて、海外旅行保険契約（本件保険契約）を締結する際、Aが本件保険契約に係る海外旅行保険申込内容確認用紙に記載した住所が東京の繁華街であったこと等から、Bの担当者CがAに尋ねたところ、Aは同所には住んでおらず宿泊をしている旨答えたため、CがAに住んでいる場所を記載するように依頼し、Aは新しい確認用紙の住所欄に群馬県桐生市aの住所を記載した。その後、Aがフィリピンにおいて死亡したため、Aの妻であり相続人であるX

が、本件保険契約に基づき亡Aの傷害死亡保険金の支払を請求した。本件では、旅行行程中の保険事故の発生の有無(後述)のほか、Bの錯誤の有無が問題とされた。本判決は、錯誤について、「Bは、Xが……群馬県の住所地に居住しているものと認識して本件保険契約を締結したものと認められる」一方、「本件保険契約締結当時、Aは実際にはフィリピンのX宅に生活の本拠を置き、同所において居住していたものと認められ」、「Bは、実際にはAは海外に居住していたにもかかわらず、Aは日本国内に居住しているものと誤信して本件保険契約を締結したものであり」、「本件確認用紙に『海外居住の方…は、お引受けできません。』と記載されていることからすれば、BはAが実際には海外に居住していることを知っていれば本件保険契約を締結しなかったものと認められる」ことから、本件保険契約は錯誤により無効であると判示した。

2　約款の解釈

[4] 東京地判令4・3・25金判1658号32頁(控訴)は、クレジットカード契約における、いわゆる家族条項の解釈が問題とされた。Xは、株式会社Y₁及び株式会社Y₂との間で、それぞれクレジットカード契約を締結し、Xの妻であったAは、クレジットカード契約における家族会員として、XがY₁及びY₂から貸与された各家族カードを使用していた。XとAが別居中に、株式会社Y₃のウェブサイトでY₃グループを構成する店舗の1つとして掲載されているホストクラブにおいて、上記各家族カードを利用した代金決済取引がなされた。これは、Aの承諾を得ずにAの姪であるBが上記各家族カードをAのかばんの中の財布から抜き取ったうえ、Aの自宅を訪れた何者かが上記各家族カードをBから受け取り、上記店舗でBの未払飲食代金の決済をしたものであった。本判決は、Y₁に対する不当利得返還請求及びY₂に対するY₂規約に基づく損害てん補請求を認容し、Y₃に対する不法行為による損害賠償又は名板貸責任に基づく請求を棄却した。Y₁のカード規約においては、他人がクレジットカードを使用した場合において、会員は、その使用に起因して発生する債務について支払義務を負うものの、一定の範囲で会員の支払義務を免除することとされているが、「会員の家族、同居人、留守人その他会員の委託を受けて身の回りの世話をする者等、会員の関係者が紛失、盗難等に関与し、または不正使用した場合」は支払免除の対象外とされていたため、Bがこ

こでいう「会員の関係者」に該当するかが問題となった。本判決は「Y₁規約には、上記『会員の関係者』の意味内容を具体的に定義した定めは存在しないところ、……クレジットカードの不正利用のリスクを会員に配分する観点から、会員と一定の関係性のある人物による不正利用を支払免除の対象から除外する規定であること、『会員の関係者』としては、会員の家族、同居人、留守人、会員の委託を受けて身の回りの世話をする者が例示されているところ、これらはいずれも会員と共同生活を営むなどして社会生活上密接な関係にある者であることからすると、上記『会員の関係者』についても、例示された会員の家族等に準じる程度に社会生活上密接な関係にある者を指す」とし、BがAの姉の子であるというにとどまり、XあるいはAと同居していたものでも生計を一にしていたものでもなく、Aの自宅に月に1回程度遊びに来るという関係にあったに過ぎず、XあるいはAの家族、同居人等に準じる程度に社会生活上密接な関係にあったものとは認められないとした。Y₂の規約においては、支払義務の免除ではなく、会員保障制度として、盗難等によって会員が被るクレジットカードの不正利用による損害をてん補するとされているが、ほぼY₁の規約が適用される場合と同様の解決となるところ、そこでいう「会員の家族」についても、「会員と共同生活を営み、社会生活上密接な関係にある親族を指す」とし、Bはこれに当たらないとした。従来の裁判例は、家族条項の対象者に含まれることを前提に不正利用のリスクをカード会員にすべて負わせるべきかが問題とされていたものであったところ、そもそも家族条項の適用対象者の範囲が問題となった点に特色がある。その他、本判決の論点は多岐にわたるが、これらについては酒巻修也・新判例解説Watch民法(財産法)No.246参照。

[5] 水戸地下妻支判令4・9・8金判1662号35頁(確定)では、期限の利益喪失条項の性質が争われた。地方自治体Xは、Aに対して二つの貸付けを行い(本件貸付①②)、いずれもYが保証人となった(本件保証契約①②)。XがYに対して本件各貸付の残債務の支払いを求めたのに対して、Yは消滅時効を援用した。本判決は、期限の利益喪失条項が「当然喪失型」か「請求喪失型」かは、「期限の利益喪失に関する合意の内容、すなわち本件各貸付の解釈によって決するのが相当である」としたうえで、「本件各貸付契約書には、正当な理由なく本件規程及び本件各貸付契約に基づく貸付条件に違反したときは、直ちに債務の全部又は一部を返還しなければならない旨の

定めがあり……、かかる文言からすれば、「貸付条件」に違反した場合には、Xの請求を待たずに、期限の利益を喪失し、直ちに債務の全部又は一部を返還する義務を負う、すなわち当然喪失型であったと解される」とし、本件各貸付契約書の「貸付条件」という文言の内容として「返済方法(償還方法)」が含まれることは、貸金業法15条1項3号等の規定における「貸付条件」の文言の用法からも明らかだという。なお、本件各契約について適用されるXの「地域改善対策特定事業住宅資金貸付規定(本件規定)」には、町長は正当な理由なく貸付条件に反したときは定められた償還期限前に当該借受人に対し住宅資金の全部又は一部の償還を請求することができる旨の条項があるところ、仮に「本件規程の全部が普通取引約款として契約内容に取り込まれると解したとしても、そもそも、約款の解釈にあたっては、契約書の各条項に抵触しないように解釈されなければならない」として、本件規定が「町」と「町長」を書き分けていること等から、上記のような条項は、町における町長の権限を明らかにしたものに過ぎず、期限の利益喪失条項について請求喪失型を定めたものと解することはできないという。

[6] 最三判令4・7・19民集76巻5号1235頁(破棄差戻し)では、給水条例の解釈が問題とされた。宿泊施設を経営する株式会社X₁(原告・控訴人・上告人)らは、水道事業者であるY(宮古島市)(被告・被控訴人・被上告人)との間で本件給水契約を締結し、X₁らの経営する宿泊施設において、本件給水契約に基づき、Yが制定している宮古島市水道事業給水条例(本件条例)が定める供給条件に従って水道を使用していたところ、本件断水が発生し、Yは、上記宿泊施設に対する給水をすることができなくなった。その後、本件断水は解消され、Yが設置し管理する水道施設である配水池内の装置の破損(本件破損)が本件断水の原因であることが判明した。X₁らは本件断水によりX₁らの経営する宿泊施設における営業利益の喪失等の損害が生じた等と主張して、Yに対し、本件給水契約の債務不履行に基づく損害賠償を求めた。原審が、Yの本件断水による給水義務の不履行に基づく損害賠償責任は、本件条例16条3項により免除されるとしたのに対して、本判決は、水道法15条2項及び本件条例16条1項「の文言に加え、水道法15条2項が利用者保護の要請に基づく強行規定であると解され、本件条例16条1項が水道法14条1項の供給規程として定められたものであることに鑑みると、本件条例16条1項は、水道事業者が負う給水義務の内容を定める水道

法15条2項を受けて、原則として水道の使用者に対し常時水が供給されることを確認したものにすぎ」ず、「本件条例16条1項が例外的に給水を停止することがあると定める上記場合は、水道法15条2項ただし書の「災害その他正当な理由があってやむを得ない場合」と同一の内容を意味するものと解される」のであって、「本件条例16条3項は、Yが、水道法15条2項ただし書により水道の使用者に対し給水義務を負わない場合において、当該使用者との関係で給水義務の不履行に基づく損害賠償責任を負うものではないことを確認した規定にすぎず、Yが給水義務を負う場合において、同義務の不履行に基づく損害賠償責任を免除した規定ではないと解するのが相当である」とした。本判決の評釈は多数あるが、契約法の観点から、とくに石田剛・法教506号145頁参照。

そのほか、保険契約に関するものとして、2つ取り上げる。[7] 東京高判令4・10・13判時2550号30頁(確定)は、Xが保険会社Yとの間で本件契約車両につき総合自動車保険契約(本件契約)を締結していたところ、Xは、本件契約車両の修理を訴外Aに依頼し、実母の送迎等の目的で別の中古車を購入するまで本件契約車両とは異なる自動車(本件車両)をAから無償で借り、本件車両を運転中に本件事故を起こしたため、Yに対し、上記保険契約の他車運転危険補償特約(記名被保険者、その配偶者またはこれらの同居の親族もしくは別居の未婚の子が、所有する自動車または常時使用する自動車以外の自動車を運転中に起こした対人事故・対物事故・自損傷害事故・車両事故について補償する旨の規定)に基づき保険金の支払いを求めた事案であり、「常時使用する自動車」の解釈が問題とされた。本判決は、他車運転危険補償特約について「被保険者が、たまたま被保険自動車に代えて他の自動車を運転した場合に、その使用が被保険自動車の使用と同一視できるようなもので、事故発生の危険性が被保険自動車について想定された危険の範囲内にとどまるような場合について一定の合理的範囲に補償の対象を拡張する趣旨と解されるところ、被契約者が常時使用する自動車は上記の範囲を超えるために同特約の対象外とされていると解される」と判示したうえで、「『常時使用する自動車』に当たるかについては、当該車両の使用期間、使用回数、使用目的、使用場所、使用についての裁量の程度等を総合的に考慮し、当該自動車の使用が、被保険自動車の使用について予想される危険の範囲を超えるものと評価されるか否かにより判断すべき」であり、「本件車両は、訴外Aから

借用していたものではあるものの、返却時期に確定的な期限は設けられておらず、その間、Xが特段の制約もなく自由に利用することができ、現に継続的かつ日常的に使用していたものであることからすると、契約車両との関係において、一時的・臨時的に使用していたものとは言えず、本件車両の使用は、被保険自動車である契約車両の使用について予想される危険の範囲をこえるものと評価される」として、Xの控訴を棄却した。前掲・[3] 東京高判令3・12・23では、本件保険契約では、旅行行程中に傷害を被ることが支払条件となっていたため、本件保険契約における「旅行行程」の解釈が問題となった。本判決は、「本件保険契約における「旅行行程」とは、保険証券記載の海外旅行の目的をもって住居を出発してから住居に帰着するまでの旅行行程をいう（海外旅行保険普通保険約款第1条）とされているところ、本件確認用紙に「海外居住の方…は、お引受けできません。」と記載されていることなどからすれば、上記「旅行行程」は日本国内に居住する者が日本国内の住居を出発してから日本国内の住居に帰着するまでの旅行行程であることを前提にしているものと解され」、本件契約締結時AはフィリピンのX宅に生活の本拠を置いており、X宅に居住していたものと認められるとして、「亡Aが日本国内の住居を出発してから日本国内の住居に帰着するという旅行行程は観念できず、亡Aが「旅行行程」中に傷害を負ったものとは認められない」という。

3　債権総論

高等学校が生徒募集を停止して閉校したことにつき学校設置会社が提携先の事業者に対して債務不履行責任を負うとされた [8] 大阪地判令3・7・16判タ1504号201頁は、民事判例25取引 [18] 金判1637号24頁、盗取されたキャッシュカードを用いて行われた現金自動支払機による預金の払い戻しに関する [9] 東京地判令3・2・19判時2537号16頁は、民事判例23取引 [8] 金判1618号37頁、金法2178号92頁に既出。ファクタリングに関する [10] 東京地判令3・12・15判時2538号39頁については、担保裁判例の動向参照。

4　賃貸借・請負

賃貸借に関する [11] 高松高判令3・3・17判時2539号38頁については、不動産裁判例の動向参照。森友学園の請負契約締結の際における不法行為責任

を否定した [12] 大阪地判令3・8・24判時2537号29頁は、民事判例24不法行為 [26] 金判1628号28頁で紹介済みであるが、請負契約の報酬額も争点となっていることから、出典のみ紹介する。

5　委任等

[13] 東京地判令4・2・25判時2549号14頁（控訴）は、破産手続開始の申立てを受任した弁護士の財産散逸防止義務について判断したものとして注目される。演劇の制作及び芸能に関する興行等を目的とする株式会社Aは、弁護士Yとの間で、本件破産申立事件の処理を委任する契約（本件委任契約）を締結した。その後、Aについては破産手続開始決定がなされた。Aの破産管財人である弁護士Xは、Yが本件委任契約を締結した期日から、Aとミュージカル公演開催のための業務を分担していた株式会社Bの預金口座（B口座）からの最終出金日、又はAの「友の会」の貯金口座（C口座）（いずれもミュージカルの講演料等の入金等に使われていた）から最終出金日までの各期間において、Yは本件委任上Aの破産財団を構成すべき財産の散逸を防止すべき義務を負っていたにもかかわらず、B口座及びC口座に入金された公演料等から弁護士報酬相当額を控除した財産を散逸させたとして、Yに対し、本件委任契約の債務不履行に基づく損害賠償を請求した。本判決は、「債務者から破産手続開始の申立ての委任を受けた代理人は、法令及び法律事務に精通する専門家（弁護士法2条）として、委任契約に基づき、飽くまで債務者の代理人として当該申立てに係る法律事務を遂行するにとどまるのであるから、当該債務者が債権者の公平性を損なうような行為に及んで破産財団を構成すべき財産が散逸したとしても、その一事のみをもって、当然に、第一次的な責任を負う当該債務者と共に、当該債務者との間の委任契約上の善管注意義務としての財産散逸防止義務違反の責任を負うと解するのは相当とはいえない」が、「自ら破産財団を構成すべき財産を散逸させてその結果として当該債務者が破産制度を円滑に利用することのできない結果を招いたものと評価することができるような場合には、委任契約上の善管注意義務である財産散逸防止義務に反するものとして、債務者に対し債務不履行責任を負うとする余地もあるというべきであ」り、「破産手続開始の申立ての委任を受けた代理人は、破産管財人と異なり、債務者の財務状況、資産や負債の金額、種類及び内容、債権者数などに関する調査等の権限が破産法上認められてお

らず (破産法83条参照)、申立代理人による上記事項に関する調査は債務者の任意の協力を前提とせざるを得ないこと等も併せ考慮すれば、①上記代理人が、債務者に対して破産制度上課せられた義務に関して誤った指導及び助言をしたとき、②債務者から委託を受けて保管していた財産を法的根拠に基づくことなく散逸させたときのほか、③債務者が偏頗弁済や詐害行為等、明らかに破産法の規定に反するような財産の処分行為をしようとしていることを認識し又は容易に認識し得たにもかかわらず、漫然とこれを放置したようなときが、上記の場合に当たるものというべきである。そして、上記①ないし③に当たるといえるか否かについては、事案の内容及び性質、破産手続の具体的状況及びその段階、債務者の説明状況及び協力態度、当該債務者による財産散逸行為に関する申立代理人の認識可能性を踏まえ、これらの要素を客観的・総合的に勘案して個別的かつ具体的に判断すべきものと解するのが相当である」という一般論を展開した。そして、B口座に係る預金債権はBに帰属しており、法人格否認の法理によってBの法人格を否定することもできず、また、仮にBの法人格を否認できAの破産財団を構成する財産であると評価すべきであるとしても、その判断は困難であり、Yが、Bの法人格が否定されると判断して、Aの代表取締役であったDに対してB口座に係る預金債権を保全するよう指導及び助言をしなかったとしても、財産散逸防止義務に違反したとはいえないとした。また、C口座に係る預金債権はAに帰属し、Aの破産財団を構成する財産であると認められるが、Y及びYの下で本件破産申立事件を担当することになったEは、本件破産申立事件に係る打ち合わせの際、Dに対し新たな弁済を行ってはならない旨指導及び助言をしたところDはこれに反対する態度をとらなかったこと、Y及びEがDの態度が真意とは異なるものであることに疑問を差し挟むべきといえるような事情がないこと、C口座からの出金は破産手続開始申立てのために全容を解明する途上の段階にあったことなどから、財産散逸防止義務に違反したとはいえないとした。本判決の一般論は、「申立代理人の破産制度における地位や権限からその法的義務の内容を明らかにすることを試みたものであり、先例的意義を有する」とされる (本件コメント・判時2549号15頁)。

[14] 大津地判令4・1・14判時2548号38頁 (確定) は、Yの代表者理事長であり、Yの設置する歯科の医師であるAによるインプラント手術 (本件手術) を受けたXに対するYの診療契約の債務不

履行を認め、Yに対し慰謝料 (200万円) の支払いを命じたものである。本判決の主な争点は、①本件手術により三叉神経が損傷したか、②本件手術においてAに術前検査を怠った過失があるか、であった。①について「本件手術によって埋入されたインプラント体がXの下顎管に触れ、三叉神経を圧迫したことによって、Xに左側三叉神経障害が生じた事実が推認される」とし、②については、Yには「XとYとの間の診療契約上、かかる神経損傷を生じさせないため、適切な術前検査をして神経の走行位置を確認し、インプラント体の埋込方向や深度に注意を払うべき注意義務」があるところ、「ＣＴ画像を撮影すれば、本件手術によって埋入されたインプラントの先端が下歯槽管に重なる位置に達すると分かり、パノラマレントゲン写真であったとしても、そのような読影をし得ること、しかるに、Aは、そもそもそのような読影をせず、下歯槽管がより下方 (顎側) にあると誤解して」おり、「誤解していたAが、本件手術に先立ち、かつて撮影していた本件写真1 (初診時にXの口腔内を撮影したパノラマレントゲン写真 (筆者)) を見た以上に、下歯槽管の位置を正確に把握しようと努めたことについての具体的な主張立証はな」いことから、「Aは、下顎臼歯部の手術における下歯槽神経損傷というインプラント治療に関わる代表的な偶発症を発生させないようにするための適切な検討を尽くしたと認められないから、上記の注意義務に反した過失があった」とした。

なお、基本設計業務委託契約における設計者の義務・報酬に関する [15] 東京地判令3・7・30判タ1504号179頁もあるが、この判決については、注目裁判例研究「不動産」に委ねる。

6 フランチャイズ契約

[16] 札幌地判令4・1・20判タ1504号170頁 (控訴) は、Yとの間でフランチャイズ加盟契約等を締結し、「ほっともっと α 店 (本件店舗)」を経営していたXが、Yに対して支払った広告宣伝費等のうち月額7万5000円を超えるチラシ折込費用等は、Xに支払義務がないものであったとして、Yに対し、不当利得返還請求権又は債務不履行による損害賠償請求権に基づき支払ったチラシ折込費用相当額等の支払いを求めた事案である。本判決は、Yの担当者やスーパーバイザーが広告宣伝費は月額7万5000円の定額であり、それ以上の負担が生じない旨説明したとは認められず、本件加盟契約における広告宣伝費等の定めの記載からは、直ちに、加盟契約者の

広告宣伝費等の負担が月額7万5000円の定額に限定されるものと解することはできず、スーパーバイザーがXに交付した案内書面の記載からも、各店舗が需給動向や地域特性に応じて配布するチラシの折込費用や販促品の追加費用までが定額の広告宣伝費等に含まれていると解することもできず、Xが店長として店舗責任者会議に参加し販促計画書の交付を受けていたこと、この販促計画書には販促品の発注書も含まれており、同発注書の価格欄には「定額」「無償」のほか具体的な金額が記載されていること、Xはこの発注書をYに送付して販促品を注文していたことから、本件折込費用等についてはXが負担する旨の合意が成立していると認定できるとし、また、Xが実費について認識し、異議を述べる契機があったにもかかわらず、本件訴訟に至るまで異議を述べたり疑義を呈したりしていないことも、Xが広告宣伝費等について実費を負担することを容認していたことを推認させるとして、Xの請求を棄却した。

7 不当利得

[17] 東京地判令4・2・14判時2549号5頁(控訴)は、騙取金が振り込まれた預金口座の預金債権ついて転付命令を受けたことが不当利得に当たるとされたものである。合同会社Xの代表社員であるAは、株式会社 Y_1 の代表取締役 Y_2 との間で、宗教法人Bの所有する本件土地について、Bから、Bの信徒代表らで構成された株式会社Cが取得し、Y_1 がCから取得し、Y_1 からXが取得する話を進めていたところ、Xが Y_1 から本件土地を10億円で購入する旨の売買契約(本件売買契約)が締結され、手付金1億円が Y_1 代表取締役 Y_2 名義の本件口座に振り込まれた。Xは、本件売買契約の際、Y_2 が詐欺行為を行ったため、本件売買契約を取り消したとして、Y_2 に対し、不法行為に基づき、Y_1 に対し、不当利得又は会社法350条に基づき、連帯して、Xが支払った本件売買契約の手付金1億円の一部である7000万円等の支払いを求めた。また、Xは、株式会社 Y_3 は、貸付けの実態がないにもかかわらず、Y_3 が Y_1 に8000万円を貸し付けた旨の公正証書を作成し、同公正証書を債務名義として、Xが本件売買契約の手付金を振り込んだ本件口座に係る預金債権を差し押さえて転付命令の発令を受け、故意に、Xの Y_1 に対する債権を侵害し、また法律上の原因なく利得を得たとして、Y_3 に対して、不法行為又は不当利得に基づき、同預金債権額の支払いを求めた。本判決は、Y_2 の欺罔行為を認め、Y_2 の不法行

為責任及び Y_1 の会社法350条に基づく責任を認めた。また、Y_1 がXから金銭を騙取して、Y_3 が同金銭が振り込まれた本件口座の預金債権について転付命令を受けた場合には、「社会通念上Xの金銭で Y_3 の利益を図ったと認められるだけの連結がある場合には、Xの損失と Y_3 の利得に不当利得の成立に必要な因果関係があるものと解すべきであり、Y_3 が金銭を受領するにつき、悪意又は重大な過失がある場合には、Y_3 の金銭の取得は、被騙取者であるXに対する関係においては、法律上の原因がなく、不当利得となるものと解するのが相当である(最高裁昭和49年9月26日第一小法廷判決・民集28巻6号1243頁参照)」ところ、Xが平成29年12月5日に転付命令を受けた預金債権は、本件口座に振り込まれた1億円の残金である預金債権であり、社会通念上Xの金銭で Y_3 の利益を図ったと認められるだけの連結が認められ、また、本件公正証書の原因債権である Y_1・Y_3 間の金銭消費貸借契約は実態がないものであることが推認でき、本件口座が凍結中であったことも踏まえれば、Y_3 は、Xが本件口座から支払った本件売買契約の手付金を取り戻すことを妨害するために、本件差押え及び転付命令を受けたと認められ、本件口座の残金がXからの騙取金であることを知っていたものと認められるとして、Xの Y_3 に対する不当利得返還請求を認めた。

8 消費者契約

消契法9条1号に関する[18] 東京地判令3・6・10判タ1503号154頁は、民事判例25取引[42]事件(判時2513号24頁)で既出。

[19] 仙台高判令3・12・16判時2541号5頁(原審[20] 仙台地判令3・3・30判時2538号44頁)(上告棄却・不受理)は、多くの不当条項、不当勧誘に関する判断が示された興味深いものである。Yら(株式会社防災センター)は、パッケージリース契約書と題する契約書用紙(裏面にパッケージリース契約条項①が記載)と天秤と題する書面(裏面にパッケージリース契約条項②が記載)の2つの書面を使用して、消火器のパッケージリース契約と称して、消費者との間で、消火器の設置・使用ないし保守点検に関する継続的契約を締結していた。Yらは、パッケージリース契約条項①②において、以下に述べるような条項を記載し、また、契約にあたり、「全国一有利な料金です」、「(歴史上冠たる)高級ブランド品です」、「『毎年訪問・点検・詰替・容器再提供』等を無料で実施する」などの表示をしていた。適格消

者団体であるＸ(特定非営利活動法人消費者市民ネットとうほく)は、Ｙらに対し、①消契法12条3項に基づき、ⓐ契約解約時に消費者がＹに対し、残余料金を一括して支払う条項、ⓑ消費者が契約期間の途中で契約を解約するのを制限する条項、ⓒ消費者が契約終了前の一定時期までに更新を選択しない旨を通知しない限り、契約を自動更新する条項、ⓓＹらの権利の実行等に要する費用やＹが依頼する弁護士費用の一切を消費者に負担させる条項、ⓔ契約当事者が、消費者の契約申込後、Ｙらの判断により、あるいはＹらと第三者との契約の成否により決まるとする条項、ⓕ代理人として署名した者に債務を負担させる条項、ⓖ物権の受領、物権維持管理責任、損害負担に関する条項、ⓗ具体的な支払方法を消費者に告知する書面を、契約日から8日経過した以降に送付するとの条項、ⓘ専属的合意管轄を定める条項、ⓙパッケージリース契約条項①及び②記載の全条項の意思表示の差止めとこれらの条項が記載された契約書用紙の破棄、②特商法58条の18第2項2号に基づき、解約に伴う金銭の支払いに関する特約の意思表示の差止めとその特約が記載された契約書用紙の破棄、③同条1項に基づき、ⓐＹらと訴外株式会社Ａとが同一ないし関連する法人であると誤認、混同させる内容を告げる行為、ⓑＹらの提供する消火器が業務用消火器であるのに、その事実及び業務用消火器の特徴や住宅用消火器との違いを告げない行為、ⓒＹらの契約が全国一有利な料金、価格であると告げる行為、ⓓすべての消火器に点検が必要であると告げる行為、ⓔ全国で市民が家庭に消火器を設置する条例があると告げる行為の差止めとこれらの勧誘行為が記載された文書等の破棄、④景表法30条1項に基づき、著しく有利又は優良と誤認される表示であるとして、ⓐ本件リースと称する契約が全国一有利である旨の表示、ⓑ消火器が高級ブランドである旨の表示、ⓒ点検等のサービス内容を無料とする旨の表示の差止めを求めた。原審は、①ⓕⓗⓘⓙ、③ⓑについては認めなかったが、本判決はＸの請求をすべて認めた。原審と判断を違えた部分を見ると、①ⓕについては、原審は連帯債務を負担する意思表示をした者に対して連帯債務を負わせているに過ぎないとするが、本判決は、「何ら合理的な理由なく、民法の代理人の規定に比して消費者の義務を加重する条項であって、信義則に反して消費者の利益を一方的に害する条項」に当たるという。①ⓗについては、原審は消費者にクーリング・オフ期間が徒過していると誤信させているのは一括前払条項ではないとするが、本判決は、特商法4条・5

条による書面交付義務の要件を満たさないパッケージリース契約書や天秤を交付して先に契約を締結させ、支払方法が通知された時にはクーリング・オフ期間が徒過していると誤信させるための条項であると認められるから、「特商法のクーリング・オフ制度による消費者の解約権の行使を実質的に制限することにより、消費者の権利を制限し、信義則に反し消費者の権利を一方的に害する条項」に当たるという。①ⓘについても、原審は、消費者は消費者の住所地を管轄する裁判所に訴えを提起できることなどから消費者の権利を制限し又は消費者の義務を加重する条項とは言えないとするが、本判決は、「民事訴訟法が定める管轄に比べて裁判を受けられる裁判所を限定し、民事訴訟法の規定に比べて消費者の権利を制限するものであって」、「Ｙらの営業の実情に照らしても専属管轄を定めて消費者の権利を制限する合理的な理由が認められないから、信義則に反して消費者の利益を一方的に害する条項」に当たるとする。さらに、①ⓙについて、原審は「無効な条項は、個別に修正することが可能であ」り、「本件契約条項の中の条項自体の意味や条項相互の関係が不明確なところも、消契法3条1項1号からすれば……、修正することが求められるが、そのことから直ちに本件契約条項全部が消契法10条前段の条項に該当するとはいうことはできない」というが、本判決は「パッケージリース契約条項①および同②はいずれも前記のとおり消費者契約法8条又は10条により無効となる条項が多数含まれ、これら関連する契約条項が全体として一体のものとして、消費者の権利を制限し又は消費者の義務を加重する消費者契約の条項となり、信義則に反して消費者の利益を一方的に害する契約条項となっているものと評価され、消費者契約法10条により、前記契約条項全部が無効となる」という。また、③ⓑについても、「業務用消火器のパッケージリース契約と称して、その設置・使用ないし保守点検に関する継続的契約の締結について勧誘するにあたって、Ｙらの提供する消火器が業務用消火器であるのに、その事実及び業務用消火器の特徴や住宅用消火器との違いを告げない行為は、役務の種類及びこれらの内容(特商法58条の18第1項1号イ)の不可欠の要素となるリース物件の種類及びその性質につき、故意に事実を告げない行為(同項2号)にあたる」とした。本判決の最も特徴的な判断は、①ⓙに関する契約条項全部が消契法10条により無効とした部分であろう。もっとも、このような判断の理論的根拠やその射程は必ずしも明らかでない。中里真・現代消費者法55号84

頁参照。

[21] 東京地判令 4・2・28 判時 2545 号 86 頁（控訴）は、航空大学校受験を目的としたパイロット予備校Aの運営等を目的とする株式会社Xが、Aの受講生であるYが、Aの本件教材を「メルカリ」に出品し一部売却した行為が、受講規約に定められていた、「受講生又は第三者が本件予備校の許諾を得ないで本件予備校教材を複製、頒布、譲渡、貸与、翻訳、再利用することは、いかなる方法においてもできない」とする本件譲渡禁止条項に違反したとして、「上記に違反した場合は、直ちに差止めを求め、退会処分とする。当該コース正規受講料の 10 倍の料金又は 500 万円のより高額な方を違約金として申し受ける。加えて、民事上の措置（損害賠償等）・刑事上の措置（著作権法）を取る」とする本件違約金条項に基づき、XがYに対して 500 万円の支払いを求めた事案である。本判決は、本件譲渡禁止条項の有効性について、本件教材はXからYに貸与されたものであるから、「Yが本件教材を自由に処分する権利を本来的に有するとはいえない上に、Yは、航空大学校の入学試験に合格するために本件受講契約を締結し、本件教材の貸与を受けたのであるから、本件教材を第三者に売却できないことによって何らかの利益が害されるとはいい難い」のに対し、「本件教材の内容を見ることによって、Xが本件予備校において行っている講座等の内容を推して知ることができるのであるから、本件教材が第三者に対して譲渡されれば、受講生ではない第三者にXのノウハウが流出するというべきであって、本件予備校の受講生の減少にもつながり得る」、「本件教材の譲渡によってXの営業上の利益が害される」ことから、「本件譲渡禁止条項を設けることに合理性がないとはいえ」ないとして、消契法 10 条該当性を否定した。また、本件違約金条項についても、「本件予備校において講座を受講するにあたって貸与された教材は、受講生にとって、航空大学校の入学試験に合格するための勉強に利用するためのものであり、売却等をするために入手するものではないから、その教材を第三者に対して売却等ができなかったとしても、受講生に特段の不利益はない」のに対し、「Xは、先述のとおり、教材が第三者に譲渡されれば、営業上の利益を害されると認められ」、「本件違約金条項は、受講生の利益を一方的に害する不当な条項とはいえない」として、消契法 10 条該当性を否定した。もっとも、本件違約金条項は、違約罰を定めたものであり、「本件違約金条項の目的が受講生による教材の売却等を防止し、Xが営業上の損害を被らないようにするという点にあるのであれば、かかる目的を達成するために必要な限度を超えた違約金を設定すると、受講生の負う負担と比して不均衡となるから、必要な限度を超えた違約金の範囲については、公序良俗に反して無効と認めるのが相当である」として、受講料（26 万 8030 円）、Yがメルカリに出品した際の額（13 万 7600 円、13 万 3600 円）、XがYに示談金として提示した金額（80 万円）から、500 万円という違約金額は高額に過ぎ、公序良俗に反するとした一方、Yは別講座の受講の際に、講座の内容を他者に漏洩等をすると 500 万円が請求される旨が記載された誓約書に署名していること、メルカリへの出品が本件規約に違反することを警告されても、再び出品し、Xから出品の事実の有無を確認されても否認した上で、更には出品者名を変えてまで出品したこと、Yは、500 万円という違約金を示されても、本件教材の売却を思いとどまることはなく、執拗に売却を試みていたといえること、Yにとって本件譲渡禁止条項を遵守することは容易であったのに対し、Xは、本件訴えを提起するに当たり、委任した弁護士に対して支払う報酬額を含め相当の費用を要したこと等を総合考慮し、100 万円の限度で有効と認めるのが相当であるとした。消契法 10 条と民法 90 条との関係について改めて考えさせられる。

ロール網戸の製造物責任 3 条の「欠陥」該当性及びリフォーム請負契約等のクーリング・オフの可否が問題とされた [22] 大阪地判令 4・11・17 金法 2211 号 38 頁については、注目裁判例研究「取引 2」に委ねる。

（くまがい・しろう）

担保裁判例の動向

松岡久和　立命館大学教授

現代民事判例研究会財産法部会担保パート

1　はじめに

　最近、担保をめぐる公刊判例（裁判例を含む）が非常に少なく、報告対象裁判例の範囲では2件にとどまる。1件は水戸地下妻支判令4・9・8金判1662号35頁であるが、債権の時効管理の問題を扱っており、熊谷教授が取引裁判例で取り上げられるので、ここでは重ねては触れない。もう1件は、ファクタリング取引には金利規制が及ばないとした**東京地判令3・12・15判時2538号39頁**である。研究会での報告の際には、この裁判例の位置づけを探るため、同時期以降のファクタリング取引を比較対照として検討してみた。

　検索は、TKCのLEX/DBインターネットを用い、前掲東京地裁判決が含まれるよう令和3年12月1日以降を範囲指定し、「ファクタリング」のみをキーワードとして行った。28件がヒットしたが、TKCにのみ掲載されていて、要旨が付されていないものが多いので、内容を1件ずつ確認し、金利規制というテーマに関連するもののみを拾い出した結果、東京地裁判決を中心に、全部で12件が見られた（一覧表参照）。これらの判例・裁判例は、本来報告が対象とする期間や掲載誌から外れたものばかりであり、刑事判例（①および⑫判決）を含む。刑事罰は強力な高金利規制として有用であり、また、刑事罰に該当する消費貸借契約は民事的にも無効と解されることから、刑事判例を含めて、最近の判例の傾向として分析するものとした。

2　東京地判令3・12・15判時2538号39頁

(1)　事案の概要

　防水・塗装・内装工事の請負等を目的とするXは、平成30年4月10日、Aに対する工事請負代金債権のうち575万円の部分（本件債権という）をファクタリング業者Yに500万円で売却し（本件契約という）、Yは、翌日、この債権譲渡について、債権譲渡登記を備えたが、Aに対する債務者対抗要件は備えなかった。Xは、同月20日、Aから575万円の支払を受け、Yに取立金を支払い、23日に債権譲渡登記は抹消された。

(2)　Xの請求

　Xは、本件契約が、貸金業法2条1項本文及び出資法7条にいう「手形の割引、売渡担保その他これらに類する方法によってする金銭の交付」に該当し、実質年利547.5％の超高金利で無効なものである、として利息相当の75万円の不当利得の返還と遅延損害金の支払をYに求めた。

(3)　判決とその理由

　請求棄却。本件契約書8条では、YはXに対し本件債権の集金に関する業務を無償で委託し、Xは、集金した額をYに支払うこととされており、Xには本件債権の買戻義務も予定されていないから、本件債権の回収不能のリスクは譲受人であるYが負うものである。本件契約は、その契約書の文言どおりの債権譲渡契約であり、売渡担保に類似した規制を及ぼすべきものでもない。

　なお、債務者対抗要件の留保は、第三債務者に債権譲渡があった事実を知られることなく資金調達をするためにとられている措置であり、Xに支払停止等の信用不安等が生じた場合には、Xに対する本件債権の回収委託は将来にわたって失効し、Yは、Aに対して、Yに債権を譲渡する旨の通知書を送付することができるとされていること（本件契約書10条）に照らすと、本件契約が債権譲渡契約であることを否定する事情であるとはいえない。

番号	裁判所と判決年月日	掲載誌 LEX/DB データ番号	種別と金利規制の可否	事件の概要と要旨
①	千葉地判松戸支判令3年12月9日	25591696	給与ファクタリング ○	給与ファクタリングを装った無登録貸金営業につき貸金業法違反・出資法違反で有罪とした事例 本件各犯行は、実態は無登録の高利貸であるにもかかわらず、複数の法人を用い、ファクタリング（債権譲渡）に類似する。さらに、情報商材の後払と広告宣伝費の即時払の組合せという一見すると貸金業には見えない各スキームを作出した上で、顧客から実質的に高金利を得ており、巧妙な手口による悪質な犯行である。
②	東京地判令3年12月14日	25602517	売掛債権ファクタリング ×	事業者向けファクタリング契約を貸金業法違反で無効である、としてされた不当利得返還請求を棄却した事例 本件売買契約は、原告が本件債権の回収リスクを被告に負担させ、本件債権を換価することを目的として、原告が被告に対し本件債権を譲渡し、被告が原告に本件債権を取り立てる権限を授与したものであって、原告に本件債権の回収義務や回収金の支払義務を負わせたものとは認められず、金銭消費貸借の性質を有するものとも解されない。
③	東京地判令3年12月15日	判時2538号39頁 25603907	売掛債権ファクタリング ×	本文2(1)
④	東京地判令3年12月23日	25603217	売掛債権ファクタリング ×	利息制限法違反を理由とする破産管財人の不当利得返還請求を棄却した事例 被告らが、破産会社から買い取った債権の債務不履行及び破産等の倒産手続の開始により取立不能となった場合の危険を負っていることは、契約上明らかである。そうすると、本件各取引は、破産会社が債権を回収できなかった場合でも、買取価格と同額についての返済義務を負う消費貸借契約とは明らかに異なっている。
⑤	東京地判令3年12月27日	25602598	売掛債権ファクタリング ×	利息制限法違反を理由とする不当利得返還請求を棄却した事例 被告らにおいても、譲受債権の債務者の無資力による回収不能のリスクを負っているというべきであるから、この点において、原告と各被告との二者間における金銭消費貸借契約が締結されたのと実質的に同様の状況にあるということはできない。
⑥	東京地判令4年3月2日	25604879	売掛債権ファクタリング ×	利息制限法違反を理由とする不当利得返還請求を棄却した事例 本件取引が、債権を担保とした金銭消費貸借であることをうかがわせるような、原告の買戻義務や原告による回収リスクの負担の事実を認めることはできない。
⑦	東京地判令4年3月4日	消費者法ニュース131号180頁 25592574	売掛債権ファクタリング ○	破産者のした売掛債権のファクタリング契約の買戻義務が売主に保証を求めるに等しく、支払不能等のリスクを負担させるものと解されるときは貸金業法42条に違反し無効である。 本件債権売買基本契約及びノンリコースの規定を含む本件事務委任契約を通じ、上記買戻義務の適用除外や減免と解し得る条項は見当たらない。／以上に鑑みると、本件債権売買基本契約における上記買戻義務の規定は、破産会社に売掛債権等に係る債務の保証を求めるものに等しく、それは正に第三債務者の支払不能等のリスクを破産会社に負担させるものに他ならない。
⑧	札幌高判令4年7月7日	25593299	売掛債権ファクタリング ○	事業者ファクタリングについて、金銭消費貸借にあたらないとしつつ公序良俗違反にあたることを理由に不当利得返還請求を認容した事例 粉飾決算隠蔽のための表見支配人による債権譲渡が超高金利の公序良俗違反であるとされたやや特殊な事例
⑨	東京地判令4年7月14日	25606850	売掛債権ファクタリング ○	売掛債権ファクタリングが貸金業法42条1項に違反して無効であるとして破産管財人の不当利得返還請求を認容した事例 債権譲渡の形式が取られる取引であっても、売主が、第三債務者の支払不能等の場合にそのリスクを負い、買主に対し、交付を受けた金額と同額を返還することを要するとされるのであれば、売主は、実質的に、その交付を受けた金額の返還義務を負うことになるから、金銭消費貸借契約と同様の経済的機能を有することになり、かかる取引についての契約は、「手形の割引、売渡担保その他これらに類する方法によって金銭を交付する契約」に該当する
⑩	東京地判令4年8月10日	25606494	売掛債権ファクタリング ×	ファクタリング取引における譲渡人の不法行為を認め、貸金業法42条違反により契約を無効とする反訴請求を棄却した事例 本件各契約において、原告は譲渡対象債権の不払リスクを負担しており、取立権限の付与を受けた被告において自身が第三債務者から回収した金員以外に金銭の支払義務を負うとも認められない。／したがって、被告は本件各契約に基づいて原告から売買代金として受領した金員と同額の金員を交付する義務を負担するものとはいえないから、金銭消費貸借契約の本質的要素である返還約束と同内容の合意が存するとは認められない。
⑪	東京地判令4年9月14日	25607162	売掛債権ファクタリング ×	請負債権譲渡契約・業務委託契約が貸金業法42条1項・民法90条に反して無効であるとする主張を棄却した事例 本件各契約は、本件各債権の回収リスクを原告会社に負担させたものであるとは認められず、原告会社において、被告から交付を受けた金員を被告に返還する旨を合意したものとは認められない
⑫	最三決令5年2月20日	25572636	給与ファクタリング ○	本文3(2)

3 裁判例の傾向と注目するべき最高裁決定

(1) 最近の裁判例の傾向

刑事事件2件は賃金債権の譲渡に関して金利規制を肯定するものである。それ以外の10件は売掛債権の譲渡に関するもので、譲渡人またはその破産管財人が、当該契約の無効を主張して利息相当額の不当利得返還を求める紛争が多い。ファクタリング取引には金利規制が及ばないとする否定例が2で紹介した裁判例を含めて7件、肯定例が3件（そのうち⑧はやや特殊な事例である）とその判断は分かれている。

否定例と肯定例に共通する判断基準となっていると思われるのは、譲渡人が買戻義務を負い、第三債務者の無資力による債権の回収不能リスクを負担するか否かという点である。すなわち、譲渡人が買戻義務を負わない場合には、貸金としての性格は否定され、譲渡は真正譲渡であって債権譲渡担保ではなく、金利規制は及ばないとされる。これに対して、譲渡人が買戻義務を負う場合には、交付された譲渡代金は実質的には貸金であって金利規制が及ぶ。なお、この場合には「ファクタリング取引」は、金銭消費貸借とその貸金債権を担保する債権譲渡担保であると評価される。

(2) 最三決令5・2・20 裁判所 HP[1)]

(a) 事案の概要

東京都内に事務所を設け、株式会社Aの名称で、「給料ファクタリング」と称する取引を行っていた被告人は、①東京都知事の登録を受けないで、業として、令和2年3月13日から同年7月27日までの間、969回にわたり、合計504名の顧客に対し、口座に振込送金する方法により、貸付名目額合計2790万9500円（実交付額合計2734万2120円）を貸し付けた。②業として金銭の貸付けを行うに当たり、同年3月31日から同年8月4日までの間、33回にわたり、前記株式会社A名義の普通預金口座に振込送金で受け取る方法により、前記顧客のうち8名から、法定の1日当たり0.3パーセントの割合による利息合計11万8074円を101万7816円超える合計113万5890円の利息を受領した。

さらに最高裁が原審の認定として確認しているところでは、この取引は、労働者から賃金債権の一部を額面額から4割程度割り引いた額で譲り受け、同

額の金銭を顧客に交付するものである。本件取引では、契約上、使用者（第三債務者）の不払の危険は被告人が負担するとされていたが、顧客に買戻権があり、顧客が買戻しを希望しない場合には債権譲渡通知を行うが、希望する場合にはそれを留保することが定められており、すべての顧客との間で、買戻し日が被告人により決められ、債権譲渡通知は留保されていた。

無登録で給与ファクタリングによる金銭交付を行った行為が、貸金業法47条2号（無登録営業の禁止）及び出資法5条3項（日歩30銭を超える高金利の処罰）に該当するとして訴追された。

(b) 決定とその理由

上告棄却（有罪確定だが、刑罰内容は不明）。「本件取引で譲渡されたのは賃金債権であるところ、労働基準法24条1項の趣旨に徴すれば、労働者が賃金の支払を受ける前に賃金債権を他に譲渡した場合においても、その支払についてはなお同項が適用され、使用者は直接労働者に対して賃金を支払わなければならず、その賃金債権の譲受人は、自ら使用者に対してその支払を求めることは許されない（最三小判昭43・3・12〔昭40(オ)527号〕民集22巻3号562頁参照）ことから、被告人は、実際には、債権を買い戻させることなどにより顧客から資金を回収するほかなかったものと認められる。

また、顧客は、賃金債権の譲渡を使用者に知られることのないよう、債権譲渡通知の留保を希望していたものであり、使用者に対する債権譲渡通知を避けるため、事実上、自ら債権を買い戻さざるを得なかったものと認められる。

そうすると、本件取引に基づく金銭の交付は、それが、形式的には、債権譲渡の対価としてされたものであり、また、使用者の不払の危険は被告人が負担するとされていたとしても、実質的には、被告人と顧客の二者間における、返済合意がある金銭の交付と同様の機能を有するものと認められる。

…（中略）…このような事情の下では、本件取引に基づく金銭の交付は、貸金業法2条1項と出資法5条3項にいう『貸付け』に当たる。」

4 若干の考察

(1) 最高裁決定の意義と射程

最高裁の決定は、契約上の定めでは譲渡人に買戻義務まではないものの、事実上買戻しをせざるを

ない状況であり、譲受人である被告人も賃金債権の制約上、自ら第三債務者に支払請求をすることができないことを指摘し、この取引が「金銭の貸借の媒介（手形の割引、売渡担保その他これらに類する方法によつてする金銭の交付又は当該方法によつてする金銭の授受の媒介を含む。以下これらを総称して単に「貸付け」という。）」（貸金業法2条1項柱書き）に当たると判断したものである。給与ファクタリングに対する金利規制を認める金融庁の見解[2]がすでに出ており、下級審裁判例でも刑事罰を科す[1]判決が登場していたところであり、最高裁決定は、これらを追認した形となっている。罪刑法定主義による刑事罰規定の類推適用の禁止との関係で、かなり思いきった判断であるが、超高金利被害が頻発し、中小企業に対するコロナ対応融資の返済期限が来て更に被害が広がるおそれがある現状では、歓迎するべきものである。

　もっとも、石田解説（前掲注1）が指摘するとおり、債権譲受人が自ら履行請求をすることができない賃金債権の性質をも重要な論拠としていることから、本判決の射程は必ずしも長くないと言わざるをえず、売掛債権のファクタリングについては最高裁の判断は示されていない。上述のとおり、下級審民事裁判例においては、否定例が優勢である。研究会においても、民事の規制はまずは利息制限法によるべきであり、その前提となる消費貸借契約という認定も必ずしも容易ではなく、取引への影響を考えて金利規制の拡張には慎重な見解もあった。

(2) 私見

　しかし、より積極的な対応を検討するべきだと考える。私は、すでに、2017年前期のこの研究会において、ファクタリング取引と金利規制の問題を取り上げ、利息制限法の類推適用のほか、貸金業法42条をも参照した公序良俗違反の可能性を指摘した[3]。3の最高裁決定が述べているように、契約上は買戻義務を負わないとの規定があっても、第三債務者へ債権譲渡を知られたくない「譲渡人」が債務者対抗要件を留保した譲渡を選択し、事実上、買戻しをせざるをえない状況にある場合も少なくない。とりわけ無登録の貸金業者（ヤミ金融業者）は、資金不足に悩む中小企業者の窮状に付け込み、形式を工夫して状況を利用し、高利規制の潜脱を狙っているように思われる。真正譲渡であれば、第三債務者から債権を回収するしかないのであり、債務者対抗要件を留保する合理的な理由はなく、高利規制の脱法行為とみるべきである。よって、最高裁決定が示した判断は、給与ファクタリングのみならず、売掛債権ファクタリングにも拡張されるべきと考えるが、反対や懸念をふまえた議論の深化が望まれる。

1) 石田剛・法教514号119頁の解説がある。
2) https://www.fsa.go.jp/common/noact/ippankaitou/kashikin/02b.pdf
3) 松岡久和「債権の売買と再売買が譲渡担保であるとして金銭消費貸借に準じる取引に利息制限法を類推適用した事例」現代民事判例研究会編『民事判例15』（日本評論社、2017年）96-97頁。

（まつおか・ひさかず）

不動産裁判例の動向

武川幸嗣　慶應義塾大学教授

現代民事判例研究会財産法部会不動産パート

1　はじめに

　不動産裁判例として9件取り上げたが、今回も取引および不法行為など他のパートと重複するものが多い。最高裁判決としては、消費者契約法の適用が争点となった最一判令4・12・12民集76巻7号1696頁および、マンション建替えにおける補償金の供託方法に関する最一小判令4・10・6民集76巻6号1291頁の2件がある。下級審裁判例については、事業用建物の定期建物賃貸借（1件）、マンション管理（1件）、建物建築の基本設計委託契約（1件）、取引的不法行為（3件）、権利能力のない社団の共有持分権（1件）を取り上げた。

2　賃貸借

　[1] 最一判令4・12・12民集76巻7号1696頁は、賃料債務等の保証委託および連帯保証契約における契約条項につき、消費者契約法10条適用を認めた最高裁判決である。賃貸住宅の賃貸人、賃借人および賃料債務等保証事業者Yの三者間で締結された保証委託および連帯保証を目的とする本件契約における、ⅰ．3か月以上の賃料等不払を理由としてYによる無催告解除を認める条項（保証人による無催告解除条項）、ⅱ．2か月以上の賃料等不払＋連絡不能＋利用状況に照らして相当期間利用がなく、賃借人において利用を再開する意思がないと認めるべき客観的事情が存すること＋賃借人が異議を述べないこと、を理由としてYが明渡しとみなすことを認める条項（保証人による明渡し擬制条項）につき、適格消費者団体であるXが、消費者契約法10条に該当するとして、契約の申込みまたはその承諾の意思表

示の差止めおよび、契約書の廃棄等を求めた事案において、原審（大阪高判令3・3・5判タ1500号88頁）が、判例法理に基づく合理的解釈を前提とすれば賃借人の不利益は限定的なものにとどまるとしてXの請求を棄却したのに対して、本判決は、所定の賃料不払の事実のみを理由として賃貸人でないYによる無催告解除を認めるⅰ条項、および、賃貸借が終了していないにもかかわらず賃貸人でないYが賃借人の使用収益を奪うことを認めるⅱ条項ともに、消費者契約法10条に該当すると判示して、原審の一部につき破棄自判した。詳細については、山本豊教授による注目裁判例研究（取引1）を参照されたい。

　[2] 高松高判令3・3・17判時2539号38頁〔上告・上告受理申立て〕は、事業用建物に関する定期建物賃貸借において、賃借人の約定違反を理由として賃貸人による約定解除権の行使を認めつつ、違約金の請求を制限した裁判例である。商業施設である本件建物内の本件区画につき、所有者Xと家庭用調理器具の販売等を業とするYとの間で、キッチン雑貨・調理器具等販売のための店舗使用を目的とする定期建物賃貸借契約（期間6年）が締結されたが、同契約においては、契約締結後2年経過するまで賃借人による中途解約を禁止する条項、賃借人が賃貸人の承諾なしに店舗を閉鎖した場合における賃貸人による無催告解除および、違約金（残存する契約期間において賃借人が支払うべき営業費〔売上額の一部〕総額）の支払請求を認める条項が設けられていたところ、Yが引渡しから約1年半後に店舗を閉鎖したため、XがYに対して上記の条項に基づく請求を行ったのに対してYは、本件建物内における食品スーパーの出店をXが約したことから主婦層の集客を見込んで賃借したにもかかわらず、それが果たされなかったため売上げが伸びず、店舗閉鎖を余儀なくさ

れたとして、債務不履行解除、錯誤・詐欺取消しなどを主張して争った。

原審がXの請求を認容したのに対し、本判決は、Xの約定解除権の行使を認めるとともに、Xは本件区画を使用収益させる債務を負うにすぎず、スーパーの出店を約してはいないと判断する一方、Yの契約締結に関する判断を左右する集客力に関する事情につき、誤解を与えないように努める信義則上の情報提供義務（説明義務）を負うとした上で、XはYがスーパーの出店につき重大な関心を有していたことを認識していたにもかかわらず、出店の見込みなどに関する説明を欠いていた旨を認定し、信義則を理由として違約金の請求を3分の1の範囲に制限した。

本件建物の賃貸借契約は、定期建物賃貸借でありながら賃借人に一定期間の利用継続を義務づけるものであるが、本判決の特色は、X・Yともに契約の継続を望んでおらず、また、Yの約定違反に契約締結時におけるXの不誠実な態様が寄与した点を考慮したことに求められよう。営業用の賃貸不動産における他の利用状況に関する誤認による収益リスクにつき、賃借人であるYも事業者として一定程度負うべきか否かが、さらに問われる。

3　マンション法

[3] 大阪地判令4・1・20判時2541号14頁、判タ1505号203頁〔控訴〕は、居住用マンションの区分所有者が、その専有部分を社会福祉法人Yに賃貸し、Yが障害者グループホームとして利用したため、住宅以外の用途による利用を禁じる管理規約に反するとともに、区分所有法6条3項・1項にいう「区分所有者の共同の利益を害する行為」に該当するとして、同マンション管理組合の管理者XがYに対して同法57条4項・1項に基づく利用の停止等を求めたのに対して、かかる請求を認容した裁判例である。Yは、ⅰ.マンションの使用目的は障害者が生活の本拠として地域住民と同じ平穏に暮らすことにあり、管理組合に過大な負担を強いるものではない、ⅱ.障害者に退去を求めることは障害者差別解消法8条の不当な差別的取扱いにあたる、などと主張して争った。

本判決は、ア.障害者福祉施設として利用するには特別な防火・消防設備の設置・管理が求められる

ため、管理規約が予定する住宅利用のための管理の範囲を超えて違反にあたるとともに、管理組合に経済的負担を課すこととなって共同利益を害する行為に該当する、イ.管理者において障害を有しない者が管理規約に違反した場合におけると異なる対応をしたわけではなく、障害を理由とする差別的取扱いにあたらないとの判断を示してこれを斥けた。

[4] 最一判令4・10・6民集76巻6号1291頁、判時2554号5頁、判タ1506号28頁、金法2212号80頁は、マンションの区分所有者が建替え事業の施行者に対して取得した補償金債権に関する供託方法につき、最高裁の判断を示したものである。本件マンションの区分所有者Aがマンション建替事業の施行者Yに対して取得した補償金債権（以下、「本件債権」という。）につき、Aの一般債権者Xによる差押えに加えて、Aの専有部分に関する抵当権者および根抵当権者による物上代位に基づく差押えが競合したため、Yがマンション建替え等の円滑化に関する法律（以下、「円滑化法」という。）76条3項のみを根拠法条とする供託を行ったところ、XがYに対して供託の方法による支払を求める取立訴訟を提起したのに対して、Yが上記の供託による本件債権の消滅をもってXに対抗することの可否が争われた。

最高裁は、施行者が円滑化法76条3項により補償金の供託義務を負う場合において、補償金債権に対して複数の差押えが競合したときは、施行者は円滑化法76条3項に加えて民事執行法156条2項に基づく供託義務をも負い、両条を根拠法条とする混合供託をしなければYは免責されないと判示して、Yが採るべき供託方法は円滑化法76条3項のみを根拠法条とするものに限られるとした原審を破棄して、Xの請求を認容した。

4　建物建設設計

[5] 東京地判令3・7・30判タ1504号179頁〔控訴後和解〕は、建物に関する基本設計業務委託契約における設計者の義務に関する裁判例である。建築・土木等の設計監理を目的とする株式会社Xが、Yとの間で締結したY所有の建物の建替えに関する基本設計業務委託契約（以下、「本件契約」という。）に基づいて報酬請求を行ったのに対し、Yが、Xは工事費見込額がYの設定した予算内となるような基

本設計を行うべき旨の本件契約上の合意に反しており、債務の本旨に従った履行でないことを理由とする解除を主張するなどして争った。

本判決は、工事費の見積額が所定の範囲内となる基本設計をXが約したとはいえないが、Xにはかかる予算を目安として留意しながら設計すべき義務があり、これに違反した旨を認定して、Yによる約定解除権の行使を有効と認めた上で、解除の効果について定める本件契約上の各割合報酬に関する条項に基づき、債務の本旨に従って履行した割合を5割と評価し、Xの請求を一部認容した。

本判決の意義は、事案に即しつつ、建物建築のための基本設計業務委託契約において設計者が負うべき義務として、設計の実現に要する工事費用額に関する委託者の要望への配慮義務を認めるとともに、これに違反してなされた履行がもつ意味を示した点に求められる。もっとも、かかる義務の性質（ex.意思解釈に基づく給付義務または、信義則上の付随義務）および内容（ex.工事費用額を合理的範囲内に収める義務、費用額の見通しに関する説明義務、基本設計改訂のための再交渉義務等の有無）さらには義務違反の効果（ex.基本設計に関する追完請求、報酬減額請求または解除の可否および、賠償すべき損害の内容）については、さらなる検討を要しよう。詳細については、堀田親臣教授による注目裁判例研究（不動産）を参照されたい。

5 取引的不法行為

[6] 大阪地判令3・8・24判時2537号29頁、判タ1503号130頁〔控訴〕は、Xが森友学園との間で小学校の新築工事に関する本件請負契約を締結し、工事を完成させたところ、その後森友学園につき設置申請の取消しおよび民事再生手続開始決定が行われたため、報酬に関する支払能力および意思もないにもかかわらずこれを装って本件請負契約に締結に及んだ態様が、理事長Y1およびその妻Y2の共同不法行為にあたるとして、Xが報酬債権額の一部について損害賠償請求を行った事案において、小学校開校に向けた森友学園の計画準備および契約締結当時の資産状況、さらに、設置申請取消しおよび民事再生開始決定は締結後における森友学園に関する報道に起因することなどにかんがみて、Yらの不法行為を否定した。

[7] 東京地判令4・2・14判時2549号5頁〔控訴〕は、不動産業者による不法行為に加えて不当利得の成否が争われた事件に関する裁判例である。宗教法人Aが所有する本件土地につき、その信徒代表らによって構成されるB社が取得し、これを不動産業者であるY1がBから取得してXに売却することとされたため、XY1間において売買代金10億円とする旨の本件売買契約が締結され、XはY1の求めに応じて手付金1億円をY1の代表者Y2名義の本件口座に振り込んだが、契約締結に際してY2がXに対し、AB間およびBY1間における本件土地に関する偽造の売買契約書を示し、10億円のうち6億円をY1の仲介料とする意図を秘して、手付金を含む10億円すべてがAに支払われる旨の虚偽の説明をしていたことなどから、Xが詐欺を理由として本件売買契約を取り消した上で、Y1・Y2に対して支払済みの手付金相当額に関する損害賠償を求めた。

本判決はかかるXの請求を認容したが、同判決においてはさらに、Y1がXから騙取した手付金を振り込ませた本件口座の預金債権につき、Y3がY1に対する貸金債権に基づいて差押転付命令を受けたことに対する、Xの不当利得返還請求の可否が争点とされた。これにつき本判決は、Y3の貸金債権は実態のないものと推認され、同人による差押申立てはXによる手付金の回収を妨害するために行われたと認められるため、Xの金銭でY3の利益を図ったと認められる社会通念上の連結があり、Y3は騙取金であることにつき悪意であったと認定して不当利得の成立を肯定した。

[8] 東京地判令4・7・20金判1659号8頁〔控訴〕は、Xが自己所有の分譲マンションをY社に売却するとともに、Y社が顧客に転売するに際して負担する手付金に関する債務を保証したところ、その後Y社およびその代表者Yにつき破産開始決定がされ、顧客との売買契約が解除されたため手付金返還にかかる求償権を取得したXが、Yに対して、Y社の破綻により顧客に本件マンションを売却しても最終決済を了することができない旨を認識しながら売却に及んだ上、手付金をY社の事業のためではなく自己の個人資産を維持するために費消し、その返還にかかる責任をXに負担させたとして、不法行為を理由とする損害賠償を求めた事案において、XがYに対して有する損害賠償請求権が「破産者が悪意で加えた不法行為に基づく」非免責債権（破産法253

条1項2号）にあたるかが争点となり、これを認めた裁判例である。

6 権利能力のない社団の財産帰属

[9] 最三判令4・4・12金法2202号82頁、金判1657号25頁は、町内会X・Yおよび町内会Cが町内会館として使用する本件建物につき、Cが3分の2の共有持分権を有する点については争いがないものの、残りの3分の1につき、Xが6分の1の共有持分権を有する旨の本件建物建設時におけるX・Y・C間の合意（以下、「本件合意」という。）の存否をめぐってXY間で争われた事案において、原審が権利能力のない社団であるXは共有持分権の帰属主体となり得ないことを理由としてXの請求を棄却したのに対し、ア．本件の争点は本件合意の存否であり、Xが所有権等の主体となり得るか否かについては争われていないこと、イ．X・Yともに、権利能力のない社団の財産は構成員全員の総有に属する旨の判例法理と異なる見解に立っていたとはみられないことから、Xの請求が、本件建物の共有持分権がXの構成員全員の総有に属する旨の確認を求める趣旨に出るものかどうかにつき、釈明権を行使すべきであったと判示して、原判決を破棄して原審に差し戻した。

（むかわ・こうじ）

不法行為裁判例の動向

石尾智久　　金沢大学講師

現代民事判例研究会財産法部会不法行為パート

1　はじめに

今期は、45件（最高裁5件、高裁8件、地裁32件）の判決を採り上げている。その中でも、最高裁判例および重要な下級審裁判例は以下である。

最高裁判例として、[1] は、いわゆる建設アスベスト訴訟に関するものであり、事例判断ではあるが、建材メーカーは、解体作業従事者に対し、石綿関連疾患にり患する危険性についての警告表示義務を負わないとした（本号「注目裁判例研究不法行為2」〔永下泰之〕）。[14] は、ツイッター（現在では、「Ｘ」）の運営会社に対する投稿の削除請求を肯定した事案であり（本号「注目裁判例研究不法行為1」〔加藤雅之〕）、[35] は、自賠法に基づく直接請求権の額と労災保険法によって国に移転した直接請求権の額の合計額が自賠責保険の保険金額を超える場合について、自賠責保険会社の国に対する支払の有効性を認めた事案である。[4]、[40] は、既に、本誌紹介済みである。

重要な下級審裁判例として、[30] は、旧優生保護法に基づく強制不妊手術に関する損害賠償請求権について除斥期間（改正前民法724条後段）の適用を否定した。[41]、[42] は、全国で提起された同性婚訴訟であり、今後、控訴審の判断が注目される。

2　不法行為一般

(1)　故意・過失

[1] 最二判令4・6・3判時2543 = 2544号55頁は、石綿含有建材を使用した建物の解体等の作業過程で石綿関連疾患にり患したＸらが、建材メーカーであるＹらに対し、Ｙらは石綿関連疾患にり患する危険があること等の警告情報（以下、「警告情報」という）を表示すべきであったにもかかわらず、それを怠ったとして、不法行為に基づく損害賠償を請求した事案である。

主な争点は、Ｙらは、解体作業従事者に対して、警告情報を表示する義務を負うのかどうかである。建材メーカーが警告情報を建材に貼付しても、解体作業従事者が解体作業を行うまでに長期間が経過していることが想定されるため、警告情報を表示することの実現性や実効性も問われる。

原審（東京高判令2・8・28判時2468 = 2469号15頁、本誌23号「不法行為裁判例の動向」[36]、同23号「環境裁判例の動向」[9]）は、建材自体に警告情報を記載することや、警告情報を記載したシールとこれを貼付するように工事施行者に求める文書を建材に添付すること、警告情報を記載した注意書およびこの注意書を建物所有者に交付するように依頼する文書を建材に添付することなどによって、警告情報を表示する義務を負っていたとして、Ｙらの責任を認めた。

本判決は、原審の示した警告情報の表示方法は実現性又は実効性に乏しいことや、Ｙらは建物の解体に関与し得る立場にないので解体業者の側で安全性を確保するための措置を講ずるべきであったことなどから、Ｙらは警告情報を表示する義務を負わないとした。

(2)　権利・利益侵害

[2] 東京地判令3・11・30判時2543 = 2544号65頁（控訴）は、次のような事案である。ＸとＹは婚姻をし、子Ａが生まれた後、Ｘ、Ｙ、Ａは、Ｘの転勤を理由にオーストラリアに移住した。その後、ＸとＹは離婚し、調停に代わる審判によって、Ａの親権者をＹとすることのほか、ＸによるオーストラリアでのＡの監護を年に合計120日間とすることな

どに合意した。しかし、Yは、Xが再婚したことを知り、Aがオーストラリアに行くのを妨げたことから、Xは、Aの監護が妨げられたとして、Yに対し、不法行為に基づく損害賠償を請求した。

本判決は、Xの再婚相手に対する嫌悪感から、Aがオーストラリアに行くのをYが妨げたことは、Yの故意による不法行為が成立し、Aがオーストラリアに行くのを中止させることについての正当事由もないとして、Yの責任を認めた。

[3] 東京地判令4・3・28判時2552号39頁（控訴・取下げ）は、次のような事案である。妻であるXは、夫であるYとの間で激しい喧嘩となり、Yが用意した離婚届に署名押印をした。その3日後に、Yが離婚届を提出するなどしたことから、Xが、Yに対し、不法行為に基づき損害賠償を請求した。なお、離婚届の提出後に、Xは、離婚の無効確認の家事調停を申し立てたが、同調停が不成立となったので、離婚の無効確認訴訟を提起しており、離婚届の届出時点においてXに離婚の意思はなかったとして、離婚の無効を確認する旨の判決が確定している。

本判決は、Xが、Yとの間で十分に話し合いをせずに離婚届に署名押印したのは激情に駆られてのことであったと考えられることや、喧嘩の翌日の電話では、Xが、Yに対し、早く帰ってくるようにと発言していたことからすれば、Yは、Xに離婚の意思がないことに気が付く契機が与えられていたにもかかわらず、Xの真意を確認することなく離婚届を提出することによって、Xの妻としての地位を不安定な状態においてこれを侵害したなどとして、Yの責任を認めた。

なお、Xにも、離婚届に署名・押印をしたことや、離婚意思のないことをYに明確に伝えなかったことなどの過失があるとして、5割の過失相殺がされた。

(3) 損害

[4] 最一判令4・3・24民集76巻3号350頁は、既に紹介済みであり（本誌26号「取引裁判例の動向」[1]、「不法行為裁判例の動向」[20]）、被害者の損害賠償請求権の額から、人傷社が保険代位することができる範囲を超えて、自賠責保険から支払を受けた損害賠償額相当額を控除することはできないとした。

(4) 慰謝料

慰謝料に関する事案は多岐にわたるが、ペットの死亡に関して飼い主の慰謝料等を認めた事案について採り上げておきたい。[5] は、特に新しい判断をしたものではないが、慰謝料の算定における考慮要素を明示している。

[5] 大阪地判令3・10・20判タ1503号116頁（確定）は、公立大学を設置するY大学法人の獣医臨床センターにおいて、Xらの飼育する犬の全耳道摘出手術をしたところ、その犬が死亡したので、Xらが、①担当獣医師の過失によって犬が死亡したこと、②事故後に原因等の顛末を説明する義務に違反したことを理由として、Yに対し、国賠法1条1項に基づき損害賠償を請求した事案である。

本判決では、①担当獣医師に過失があったことは争われることなく認められている。②説明義務違反の有無については、動物の医診療契約は準委任契約（民法656条）であるとの前提に立ったうえで、担当獣医師は、事故について速やかに報告しており、説明義務違反はなかったとした。

慰謝料額については、Xらが仕事をしている間は犬が家に一匹でいたことや、犬についてペット保険に加入していなかったことなどから、愛玩動物を飼育している一般的な家庭と比べて特別に手間をかけた飼育をしていたとは認められないことや、事故後に早期の説明を受けていることなどの事情を総合考慮して、一人あたり10万円（5人で合計50万円）であるとした。

[6] 大阪高判令4・3・29判時2552号21頁も、ペットが医療過誤によって死亡した事案において飼い主の慰謝料を認めている。

3 人格権・人格的利益

(1) プライバシー

[7] 東京地判令3・7・19金判1656号31頁（控訴）は、次のような事案である。テレビ会社であるY₃は、宗教団体の教祖の長男であるXが大学に通いながら教団施設に出入りしていることなどの事実を摘示する内容の番組を放送したことから、Xは名誉を毀損されたなどと主張し、本件訴訟とは別の訴訟（以下、「別件訴訟」という）を提起した。

別件訴訟において摘示事実の真実性が争われたことから、Y₃は、X名義の口座に教団幹部から頻繁に振込みがあり、教団の資金を原資として経済的支援を受けていることなどを主張した。そこで、Xは、Y₃に対し、別件訴訟の証拠として口座情報を提出

したことはXのプライバシーを侵害するとして、慰謝料の支払を求めた。

なお、Y₃がXの口座情報を取得した経緯は、本件口座を管理しているY₁銀行が、Y₄の設置する警察署に口座情報を提供し、その後、口座情報は、Y₄からY₂が設置する公安調査庁に提供され、公安調査庁の関係者によってY₃に提供されたというものであり、Xは、Y₁、Y₂、Y₄に対し、不法行為または国賠法1条1項に基づき慰謝料の支払を求めた。

本判決は、口座情報はプライバシーに該当することを前提としながら、訴訟活動において相手方当事者のプライバシー等を損なうような行為がされたとしても、それが直ちに相手方に対する不法行為となるものではなく、その違法性の有無は、その訴訟活動の目的、必要性、関連性、その態様及び方法の相当性、被侵害利益であるプライバシーの内容等を比較総合して判断すべきであるとして、本件においてはプライバシー侵害の成立を否定した。

[8] 岐阜地判令4・2・21判時2548号60頁（控訴）は、Y₁（岐阜県）の県警は、地元で風力発電事業を計画していたAに対し、その反対運動をしてきたX₁～X₂の情報、及び、反対運動には関与していなかったが過去に市民運動に関与していたX₃～X₄の個人情報を提供したことから、Xら（X₁～X₄）が、①個人情報の収集、保管、提供によってプライバシー等が侵害されたとして、Y₁に対し、国賠法1条1項に基づき損害賠償を請求し、②Y₁及びY₂（国）に対し、Xらの個人情報の抹消を請求した。

本判決は、①損害賠償請求に関しては、「プライバシー情報を、当該個人の承諾なく第三者に提供することは……正当な理由のない限り、国家賠償法上違法」であり、本件における情報提供は、その目的や必要性等に照らして正当な理由があるとはいえないとして、Yらの責任を認めた。これに対し、個人情報の収集及び保管についての違法性はないとした。②Y₁及びY₂の保有情報の抹消については、どの情報なのかが特定されていないとして訴えを却下した。

(2)　名誉

[9] 名古屋地判令3・10・29判タ1503号107頁（確定）は、Yが発行する週刊誌において、第三者収賄罪で起訴されたXについて、診療科に配分された委託料でキャバクラを頻繁に利用したなどの記事が掲載されたことから、Xが、名誉を毀損されたとして、Yに対し、不法行為に基づき損害賠償を請求した事案である。

本判決は、「ある表現における事実の摘示が人の社会的評価を低下させるものであるかどうかは、当該表現についての一般的な読者の普通の注意と読み方とを基準としてその意味内容を解釈し、判断すべきである」という従来の判断枠組（最二判昭31・7・20民集10巻8号1059頁）に従って、Yの記事は、Xが自己の立場を悪用し、公私混同をするような人物であるとの印象を一般人に与えて、社会的評価を低下させるものであるとして、Yの責任を認めた。

[10] 大阪地判令5・2・3金判1666号16頁（控訴）は、次のような事案である。Yは、A社から金銭を詐取した後に、A社に対し、金銭を詐取したのはX₁医療法人の副理事長であるX₂の指示に基づくものであったという内容の誓約書を提出した。その後、Yは、A社に対し、同内容の陳述書を提出し、A社は、X₁に対し、使用者責任に基づき損害賠償を請求した。そこで、X₁およびX₂は、Yに対し、①誓約書および②陳述書をA社に提出する行為は名誉毀損にあたるとして損害賠償を請求した。

本判決は、誓約書および陳述書は、特定人に対して交付されたものであるが、A社がX₁らに対して責任を追及する過程で不特定人に交付される可能性があることや、その内容がX₁およびX₂の社会的評価を低下させるものであることを指摘したうえで、①誓約書の提出については、違法性阻却事由がないとして、Yの責任を認めた。これに対し、②陳述書の提出については、民事訴訟手続において陳述書を提出する行為に準ずるものであり、裁判制度の趣旨・目的に照らして著しく相当性を欠くといえる事情はないことを理由に違法性はないとして、Yの責任を否定した。

そのほか、公務員によるSNS上の名誉毀損に関する裁判例として、**[43]** がある。

(3)　その他の人格権

[11] 広島地判令・3・7・28判タ1503号143頁は、本誌26号「不法行為裁判例の動向」[25]において紹介済みである。

[12] 東京地判令4・7・19判時2552号44頁（控訴）は、出版社Yが、元プロテニス選手Xによる出資話の被害者の発言等とともに、Xのブログで公開されていたXが著名人と並んで握手をしている写真をXに無断で週刊誌に掲載したことから、Xは、Y

に対し、名誉毀損や肖像権の侵害を理由として、損害賠償を請求した事案である。

本判決は、真実性の抗弁に基づき名誉毀損の成立を否定した。さらに、掲載された写真は、公的領域において撮影されたものであり、かつ、Xのブログで公開されていた写真であったなどとして、肖像権侵害の成立を否定し、Xの請求を棄却した。

[13] 東京地判令4・7・27金判1662号47頁（控訴）は、クレジットカード会社であるYが、加盟個人信用情報機関（CIC）に対し、クレジット会員契約に基づいて、クレジット会員であるXの氏名、生年月日、電話番号、住所等の個人情報を提供したことから、Xが、Yに対し、個人情報の不正利用があったなどとして、不法行為に基づく損害賠償を請求した事案である。

本判決は、Yによる個人情報の提供についてXの同意があることは明らかであるとして、Xの請求を棄却した。

（4）　人格権に基づく差止

検索事業者に対する削除請求に関する事案（最三決平29・1・31民集71巻1号63頁〔本誌15号「不法行為裁判例の動向」[1]、同16号「不法行為裁判例の動向」[8]〕）では、「当該事実を公表されない法的利益と当該URL等情報を検索結果として提供する理由に関する諸事情を比較衡量して判断すべきもので、その結果、当該事実を公表されない法的利益が優越することが明らかな場合には、検索事業者に対し、当該URL等情報を検索結果から削除することを求めることができる」として、いわゆる「明らか」要件が課せられていた。これに対し、[14] では、検索事業者ではなく、SNSの運営者に対する削除請求の可否が争われており、「明らか」要件の要否についても注目されていた。

[14] 最二判令4・6・24民集76巻5号1170頁は、次のような事案である。ツイッター（現在では、「X」に名称が変更されている）上の氏名不詳のアカウントによって、Xの逮捕事実を摘示する複数のツイート（以下、「本件各ツイート」という）が投稿された。ツイッター上でXの氏名を検索すると、本件各ツイートが検索結果として表示されるため、Xは、Y（ツイッターの運営会社）に対し、人格権に基づき、本件各ツイートの削除を請求した。

原審（東京高判令2・6・29判時2462号14頁、本誌22号「不法行為裁判例の動向[17]」）は、Xの逮捕事実を公表されない利益が本件各ツイートの公表が継続される理由に優越することが「明らか」な場合に限って削除請求が認められるとして、Xによる削除請求を認めなかった。

本判決は、Xの本件事実を公表されない法的利益が本件各ツイートを一般の閲覧に供し続ける理由に優越する場合には、本件各ツイートの削除を求めることができるとして、「明らか」要件を課すことなく、Xによる削除請求を認めた。

なお、本判決には草野耕一裁判官の補足意見が付されており、実名報道の効用について検討されている。

[15] 大阪地決令4・9・26判タ1505号189頁（確定）は、次のような事案である。Y市の市議会議員であるXが、市議会において外国人に対する差別的発言をしたことから、市議会は、Xに対して謝罪と反省を求める決議（以下、「本件決議」という）をした。そこで、Xは、本件決議の全文を自己のSNSで公開したうえで、本件決議を非難した。Y市の市議会は、市議会便りに、本件決議についての記事（以下、「本件記事」という）を掲載し、この市議会便りを市民に頒布する予定をしていたので、Xは、Yに対し、人格権に基づき、本件記事の掲載および議会便りの頒布を禁止する仮処分を求めた。

本判決は、本件記事は、Xの社会的評価を低下させるものであるとしても、本件決議の内容をそのまま掲載するものであり、市議会の活動は市民の重大な関心事であるとして、差止請求権の行使に理由がないことは明らかであるとした。さらに、本件決議の内容が既に公開されており、かつ、Xも自己のSNSにそれを掲載しているため、保全の必要性がないとして、Xの申立てを却下した。

4　学校関連事件

（1）　いじめ

[16] 福岡高判令3・9・30判時2545号53頁（確定）は、次のような事案である。Y学校法人の設置する私立高等学校の生徒であるAは、同級生からのいじめを受けて自殺した。Aの学級担任である教諭は、いじめの事実に気が付き、関係する生徒への注意や、副担任に報告をしたが、文部科学省の設置に係る「児童生徒の自殺予防に関する調査研究協力者会議」が公表したマニュアル（以下、「本件マニュアル」という）に従って、本件マニュアルに定められた教

員に情報を提供することはなかった。そこで、Aの親族であるXらは、Yに対し、債務不履行又は不法行為に基づき損害賠償を請求した。なお、いじめに関与していた生徒との間では和解が成立している。

原審は、本件マニュアルに言及することなく、「教員間で情報共有し調査態勢を構築する義務や、いじめ問題への対処につき教職員に対し十分な指導を行うべき義務の違反」があるとして、Yの安全配慮義務違反を認めた。

本判決は、本件マニュアルに言及したうえで、Aの学級担任である教諭は、「副担任に報告するのみで、他の教員に情報を提供することも、他の生徒から事情を聴取すること」などをしていないとして、Yの安全配慮義務違反を認めた。

このように、安全配慮義務の内容を具体的に検討するうえで、本件マニュアルを参照することは、同種事案との関係でも実務上の意義があると考えられる。

[17] さいたま地判令3・12・15判時2549号29頁（確定）は、次のような事案である。①Y市の設置する中学校のA教諭は、指導として、生徒Xの頭を叩いたり、耳を引っ張ったりしたのみならず、座っているXの耳を指で掴んで机上のノートにXの顔を近づけるように引き寄せたりした。さらに、②Xは、同級生から受けたいじめによって自傷行為に及んだり、長期間にわたり不登校になったりしたにもかかわらず、Aは、いじめ防止対策推進法28条1項の「重大事態」として対応をしておらず、③保護者会において、Xも同級生を蹴るなどしており、小競り合いであったと発言をするなどした。そこで、Xが、Yに対し、国賠法1条1項に基づき損害賠償を請求した。

本判決は、①AによるXへの有形力の行使は必要・相当とは認め難い違法なものであること、②Xへのいじめについて重大事態の発生を認識し、事情等についての網羅的な調査を行ったうえで適切な対応をすべきであったこと、③Xが同級生を蹴ったのはサッカーの練習中のことであり、偶発的な接触の可能性があったにもかかわらず、Xに事情聴取をせずに、Xからも攻撃していたという趣旨を述べることは、Xへの反感を高めるものであったことから違法性があるとして、Yの責任を認めた。

[18] 熊本地判令4・1・19判時2540号48頁（控訴）は、陸上自衛隊の陸曹候補生課程に入校した自衛官Aが配属中に自殺をし、その父母であるXらが、A

の自殺の原因は教官であるY₁およびY₂によるいじめであると主張して、Y₁およびY₂に対しては民法709条に基づき、Y₃（国）に対しては国賠法1条1項などに基づき、損害賠償を請求した事案である。

本判決は、Y₁が「お前のような奴は殺してやりたいくらい」という発言などをし、Y₂がAの胸倉を掴んで揺する行為などをしたとして、国賠法1条1項に基づくY₃の責任を認めた。なお、Y₁及びY₂に対する請求は棄却された。

(2) 学校の措置等

[19] 甲府地判令3・11・30判時2547号68頁（確定）は、次のような事案である。Y市が設置する中学校の生徒であるXは、衛生指導の一環として、髪を切ってくるように指導を受けた。ところが、Xは、時間がなかったので、母親に前髪を切ってもらうことなく登校した。それを見たA教諭が、Xの親に連絡することなく、廊下に椅子を置いてXを座らせて、底に穴をあけたポリ袋を頭から被せて、工作用のはさみを用いてXの前髪を切った。そこで、Xが、Yに対し、国賠法1条1項に基づいて、損害賠償を請求した。

本判決は、本件ヘアカット行為の態様は、他の生徒に見られる可能性のある廊下で、底に穴をあけたポリ袋を頭からXに被せるという、他の生徒に見られることにより自尊心が傷つけられる可能性のある不適切な方法であることや、保護者であるXの母に髪を切ることの当否を事前に確認する必要があったとして、Yの責任を認めた。

[20] 福岡地久留米支判令4・6・24判タ1506号181頁（確定）は、Yの設置する公立小学校Aにおいて、体育の授業でサッカーをしていたBは、味方がゴールを決めたことに喜んで、ゴールポストの上部から垂れ下がったゴールネットのロープにぶら下がったところ、ゴールポストが倒れてその下敷きとなり、搬送後に死亡したことから、Bの相続人であるXらが、ゴールポストを十分に固定していなかったとして、Yに対し、国賠法1条1項に基づき損害賠償を請求した事案である。

本判決は、A小学校の校長は、ゴールポストの固定状況について点検を実施する必要があるなどの文科省からの通知を受けていたことから、事故当時のゴールポストの固定状況を把握していなかったとしても事故の発生についての予見可能性があり、ゴールポストを固定すべき注意義務を怠ったとして、Y

の責任を認めた。

さらに、A小学校の校長以外の教員らでもゴールポストの危険性を認識することが困難であり、Bがゴールポストの危険性を認識していたとは考えられないこと、ゴールポストのロープにぶら下がることは小学4年生にとって非難の程度が低いことから、過失相殺の適用を否定した。

(3)　災害給付金

[21] 福岡地判令3・11・25判時2536号73頁（確定）は、次のような事案である。X₁およびX₂の子であるAは、B高等学校に通っていたが、自殺をした。Bは、自殺の原因について調査をしたところ、いじめの事実は認められるが、本件自殺の原因には家庭問題や部活動における悩み等も考えられるとして、本件自殺の主たる理由は不明であると記した調査報告書をY（独立行政法人日本スポーツ振興センター）に提出した。その結果、Yは、本件自殺が災害共済給付金の支払事由である「学校の管理下に置いて発生した事件に起因する死亡」には該当しないとして、災害給付金を支給しなかった。そこで、Xらは、本件自殺が「学校の管理下に置いて発生した事件に起因する死亡」に該当するとして、災害給付金及び遅延損害金の支払を求めた。

本判決は、Aの自殺の原因はいじめ以外に考えられず、「学校の管理下に置いて発生した事件に起因する死亡」に該当するとして、災害給付金の支給を認めた。さらに、災害共済給付金の支払請求権は、センター法及びその関係法令等が定める要件をみたす場合に当然に発生し、その履行期は給付金の支払請求を受けてから、当該請求内容が適正であるか否かを審査するための相当の期間を経過した日であるとして、本件においては、口頭弁論終結時には給付金支払請求の適否を審査するために必要となる情報を入手していたと認められるとして、口頭弁論終結時の翌日から遅延損害金を認めた。

5　取引的不法行為

(1)　詐欺的取引

[22] 大阪地判令3・8・24判時2537号29頁（控訴）は、本誌24号「不法行為裁判例の動向」[26] において紹介済みである。

[23] 東京地判令4・2・14判時2549号5頁（控訴）は、次のような事案である。Xは、不動産業者であるY₁社を介して、宗教法人Aの所有する土地（以下、「本件土地」という）を購入した。Xの社員は、Y₁社の代表取締役であるY₂から本件土地を購入するためには手付金1億円を含む代金10億円が必要であると言われて、Y₁との間で本件土地を購入する旨の売買契約を締結し、Xは、Y₂名義の口座（以下、「本件口座」という）に1億円を振り込んだ。その後、Y₂は、Xから振り込まれた1億円のうち3000万円をBの口座に振り込んだ。

ところが、実際には、Aは、Y₁に対し、手付金1億円を含む代金10億円の支払を求めておらず、本件土地を10億円でY₁が買い受けたことを示す売買契約書も偽造であった。そこで、①Xは、Y₂による詐欺を理由に売買契約を取り消して、Y₁に対しては会社法350条に基づき、Y₂に対しては不法行為に基づき、支払金分の損害賠償を請求した。

なお、Xから依頼を受けた弁護士が、本件口座を凍結したところ、Y₃が凍結後に取得した債務名義に基づいて残金を差し押さえるとともに転付命令を受けた。そこで、②Xは、Y₃に対し、Y₂の詐欺による騙取金の残金であることを知りながら転付命令を取得したとして、不当利得返還請求をした。

本判決は、①本件土地の所有者であるAがいくらで本件土地を売却する意思があるのかという本件土地の価格に関わる重要な事項についての欺罔行為があるといえるので、Y₂の行為は詐欺および不法行為に該当するとした。さらに、②社会通念上、Xの金銭でY₃利益を図ったと認められるだけの連結があり、かつ、Y₃は本件口座の残金がXからの騙取金であることを知っていたとして、Xの請求を認めた。

(2)　会社関係

[24] 福岡高宮崎支判令4・7・6金判1657号35頁（上告受理申立て）は、次のような事案である。Y₁社（株式会社テレビ宮崎）は、前社長であるXの退任慰労金として、5700万円を支払った。Xは、退任慰労金の減額を不服として、Y₁およびY₂（Y₁の代表取締役）に対し、取締役会において委任の範囲を超える減額がされたとして、約2億円の損害賠償を請求した。

退任慰労金の額については、Y₁社の取締役退任慰労金内規において、株主総会の決議に基づいて取締役会に委任し、取締役会における決議によって決定されることや、在任中に特に重大な損害を与えた

者については特別に減額できることなどが定められていた。

本件においては、株主総会によってXの退職慰労金の額はY₁社の取締役会に委任することが決議され、①取締役会において、Y₂が議長となり、Xが在任中に社内規定に違反する支出（CSR事業における支出額のうちXの判断で支出できる額を超えた支出や、海外出張における同行者への旅費等）について減額する旨の決議がされた。なお、②退任慰労金の決定においては、利害関係のない弁護士等で構成された調査委員会も設置されていた。

原審（宮崎地判3・11・10金判1657号44頁）は、①CSR費用等の支出については、Y₁の経済状況等を踏まえれば、「特に重大な」損害を与えたとは認められないため、取締役会が退任慰労金を減額する決議をすることは、取締役会に与えられた裁量を逸脱しており、Y₂には本件内規の解釈適用を誤った過失があり、②取締役会決議は、調査委員会による最終報告書を踏まえたものであるが、その報告書が内規の解釈適用を誤ったものでないかについては、Y₁の取締役会が独自に判断すべきものであるとして、Xの請求を認容した。Y₁らは、退職慰労金の額については取締役会で決定すべきことであるなどと主張して控訴したが、本判決は、原判決を引用しつつ、Y₁らの控訴を棄却した。

[25] 大阪地判令3・7・16判タ1504号201頁は、既に、本誌26号「不法行為裁判例の動向」[36]において紹介されている。

[26] 札幌地判令4・4・21判タ1507号233頁（控訴）は、次のような事案である。Xは、株式会社Yとの間でフランチャイズ加盟店契約を締結したうえで、当該契約に基づき店舗を経営していた。Yは、①Xのフランチャイズ加盟契約を期間満了により終了することや、②再契約をしないことなどを記載した確認書（以下、「本件確認書」という）をXとの間で作成した。なお、本件確認書にはXの署名・押印があった。

その後、Yは、フランチャイズ加盟契約の期間が満了したので、Xとの再契約（更新）を拒絶したところ、Xは、本件確認書に署名・押印をする前に、①及び②の削除を求めていたことなどを主張して、Yに対しフランチャイズ加盟契約に基づく契約上の地位の確認を求めるとともに、再契約の拒絶が債務不履行又は不法行為にあたるとして、逸失利益及び慰謝料の支払を求めた。

本判決は、Xの署名・押印があることから、本件確認書はXの意思に基づいて作成されたことが推定され、Xによる①及び②の削除の提案をYが受け入れなかったと認められるとして、Xの請求を棄却した。なお、Xは、仮に本件確認書についてYとの合意が認められるとしても、本件確認書への署名は心裡留保または錯誤にあたるとも主張していたが、これらの主張も排斥されている。

(3) 金融関係

[27] 東京地判令4・7・22金判1666号34頁（控訴）は、次のような事案である。Y₁は、ソーシャルレンディング（インターネット上で投資家から投資を募り、それを企業に融資する）を行う大手企業である。Z社を営業者とする投資ファンドは、Y₁を介して、太陽光発電事業などへの融資目的で投資を募り、投資家であるXらがそれに出資をした。しかし、その資金の多くは、太陽光発電事業等の目的とは異なり、貸金業者であるY₂を経てW社に貸し付けられた。W社は、出資金を固有財産と同様に扱っていた。その後、W社による返済が滞ったので、Xらに損害が生じた。Xらは、Y₁のウェブサイト上の資金用途について金融商品取引業等に関する内閣府令117条1項2号の虚偽表示があったことや、Y₁はW社が出資金の分別管理が行われているかを確認する義務があったなどとして、Y₁およびY₂に対し、不法行為に基づき損害賠償を請求した。

本判決は、Y₁については、金融商品取引業等に関する内閣府令117条1項2号の虚偽表示があり、W社が本件ファンドの出資金の分別管理をしているかを確認すべき注意義務に違反したとして、責任を認めた。なお、リスクの高い投資であることはXらにも認識できたとして、5割の過失相殺がされた。

Y₂については、虚偽表示等について注意義務違反があったとはいえないとして、Xらの請求を棄却した。

6 使用者責任

暴対法関連の裁判例が1件あり、[28]は、指定暴力団の傘下組合員による加害行為について、暴対法31条の2の「代表者等」の責任を肯定している。

[28] 福岡地判令4・1・31判時2539号55頁（控訴）は、飲食店を経営していたXが、指定暴力団傘下のA組の構成員Bから刃物で顔を切りつけられて負傷

したとして、当該指定暴力団の総裁Y₁およびその会長Y₂に対しては民法715条又は暴対法31条の2に基づき、A組組長Y₃に対しては民法719条又は民法715条に基づき、損害賠償等を請求した事案である。主な争点は、①Y₁およびY₂が暴対法31条の2の「代表者等」に該当するか、②指定暴力団の傘下組織の構成員であるBは同条の「指定暴力団員」に該当するか、③どのような行為があれば、同条の「威力利用資金獲得当為」があるといえるかである。

本判決は、①被害者の保護の観点から、「暴力団の首領及び最高幹部会議の出席メンバー等は、組織内におけるその肩書の呼称を問わず、同条〔暴対法31条の2〕にいう『代表者等』に当たる」とし、②「『指定暴力団員』には、当該指定暴力団を構成する傘下組織の構成員が含まれる」とした。③「『威力利用資金獲得行為』に当たるためには、指定暴力団員が資金獲得行為を実行する過程において、当該指定暴力団の威力が何らかの形で利用されていれば足りる」としたうえで、本件襲撃は、みかじめ料徴収等の資金獲得行為そのものではないが、みかじめ料徴収の一環として、資金獲得行為を実行する過程で指定暴力団の威力が利用されており、「威力利用資金獲得行為」に該当するとして、Y₁およびY₂の責任を認めた。Y₃については、共同不法行為が成立するとした。

7　除斥期間

(1)　建設アスベスト関係

最三判平16・4・27民集58巻4号1032頁は、「身体に蓄積した場合に人の健康を害することとなる物質による損害や、一定の潜伏期間が経過した後に症状が現れる損害のように、当該不法行為により発生する損害の性質上、加害行為が終了してから相当の期間が経過した後に損害が発生する場合には、当該損害の全部又は一部が発生した時が除斥期間の起算点となると解すべき」とする。「損害の全部又は一部が発生した時」とは、行政上の決定時であるとする判決もあるが、必ずしもその時点に限られるわけではない。[29]は、医学的証明によって、行政上の決定よりも重い石綿肺の発症を認めた事案である。

[29] 岐阜地判令3・12・10判時2540号66頁（確定）は、次のような事案である。石綿製品の製造等を行う工場で作業をしていたAの相続人であるXらが、Aの管理区分（じん肺法4条2項2）は管理区分管理2であると認定されていたが、実際は管理区分管理3（イ）に相当する石綿肺を発症していたとして、Y（国）に対し、令和元年5月21日に、国賠法1条1項に基づき、損害賠償を請求した。なお、管理区分管理2に相当する石綿肺の発症についての損害賠償請求権は20年の除斥期間の経過により消滅していたことから、管理区分管理3の発症が遅くとも平成19年2月23日の時点であるといえるかどうかが争われた。

本判決は、医師の意見等に基づき、遅くとも平成19年2月23日時点で管理区分管理3に相当する石綿肺の病態を発症していたとして、Xの請求を認容した。

(2)　旧優生保護法関係

旧優生保護法（平成8年法律第105号による改正前）に基づく強制不妊手術に関する損害賠償請求権に対する除斥期間の適用可否に関して複数の判決が下された。（訴訟一覧は、優生保護法被害弁護団のHPにおいて公表されている）。

除斥期間の適用を制限することによって、被害者の救済に向けて大きな一歩を踏み出したのは、大阪高判令4・2・22判時2528号5頁（本誌26号「不法行為裁判例の動向」[41]）であった。同判決は、不法行為は旧優生保護法の改正（平成8年9月25日）まで継続したとして、不法行為時を手術時ではなく同法改正時であるとしたうえで、除斥期間の適用を認めることは、著しく正義・公平の理念に反するとして、時効停止の規定の法意に照らし、訴訟提起の前提となる情報や相談機会へのアクセスが著しく困難な環境が解消されてから6か月間は除斥期間の適用が制限されるとした。

その後、[30]のほか、札幌高判令5・3・16LEX/DB25594985、熊本地判令5・1・23LEX/DB25572634、大阪高判令5・3・23LEX/DB25595113では、除斥期間の適用が制限された。

これに対し、除斥期間を適用して原告の請求を棄却した裁判例としては、仙台高判令5・6・1裁判所HPがある。

[30] 東京高判令4・3・11判タ1506号62頁（上告受理申立て）は、昭和32年2月又は3月頃、旧優生保護法に基づいて強制不妊手術（以下、「本件手術」という）を受けさせられたXが、平成30年1

月末ごろ、本件手術が旧優生保護法によるものであると認識し、Y（国）に対し、国賠法1条1項に基づき慰謝料の支払を請求した事案である。

原審（東京地判令2・6・30判時2554号35頁、本誌25号「不法行為裁判例の動向」[41]の同種事案として紹介されている。）は、損害は手術時に発生しており、起算点を遅らせる余地があるとしても、遅くとも旧優生保護法が改正された平成8年改正時点までであり、Xの損害賠償請求権は除斥期間によって消滅したとして、Xの請求を棄却した。

本判決は、民法724条後段の除斥期間の起算点は手術時であるとしつつも、本件においては、除斥期間の適用が著しく正義・公平の理念に反するような特段の事情があり、「自己の受けた被害がYによる不法行為であることを客観的に認識し得た時から相当期間が経過するまでは、民法724条後段の効果は生じない」と解すべきであるとして、Yの責任を認めた。

特段の事情としては、①Xは、自己の意に反して生殖機能を回復不能な状態にされたという重大な人権侵害であること、②Yは優生手術を受けた者に対して通知するなどの被害救済のための措置を執らず、ほとんどの被害者が不法行為であることを認識できないまま20年が経過していたこと、③国務大臣、国会議員等の公務員は、憲法を尊重し擁護する義務を負っており、憲法違反の法律に基づく施策によって生じた被害の救済を、憲法より下位規範である民法724条後段を無条件の適用によって拒絶することには慎重であるべきであること、④Yは、優生手術について調査をして、被害者が自己の受けた被害についての情報を入手できる制度を整備することを怠ってきたことなどが考慮されている。

「客観的に認識し得た時」については、優生手術被害者を対象とする一時金支給法の制定時（平成31年4月）を起算点として、同法によって5年間の猶予期間が被害者に与えられていることなどから相当期間は5年であるとして、「一時金支給法の施行日である平成31年4月24日から5年間が経過するまでは、民法724条後段の効果は生じない」とした。

8　責任能力

[31] 名古屋高判令4・5・27判時2535号54頁（確定）は、次のような事案である。意識を消失し、責任能力のない状態であるYが、自動車の運転中に対向車線を走行していた車両に衝突した。X（保険会社）は、その車両について自動車保険契約を締結しており、Yに対し、保険代位に基づき求償をする前提として、Yが不法行為責任を負うと主張した。本件では、Yが、民法713条ただし書における過失の有無として、一時的に責任能力を欠く状態を自己の過失に基づいて招いたのかどうかが争われた。

原審（名古屋地判令3・12・6判時2535号60頁）は、Yは、突発的に重篤な症状が生じる可能性があることを予見できたとして、Yの責任を認めた。

本判決は、民法713条ただし書にいう過失があるといえるためには、「少なくとも、何らかの疾患等により一時的な意識消失状態に陥る危険性を予見することができ、かつ、回避することができることが必要である」と述べたうえで、本件事故前に、Yは、軽度の体調不良の自覚があったとはいえ、意識消失状態に陥ることを予見すべき事情があるとは言えず、民法713条ただし書の過失はYに認められないとした。

9　過失相殺

[32] 大阪地判令4・5・25判時2547号75頁（控訴）は、次のような事案である。Yらは、中古車販売などを営んでおり、ロードサービス（故障車・事故車等の救援及び移動等）を提供するX（JAF）の会員であった。Xの個人会員は、年会費を支払うことによって、利用回数の制限がなく、ロードサービスを無償で利用することができたことから、Yらは、オークション会場で仕入れた車両を搬送するといった商用目的で、5年間で数百回にわたり私的利用を装ってロードサービスを利用していた。なお、Xの会員規則等には、商用目的でのロードサービスの無償利用を禁止する旨の規定はなかった。Xが、Yらに対し、会員規則等に記載がなくとも、Xのロードサービスを商用目的で利用することはできないと主張して、不法行為に基づく損害賠償を請求した。

本判決は、Xは公益目的の法人として、廉価な年会費でロードサービスを提供していることから、Xの会員が商用目的でロードサービスを利用することは許されないとして、Yらの責任を認めた。そのうえで、Xは、Yらによるロードサービスの利用が多数回に及んでいることを認識しており、Xの現場作業員から商用目的をうかがわせる内容の連絡を受けていたにもかかわらず、それを防止する措置を講じ

なかったとして過失相殺がされた。（Yらの利用時期に応じて3割又は5割の過失相殺がされた）。

そのほか、過失相殺に関する裁判例としては、[3]、[20]、[27]、[38]がある。

10 交通事故

[33] 長野地判令4・2・8判時2545号93頁（確定）は、次のような事案である。Aが自動車の運転中に、てんかんによる局所けいれんを起こしたので、フットブレーキを操作して下り坂の中腹に自動車を停車させた。その後、Aは、けいれんが全身に及んだので、フットブレーキから足を離してアクセルを踏み込んだところ自動車が急発進して、X₁の運転する自動車と接触し、Aは、前方を走行していた別の自動車と衝突して死亡した。なお、Aは、過去にてんかんの発作により意識を消失したことがあった。X₁は、Aの相続人であるYらに対し、不法行為に基づく損害賠償を請求し、X₁の損害を填補して保険代位した組合であるX₂が、Yらに対し、不法行為に基づく損害賠償を請求した。

本判決は、Aの過失の検討においては、アクセルを踏み込んでしまうことではなく、フットブレーキを踏み続けることができなくなることの予見可能性を検討すべきであるとした。そのうえで、本件においては、Aは事故の際に局所けいれんを自覚しており、かつ、過去に意識消失を伴うけいれんの発作の経験があることからすれば、フットブレーキを踏んでいるだけでは自動車を停車させることができなくなることを予見することが可能であり、エンジンを停止させなかったことについて過失があるとして、Xらの請求を認容した。

[34] 仙台高判令4・2・22判時2545号77頁（上告・上告受理申立て、後棄却・不受理）は、次のような事案である。Yは、自動車の運転中にてんかんの発作を起こして、A所有の自動車に衝突した。そこで、損害保険会社であるXは、Aに生じた損害について車両保険金を支払ったので、保険法25条1項の請求権代位に基づき、Yに対し、損害賠償を請求した。

なお、Xは、事故前に意識を消失する発作を2度起こしており、医師からは、今後も意識を消失するおそれがあると説明されていた。さらに、事故の2日後には、大学病院において意識消失の原因を検査する予定であった。

原審（仙台地判令3・9・29判時2545号77頁）は、Yは、てんかんの発作により意識を消失しており、責任能力を欠いていたので、民法713条本文に基づいて損害賠償責任を負わないとした。

本判決は、意識消失の発作を事故前の2度も繰り返していたことや、2度目の発作からわずか1か月半後であったことなどを指摘して、Yは、道路交通法66条により自動車を運転してはならない義務を負っており、自動車の運転を一時的に回避すべき注意義務を負っていたとして、Yの責任を認めた。

[35] 最一判令4・7・14民集76巻5号1205頁は、次のような事案である。原動機付自転車を運転していたXは、Aの運転する車両に衝突されて傷害を受けた。Aの車両については、保険金額を120万円とする自賠責保険がY保険会社との間で締結されていた。

政府は、本件事故が、第三者の行為による業務災害であるとして、Xに対し、労災保険給付を行ったが、約440万円の損害が填補されていなかった。そこで、Xは、Yに対し、約440万円について、自賠法16条1項による直接請求権を行使した。他方、国も、Yに対し、労災保険給付をしたことから、労災法12条の4第1項によって移転した直接請求権を行使した。Yは、案文説（請求額に応じた案文）に従って、Xに対し、16万788円を支払い、国に対し、103万9212円を支払った。

Xは、最一判平30・9・27民集72巻4号432頁（本誌18号「不法行為裁判例の動向」[2]）によれば、被害者の直接請求権と労災法12条の4第1項に基づく直接請求権の額の合計が自賠責保険の保険金額を超える場合には、被害者は国に優先して弁済を受けるべきであるとして、国に対する損害賠償の支払いは有効な弁済に当たらず、保険金額120万円からXが受け取った金額の残額である103万9212円の支払を求めた。

原審（大阪高判令3・6・3民集76巻5号1224頁）は、自賠法16条1項および労災法12条の4第1項の趣旨に鑑みれば、被害者が優先して保険会社から損害賠償の支払を受けることができるとして、Xの請求を認めた。

本判決は、前掲最一判平30・9・27を引用して、被害者は国に優先して損害賠償の支払を受けることができるとしても、このことは、国に対してした損害賠償の支払を否定する根拠となるものではないとして、Xの請求を認めなかった。ただし、国が損害

賠償の支払を受けた場合に、被害者が優先して受けるべき未填補損害の額に相当する部分については、国が不当利得として返還義務を負うことは別論だとされた。

11　製造物責任法

[36] 大阪地判令4・11・17金法2211号38頁（控訴）は、上げ下げロープ網戸のループの操作コードが6歳のAの首に引っかかり、Aが死亡したことから、その家族であるXらが、製造業者であるY₁に対して、製造物責任法3条に基づき損害賠償を請求した事案である。なお、本リフォーム業者であるY₂との間では、建築請負契約のクーリングオフによる解除の可否をめぐって争われている（本号「注目裁判例研究契約2」〔平林美紀〕）。

本判決は、操作コードには安全器具を用いて子供の操作に対する安全対策が講じられていたこと、ループレス化等の安全対策が採用されていないことは不合理だとはいえないことから、引渡時において通常有すべき安全性を欠いていたとはいえないとして、Xらの請求を棄却した。

12　国家賠償法

(1)　国立大学の責任

[37] 名古屋地判令2・12・17判タ1502号222頁（確定）は、既に、本誌24号「不法行為裁判例の動向」[37] において紹介されている。

[38] 福岡地判令4・5・17判タ1505号194頁（確定）は、次のような事案である。大学生であるAは、国立大学法人Y₁の設置する大学のフィールドプログラムに参加し、安房川で泳ぐことになった。その引率教員であったY₂は、学生に対して、「適当に泳いでください」などの指示を出すだけで、救命胴衣を学生に着用させるなどはしていなかった。その後、Aは、安房川で遊泳を始めたものの溺死した。

Aの両親であるXらは、Y₁に対し、Y₂の不法行為を前提として民法715条1項および国賠法1条1項に基づき損害賠償を請求するとともに、Y₁の責任として、安全配慮義務違反に基づき損害賠償を請求した。さらに、Xらは、Y₂に対しては、不法行為に基づき損害賠償を請求した。本件では、Y₂の過失の有無のほか、国立大学法人であるY₁が国賠法上の責任主体となるかどうか、過失相殺の可否に

ついても争われた。

本判決は、Y₂は、前年も溺れかけた学生がいたことを認識しており、かつ、学生の安全を確保すべき注意義務を怠ったとして、本件事故の発生に関するY₂の過失を認めたうえで、「国立大学法人は、国賠法1条1項の『公共団体』に該当し、国立大学法人の教職員は、同項の『公務員』に該当すると解すべきであるから、Y₁は『公共団体』に該当し、その教職員であるY₂は『公務員』に該当する」としてY₁の責任を認めて、Y₂の責任を否定した。

さらに、Aは、安房川で遊泳することの危険性を認識し得たにもかかわらず、あえて遊泳を始めたことから、Aの過失を観念し得るとしても、Y₁およびY₂には、それに先立つ重大な過失があるとして、損害の公平な分担の見地から、過失相殺の適用を否定した。

(2)　行政一般

[39] 札幌高判令3・12・14判時2547号27頁（上告、上告受理申立て・後棄却、不受理）は、次のような事案である。日本が中西部太平洋まぐろ類条約に加入したことから、太平洋くろまぐろの漁獲量は水産庁によって制限されており、管理期間を設けたうえで、国内を6ブロックに分けてブロックごとに漁獲上限を定め、これを超過したブロックは翌年の漁獲上限から超過分が差し引かれることになっている。

第3管理期間（平成29年7月1日～平成30年6月30日）において、北海道の一部の漁業者が漁獲上限を大幅に超える漁獲をした（漁獲上限が約112トンであるのに対し、漁獲量は約770トンであった）ことから、農林水産大臣によって第4管理期間の漁獲可能量が約8トン（混漁分）しか認められず、事実上、漁獲不能となった。北海道でくろまぐろ漁に従事するXらは、Y₁（国）およびY₂（北海道）に対し、適切な規制を行わなかったとして、国賠法1条1項に基づき、第4管理期間以降6年間の逸失利益および慰謝料の支払を求めた。主な争点は、①Y₁及びY₂が必要な措置を講じておらず規制権限の不行使があったといえるのか、②第4管理期間に行われた漁獲量の制限が農林水産大臣の裁量権の逸脱であるといえるのかである。

原審（札幌地判令2・11・27判時2547号34頁〔本誌23号「環境裁判例の動向」[19]〕）は、①農林水産大臣が資源管理法に基づく数量管理を実施しなかっ

たこと、及び、水産資源保護法に基づく採捕制限措置を行わなかったことは、その法令の趣旨、目的やその権限の性質に照らし著しく不合理なものであったとはいえないとし、②本件における超過差引きは資源管理法に基づく農林水産大臣の裁量の範囲内の措置であるとして、Xの請求を棄却した。Xが控訴したが、本判決は、原審の理由付けを補足したうえで、Xの控訴を棄却した。

[40] ①最二判令4・6・17民集76巻5号955頁、②最二判令4・6・17集民268号37頁の二つの判決は、原告以外は同種の事案であり、既に、本誌25号「環境裁判例の動向」[12]において詳細に紹介されている。東日本大震災によって津波が東京電力福島第一原子力発電所に到来し、大量の放射性物質が放出される事故が発生した結果、居住地が汚染されたと主張する者およびその承継人であるXらが、Y（国）に対し、事故の発生を防ぐために電気事業法に基づく規制権限を行使しなかったとして、国賠法1条1項に基づき損害賠償を請求した。

本判決は、国が、電気事業法40条に基づく規制権限を行使して、本件発電所の事故を防ぐための適切な措置を講ずることを東京電力に義務付けていたとしても、本件津波の到来によって大量の海水が本件敷地に浸入することは避けられなかった可能性が高いなどとして、Xらの請求を認めなかった。

(3) 同性婚訴訟

今期の対象判決以外も含めると、全国で提起された5件の同性婚訴訟が注目を集めている。違憲としたのは、札幌地判令3・3・17判時2487号3頁（本誌24号「不法行為裁判例の動向」[48]）、及び、名古屋地判令5・5・30LEX/DB25595224であり、合憲としたのは、[41]である。違憲状態としたのは、[42]のほか、福岡地判令5・6・8LEX/DB25595450である。

[41] 大阪地判令4・6・20判時2537号40頁（控訴）は、同性の者との婚姻届を不受理とされたXらが、民法及び戸籍法の規定が同性の婚姻を認めていないことは、憲法24条、13条、14条1項に違反しており、Y（国）が必要な立法措置を講じていないとして、国賠法1条1項に基づき慰謝料の支払を求めた事案である。

本判決は、憲法24条が「両性」、「夫婦」という文言を用いており異性婚を前提とした規定であること、同性で婚姻をする自由は憲法13条によって保障されていないこと、婚姻に類する他の手段が利用可能であるため憲法14条1項の許容する国会の合理的な立法裁量の範囲を超えていないことなどの理由から、民法及び戸籍法の規定は憲法に違反してないとして、Xの請求を棄却した。なお、今後の立法不作為が、将来的に違憲となる可能性があることが付言されている。

[42] 東京地判令4・11・30判時2547号45頁（控訴）は、[41]と同種の事案であり、「同性愛者についてパートナーと家族になるための法制度が存在しないことは、同性愛者の人格的生存に対する重大な脅威、障害であり、個人の尊厳に照らして合理的な理由があるとはいえず、憲法24条2項に違反する状態にあるということができるが、上記の法制度を構築する方法は同性間の婚姻を現行の婚姻制度に含める旨の立法を行うこと以外にも存在するのであるから、上記の状態にあることからXらが主張する同性間の婚姻を可能とする立法措置を講ずべき義務が直ちに生ずるものとは認められ」ず、国賠法上の違法性はないとして、Xらの請求を棄却した。

(4) 公務員による名誉毀損

[43] 横浜地判令3・12・24判時2541号45頁（確定）は、次のような事案である。市議会議員であったY₁は、①市議会において、在日コリアンであるXに対し、差別的発言（以下、「本件発言」という）をした。さらに、Y₁は、②SNSにおいて、Xが氏名からして日本人ではないことや、やくざまがいの行為をしているなどといった内容の多数の投稿をした。市議会のウェブサイトにおいて、本件発言の含まれた動画及び会議録が閲覧可能であった。そこで、Xは、Y₁に対し、①本件発言、及び、②SNSでの発言によって名誉を毀損されたとして慰謝料の支払を求めるとともに、市議会のウェブサイトの動画及び会議録の削除を請求した。さらに、Xは、Y₂（国）に対して、国賠法1条1項に基づき、慰謝料の支払を求めた。

本判決は、市議会議員の職務としての発言については Y₂ が責任主体となるとしたうえで、①市議会内での発言は、職務とは関わりなく違法又は不当な目的をもってされたものであるなど、地方議会議員に付与された権限の趣旨に明らかに背いているときには、国賠法1条1項にいう違法な行為があったといえるとし、本件発言については、その前後の文脈からして差別意識を前提にXを不当に貶める発言で

あるとして、国賠法上の違法性を認めた。

さらに、②SNSへの投稿であるからといって、一律に職務行為に当たらないと解すべきではなく、当該投稿の一般の読者の普通の注意と読み方を基準に、当該投稿が地方議会議員としての職務執行の外形を備えているかどうかを判断すべきであるとして、本件投稿の国賠法上の違法性を認めた。ただし、市議会のウェブサイトからの動画および会議録の削除は、住民の知る権利等を理由として認められなかった。

(5) 刑事施設関係

[44] 東京地判令4・4・21判タ1506号197頁（控訴）は、次のような事案である。Aの国選弁護人であるXは、控訴趣意書の提出期限が2月17日（月）までであったところ、事前に接見日時の予約をしたうえで、2月15日（土）に、Aが勾留されている東京拘置所を訪れて接見をした。接見の終了後である同日正午頃に、Xは、東京拘置所の職員であるBに対し、Aの事件に関する控訴趣意書案（以下、「本件文書」という）を差し入れようとしたが、Bは、土曜日は差入れ業務を行っていないとして、その受領を拒否した。そこで、Xは、Y（国）に対し、差入れの拒否は弁護人の接見交通権を違法に侵害するとして、国賠法1条1項に基づき慰謝料の支払を求めた。

本判決は、刑事施設の長は、刑事収容施設及び被収容者等の処遇に関する法律51条等に基づいて、差入れの申請日及び時間帯の制限をすることができるが、具体的な事情によってはこの制限には限度があるとして、本件文書および接見交通権の重要性のほか、提出期限が切迫していたこと、Aに本件文書を早期に交付する必要性が高かったこと、本件文書の内容を検査することは比較的容易であったことを指摘して、Yの責任を認めた。

(6) その他

[45] 東京高判令4・4・14判時2542号56頁（上告受理申立て）は、次のような事案である。Xに対する懲戒請求を受けたY弁護士会の綱紀委員会は、Xの懲戒請求事由のうち、①利益相反、及び、②A社による詐欺破産の主導には懲戒事由が認められず、③一部事件の弁護士報酬が高額であったことについては、Yの懲戒委員会の審査を求めるのが相当であるとした。ところが、Yは、③のみならず、①及び②も懲戒審査の対象としたうえで、Xに対し、懲戒議決に基づき業務の1か月間の停止を命じた。そこで、Xは、Yに対し、懲戒処分は違法であるとして、国賠法1条1項に基づき損害賠償を請求した。

原審は、懲戒委員会において審理の対象とすべき事実は、綱紀委員会の議決において懲戒委員会の審査を求めることが相当と認められた事実のほか、これに基づく懲戒請求の可否等の判断に必要と認められる事実の範囲に限られるべきであり、①及び②の事実を認定して行った懲戒議決は違法であるとして、Yの責任を認めた。

本判決は、綱紀委員会が、③について懲戒事由に相当すると判断する前提として、①、②、③の事実を事案として同一性の範囲にあると認めていること、及び、懲戒委員会における審査は職務上尽くすべき注意義務を尽くしていたことから、Xに対する懲戒処分は違法ではないとして、Yの責任を否定した。

［付記］本稿は、JSPS科研費22K01251による研究成果の一部である。

（いしお・ともひさ）

家族裁判例の動向

神谷　遊　同志社大学教授
現代民事判例研究会家族法部会

　今期の家族裁判例は 35 件が紹介の対象であるが、そのうちの 11 件は前号までに紹介済みである。また、相続・遺言関係の裁判例は 4 件にとどまる一方、ハーグ条約関係事件が 5 件にのぼっており、子の返還申立てにおいて、とくに子の常居所地国の認定が争点となる事例が目に付く。なお、最高裁の裁判例としては、親子関係不存在確認の訴えについて確認の利益の存否が問題となった [11] 判決、子の引渡しに関して間接強制の方法によることの適否が争点となった [19] 決定が含まれる。

1　婚姻

(1)　同性婚の可否

　現在、同性間の婚姻を認めない現行法制が憲法に違反するとして、これを改廃しない国会の立法不作為について国に損害賠償を求める訴訟が全国的に提起されており、その一審判決が相次いで出されている。その最初の判決は、札幌地判令 3・3・17 判時 2487 号 3 頁（本誌 24 号 [6] として紹介済み）であり、賠償請求は認めなかったが、民法および戸籍法の関係規定は憲法 14 条 1 項に反し違憲であると判断した。その後、今期の対象裁判例として、下記の [1] 判決および [2] 判決が公表された。いずれの判決も、結論としては、関係規定は憲法に違反しないとし、国への賠償請求を認めていないが、同性カップルにも婚姻をすることについての人格的利益があることを指摘する。

　まず、[1] 大阪地判令 4・6・20 判時 2537 号 40 頁は、憲法 24 条 1 項にいう「婚姻」は異性間の婚姻のみを指し、同性間の婚姻は含まないから、これを前提とする民法・戸籍法の関係規定が憲法 24 条 1 項に反することはないとし、また、こうした現行法の下では、同性間で婚姻をする自由が憲法 13 条

で保障される人格権の一内容ともいえないとする。もっとも、本判決は、同性カップルにも社会の中でカップルとして公に認知されて共同生活を営むことについての利益（「公認に係る利益」）はあり、これは人格的尊厳に関わる重要な人格的利益とするが、この人格的利益を実現するためには様々な方法が考えられ、そのいずれが適切かの議論も尽くされていない現段階で、関係規定が、立法裁量の範囲を逸脱するものとして憲法 24 条 2 項に反するともいえないとする。

　[2] 東京地判令 4・11・30 判時 2547 号 45 頁も、[1] 判決と同様、憲法 24 条にいう「婚姻」は異性間のものに限られるとし、民法・戸籍法の関係規定が同性間の婚姻を認めていないこと自体が憲法 14 条 1 項に反することはないとする。しかし、憲法 24 条 2 項は、婚姻に関する事項のみならず、家族に関する事項についても、立法にあたり個人の尊厳と両性の本質的平等に立脚すべきことを示しているところ、同性愛者にも、「パートナーと家族となり、共同生活を送ることについて家族としての法的保護を受け、社会的公証を受けることができる利益」はあり、これを実現する法制度がないことは、同性愛者の人格的生存に対する重大な脅威、障害であり、「憲法 24 条 2 項に違反する状態にある」とした。もっとも、そのような法制度を構築する方法には多様なものが想定され、それは立法裁量に委ねられているから、同性間の婚姻を認めていない関係規定が「憲法 24 条 2 項に違反すると断ずることはできない。」としている。

(2)　婚姻費用

　[3] 東京高決令 4・2・4 判時 2537 号 12 頁は、婚姻費用分担申立事件において、当事者の一方が得ていた生活保護費が収入に当たるかが争点となった

事案であるが、すでに本誌16号[4]で紹介済みである。

[4] 東京高決令4・2・24家判43号69頁は、妻Xが別居中の夫Yに対して婚姻費用の分担を求めた事案の抗告審決定であり、Yの収入が改訂標準算定方式で予定されている義務者の収入の上限（給与所得者：2000万円、自営業者：1567万円）を大きく上回ることから、婚姻費用の算定にあたってYの基礎収入をいかに算定するかが問題となった。このような事例についての実務の対応は分かれるが、本決定は、Yの総収入（約7481万円）から所得税の実費（約1904万円）を控除したうえで、改定標準算定方式における総収入（給与）の上限における統計数値を採用し、職業費を実収入の13.35％（約999万円）、特別経費を13.67％（約1023万円）として控除し、さらに貯蓄分（Yの事業収入から所得税を控除した額の26％（約1450万円）と認定）を控除し、その結果である約2105万円をYの基礎収入と認定し、婚姻費用分担額を算定している。

[5] 東京高決令4・3・17判時2540号5頁も、妻Xが別居中の夫Yに婚姻費用の分担を求めた事案の抗告審決定で、標準算定方式を適用するにあたって、それぞれの年金収入をどのように収入認定するかが争点となった。本件のX・Yは、令和2年6月から別居し、同月中にはXからYに婚姻費用の支払いを求める意思が表明されている。Xの収入は老齢基礎年金のみであり、Yの収入は、公的年金と令和3年8月までは事業収入があった。Xについては、年金収入（年額39万2160円）を給与収入に換算するにあたって、年金収入については職業費の支出を考慮する必要がないため、統計資料に基づく総収入に占める職業費の割合を15％とし、年金額39万2160円÷（1－0.15）＝約46万円を給与収入とした。また、Yについては、令和3年8月までは、事業収入（年額148万1534円）があり、これに年金収入（年額144万4315円）を加算する必要があったが、事業収入は、すでに職業費相当額を控除済みであるから、年金収入を事業収入に換算するにあたっては、Xにおいてしたような修正計算は不要として、上記の事業収入額に年金収入を合算した額（年額292万円）をYの事業収入とした。また、Yは、令和3年8月以降は年金収入のみとなったから、この時期以降は、Xと同様の算式によりYの年金収入を給与収入に換算している。

2　離婚

(1)　離婚無効

[6] 東京地判令4・3・28判時2552号39頁は、妻Xが夫Yに対して損害賠償請求をした事案である。Xと夫Yには2人の未成年子がある。平成29年9月17日、X・Y間で激しい口論があり、Yが持参した離婚届用紙にXが署名、押印し、これをYに渡したところ、Yは2人の子を連れて自宅を出て、以後別居した。同年9月20日、Yは、改めてXの離婚意思を確認することなく子らの親権者をYとして離婚を届け出た。

その後、Xは離婚の無効確認訴訟を提起し、無効判決が確定している。こうした状況下で、Xは、Yが無効な離婚届をしたこと、子らをXの下から連れ去ったこと、離婚無効確認判決が確定し、Xが子らの親権者であることが確認されたのに、Xと子らとの面会交流を妨げたことが不法行為であるとして精神的苦痛、弁護士費用の賠償を求めた。本判決は、Yが無効な離婚届によりXの妻としての地位を侵害し、Xの子らに対する親権を侵害したとしてYの賠償責任を認めた。なお、XとYの別居状態を所与のものとした場合、YがXの子らとの面会交流を違法に妨げたとは認められないとし、この点についての不法行為責任は否定されている。

(2)　財産分与

[7] 福岡家久留米支判令2・9・24家判43号101頁は、夫Xが妻Yに対して離婚請求をしたのに対して、YがXに対して予備的反訴として、慰謝料の支払と財産分与相当額を求めた事案である。本件の争点は、財産分与として、X・Yが飼育していた3頭の犬の帰属とその飼育費用の負担のあり方である。本判決は、離婚請求を認容したうえで、3頭の犬について、これをX・Yの共有財産とし、双方の資産・収入を基に持分をX3分の2、Y3分の1とした。また、犬の飼育はYが続けることを前提に、Y宅の家賃（4万5000円）のうち半分程度は犬の飼育場所の確保のための費用とみて、その3分の2（月額1万5000円）を犬3頭の飼育が終了するまでXに支払うことを命じ、さらに飼代（1頭当たり月額1400円）の3分の2相当である1頭当たり月額900円の支払もXに命じた。

[8] 東京高決令4・3・25家判42号37頁は、

元妻Xが元夫Yに対して、財産分与を求めた事案である。分与対象財産の価額は、Xが128万233円、Yが1億1010万4182円であるが、Yは、自身の財産には父母および祖父から相続した財産が含まれ、とりわけ父から約2900万円の預金を相続しており、これは分与対象財産には含まれないと主張した。本決定は、Yが父から相続した約2900万円の預金は高額であり、「資料上は特定できないものの、Y名義の財産を増価させ、あるいはその費消を免れさせたもの」とし、それを合理的な範囲で考慮するのが相当で、財産分与における一切の事情として考慮するとし、Xに対してYに5000万円を支払うように命じた。

[9] 広島高決令4・1・28判時2550号37頁は、元妻X（相手方・原審申立人）と元夫Y（抗告人・原審相手方）がそれぞれに財産分与を求めた事案（第1事件の申立人はX、第2事件の申立人はY）が端緒となっている。第1審は、X・Y間で財産分与を求めない合意が成立していることを理由に、第1事件、第2事件の各申立てを却下した。これにYが抗告したところ、抗告審は、第1事件の相手方（財産分与の申立てを却下した審判の相手方）には抗告の利益がないとして抗告を却下した（第2事件は768条2項但書所定の期間が経過していることを理由に抗告棄却）。これについてYから許可抗告がなされたところ、最決令和3・10・28（本誌25号[13]で紹介済み）は、財産分与の申立てを却下する審判に対しては、審判の内容等の具体的な事情のいかんにかかわらず、「夫又は妻であった者」はいずれも抗告の利益を有するとして、抗告審決定を破棄し差し戻した。

本決定は、その差戻後抗告審である。争点は、財産分与の申立人に対して、相手方への財産分与を命ずる審判ができるかである。本決定は、財産分与の申立てがあった場合、裁判所は申立人の主張に拘束されることなく分与の有無、その額および方法を定めるべきであるとし、審理の結果、かえって相手方が給付を受けるべき権利者であると認められる場合において、少なくとも相手方が、当該審判手続において、自らが給付を受けるべき権利者であり、申立人に対して給付を求める旨を主張しているときは、審判の申立てを却下するのではなく、申立人に対して相手方への給付を命じることができるとして、原審判を取り消して、事件を家裁に差し戻した。

3 内縁

[10] 東京高判令3・11・11判時2547号5頁は、亡Aと重婚的内縁関係にあったXが厚年法上の「配偶者」にあたるとして、遺族厚生年金等の給付の請求をしたところ、厚生労働大臣から不支給の決定を受けたため、Y（国）を相手に不支給処分の取消しを求めた事案の控訴審判決であり、亡Aと配偶者Bとの婚姻関係が事実上の離婚状態にあったといえるかどうかが争点となった。

亡Aと妻Bは昭和37年に婚姻したが、遅くとも昭和59年頃には別居し、それ以降、AはXと同居を始め、平成30年に死亡した。亡Aは高収入であり、Bとの別居後もBに対して定期的な金銭の支援（毎月40万～60万円）や住居提供などの経済的支援を行っていたが、平成28年11月頃以降はそうした経済的支援を打ち切り、平成30年5月にはBに対して離婚調停を申し立て、離婚の条件面の協議を進めていたところ、手続係属中に死亡した。本判決は、亡AとBの別居期間が長期にわたり、婚姻関係を維持ないし修復する積極的な働きかけがなされたとも認められず、経済的支援についても、積極的に婚姻関係の維持継続を図ろうとする趣旨・目的は稀薄であるとし、Aの死亡前2年間は経済的支援は打ち切られ、離婚の協議がされていたことから、AとBの婚姻関係は実体を失って形骸化しており、その状態が固定化して近い将来解消する見込みがない場合、すなわち、事実上の離婚状態にあったとして、遺族厚生年金等の不支給決定を取り消した。

4 親子

(1) 実子

[11] 最二判令4・6・24判時2547号18頁は、親子関係不存在確認の訴えについて、原告に確認の利益があるかどうかが争点となった事案であるが、後掲の床谷文雄会員の評釈を参照されたい。

[12] 大阪高決令3・3・12家判43号86頁は、子と戸籍上の父との親子関係不存在を確認する審判について、子の血縁上の父と考えられるXが、その審判の利害関係人として異議を申し立てることができるかが争点となった事案であるが、本誌26号[38]および24号[10]で紹介済みである。

(2) 縁組

[13] 福岡高判令4・9・6判時2547号20頁は、養子縁組無効確認請求事件の控訴審判決である。A（昭和12年生）には子としてXがいた。他方、Aには弟Y（昭和24年生）がおり、令和2年7月17日に、Aを養親とし、Yを養子とする養子縁組届が提出されている。その後、Aは令和2年8月に死亡したところ、Xが、亡Aには縁組意思がなかったとして、亡A・Y間の養子縁組の無効確認を求めた。本判決は、縁組届書の養父の「届出人署名押印」欄の署名は亡Aが自署したと認めることはできないとしたうえで、亡AとYとの間で養子縁組がなされたとしても不自然でない程度の関係性はあったとしつつも、亡Aの死亡の前後にYがA名義の多額の預貯金の払戻しをしており、その必要性についてYが合理的に説明できず、これは養子縁組の前提となるYと亡Aとの信頼関係の存在に疑問を抱かせるなどとして、亡Aには縁組意思はなく、本件養子縁組は無効と判断した。

[14] 大阪高決令3・3・30家判42号66頁は、養親Xが亡養子との死後離縁の許可を求めた事案であるが、すでに本誌26号[11]および24号[13]として紹介済みである。

5 親権・監護

(1) 親権

[15] 東京家判令4・7・7判時2541号37頁は、マスメディアでも取り上げられた事案である。日本国籍を有する妻Xがフランス国籍を有する夫Yに対して、離婚等を求めた事案を対象とするが、主たる争点は子の親権者指定であった。

X・Yは、平成21年4月に婚姻し長男・長女をもうけたが、平成24年4月頃からは口論を繰り返すようになっていた。平成30年8月10日、Xは、Yが出社した後、Yには何も告げず、子らを連れて自宅を出る形でYと別居した。その後、Yは、子らの監護者をYと定めること、および子の引渡しを東京家裁に申し立て、Xも子らの監護者をXと定めることを求める申立てをした。東京家裁は、子らの監護者をXと定め、Yからの子の引渡しを求める申立てを却下する旨の決定をした。Yから抗告されたが、棄却する決定がされ確定した。なお、令和3年10月に、フランスの裁判所がXについて「子の略奪及びフランス国外での拘束」を理由に逮捕状を発布し

ている。

本判決は、Xが現に子らを養育監護しており、調査官の報告書によっても、子らの発育は順調で生活も安定し、子らの監護状況に特段の問題は認められないとされており、フランスの裁判所から逮捕状が発布されているとの一事をもって、直ちにXが子らの親権者として不適格であるということはできないとして、親権者をXと指定した。

(2) 監護

[16] 東京地判令3・11・30判時2543＝2544号65頁は、元夫Xが元妻Yに対して、X・Y間の子であるAにつき、YがXによるAの監護を妨害したとして不法行為による損害賠償を請求した事案である。

X・Yは、婚姻後の平成25年にAをもうけた。X・YおよびAは、Xの転勤により、平成27年4月頃からオーストラリアに移住したが、同年7月にYがAを連れて帰国したため、Xは、同年11月、東京家裁に、いわゆるハーグ条約実施法により、子の返還申立てをした。東京家裁は、この事件に付随してYから申し立てられた夫婦関係調整調停事件において、XとYの離婚、Aの親権者をYとすること、XがAをオーストラリアで年に合計120日間監護することなどを合意する旨の調停に代わる審判をした。この審判に基づいて、XはAをオーストラリアで監護していたが、Yは、その後、Xが訴外Bと再婚をしたことを知り、Aを渡豪させないことをXに伝え、平成30年7月以降は、XがAをオーストラリアで監護することができなくなった。そこでXは本件訴訟を提起した。

本判決は、YがXの再婚相手であるBに対する嫌悪からAの渡豪を認めない旨の決意をし、これをXに伝えているから、Yの故意による不法行為が認められるとし、また、Aの福祉の観点から、Aの渡豪の中止に正当事由もないとして、Yに33万円の支払いを命じた。

[17] 最一決令3・3・29判時2535号35頁は、未成年の子の祖母から監護者の指定が申し立てられた事案であるが、すでに本誌26号[12]および24号[20]として紹介済みである。

(3) 子の引渡し

[18] 名古屋高金沢支決令4・3・31家判44号51頁は、母Xが父Yに対して、家庭裁判所がした子の引渡しを命ずる審判に基づいて間接強制の申立

てをした事案である。

母X・父Y夫婦には、長女A（平成21年生）と二女B（平成25年生）がある。X・Yの関係が悪化し、XがA・Bを連れて別居したが、その後、BのみがY宅に戻った。XがAおよびBの監護者指定およびBの引渡しを家裁に求めたところ、家裁は、A・Bの監護者をXと定め、Yに対してBをXに引き渡すように命じた。これに対してYは即時抗告をしたが、棄却された。Xは、令和3年9月中に2回にわたってBと面会し、X宅に来るように説得したが、Bに拒絶されたことから、本件の間接強制の申立てをした。

Yは、Xとの合意に基づき、同年11月3日、X宅で、Y代理人の立会いの下、BをXに面談させたが、最終的にBはY宅に戻る旨を述べ、引渡しは成功しなかった。XはYに対し、Y側の立会いなしにX宅でBと面談させるように求めたが、Yは拒否した。同年12月23日、原審は、Xの申立てを権利の濫用として却下したため、Xが抗告。Yは、Bが恐怖症性不安障害と診断されているなどと主張し、Bを単独でX宅に赴かせることを拒否している。

本決定は、Bの引渡しを命じる審判確定後、Yも義務の履行をしようと最大限努力したが、効を奏せず、これ以上引渡しを進めるとBの福祉を害するから断念したとし、最決平31・4・26を引用し、未成年者の心身に有害な影響を及ぼすことのないように配慮しつつ同人の引渡しを実現するために合理的に必要と考えられるYの行為を具体的に想定することが困難な状況にあると判断し、Xの抗告を棄却した。

[19] 最三決令4・11・30判タ1506号33頁は、上記 [18] 判決と同種の事案であるが、異なる結論に達している。

母X・父Y夫婦には、長男A（平成25年生）と二男B（平成27年生）がいる。Yは、令和2年8月、子らを連れてXと別居した。そこで、Xは、子らの監護者をXに指定し、Yに対して子らをXに引き渡すように求めて申し立て、家裁はこれを認め、この審判は令和3年3月29日に確定した。

同年4月5日、Xは子らの引渡しを受けるためにY宅に赴き、Bについては引渡しを受けたが、Aについては、AがX・Yからの約2時間にわたる説得にも応じず、Xに引き渡されることを強く拒絶したため、Xは引渡しを受けることができなかった。その後、Yは、Xに、AがXを怖がっているとした

うえで、AとBを面会させることを提案した。Xはこれに応じ、同年5月30日にAとBを面会させることにしたが、AはXが待ち合わせ場所に来ることを知らされていなかったため、Xの姿を見て強く反発し、泣きながらYに対してY宅に戻ることを強く求めた。

その後、Xは、本件の間接強制を申し立てた。原原審は、Yに対し、Aの引渡しを命じ、履行しないときは1日につき2万円を支払うように命じる旨の決定をした。Yからの執行抗告に対し、原審は、Aが2回にわたり引渡しを明確に拒絶する意思を表示していることから、間接強制決定によりAの引渡しを強制することは過酷執行に当たり、本件申立ては権利の濫用になると判示した。

本決定は、子の引渡しを命ずる審判が確定してから約2か月の間に2回にわたりAがXに引き渡されることを拒絶する言動をしたにとどまる本件の事実関係の下では、本件申立てが権利の濫用に当たるとした原審の判断には法令の解釈適用を誤った違法があるとして、原決定を破棄した。本決定と、最決平31・4・18および前記 [18] 決定との関係は今後検討を要する課題といえる。

(4) 面会交流

[20] 東京高決令4・8・18家判43号54頁は、母Xが夫Yに対して、両者の間に生まれた長女A（平成23年生）と二女B（平成28年生）との面会交流について、その時期および方法等を定めるように審判を求めた事案である（すでに成立した調停において、Yが子らを監護養育するとともに、Xと子らとが面会交流することについて合意している）。

Xは二女Bの出産後から精神的に不安定となり、平成28年9月に医療保護入院、その後退院したが、Yおよび子らとは離れて実家で生活するようになった。原審は、父母間では高葛藤状態が続いていること、Aが精神的に十分には安定していないこと、二女Bも父母の葛藤状態に巻き込まれた場合の心理的影響が大きいこと、これまでの面会交流の経過およびAの反応を総合すると、まずは双方向の間接交流を実施することが相当とした。

本決定は、Xの精神状態が回復し安定した状態にあること、Aの精神状態も安定していること、Aは従前からXとの直接交流を強く望んでいたこと、Bについては、Xとの直接交流を禁止・制限すべき事情がないことなどを指摘し、再度、家裁調査官によ

る調査を実施して、その結果により、試行的面会交流の実施を積極的に検討し、直接交流の可否や具体的方法等を定める必要があるとして原審判を取り消し、差し戻す旨の決定をした。

[21] 最一決令3・3・29判時2535号29頁は、未成年の子の祖父母から面会交流を求めて申し立てがあった事案であるが、すでに本誌26号[12]および24号[20]として紹介済みである。

6　相続

(1)　遺産分割

[22] 広島高決令4・2・25判時2536号59頁は、被相続人がその妻を受取人とする保険契約を締結していた場合において、これに基づく死亡保険金請求権が903条の類推適用による特別受益にあたるかが争われた事案であるが、すでに本誌26号[24]として紹介済みである。

[23] 東京高決令3・4・15判時2539号36頁は、遺産分割前の保全処分として、特定の遺産の処分禁止の仮処分を求めた事案であるが、すでに本誌26号[23]として紹介済みである。

(2)　特別縁故者

[24] 水戸家審令4・7・13家判44号57頁は、平成25年に死亡した被相続人につき、地方公共団体（市）が相続財産中の本件各土地の利用について被相続人と特別の縁故があったとして、申立人たる市への分与を申し立てた事案である。

被相続人の亡母は、本件各土地を、市道の敷地として市の無償使用を容認して市の管理に委ねるなどしてきた。亡母死亡後は被相続人が単独で本件各土地を相続し、従前と同様の利用状態を維持していた。被相続人の死亡後、その夫が相続放棄をしたことで、相続人が存在しなくなったことから、市が相続財産管理人の選任を申し立て、市への分与を申し立てた。

本審判は、申立人である市が、本件各土地の維持・管理を通じて、生前、被相続人と密接な交流があり、本件各土地を市に分与することが被相続人の意思にも合致するとして、市に対して本件各土地を分与した。

7　遺言

[25] 高松高判令3・6・4判時2540号8頁は、

特定の者に一切の財産を包括遺贈する旨の遺言において、遺言執行者に預貯金の解約・払戻しの権限が付与されている場合、法定相続人の一部が遺留分減殺請求をしたとしても、遺言執行者は単独で預貯金全額の払戻しを請求することができるかが争われた事案であるが、後掲の青竹美佳会員の評釈を参照されたい。

8　ハーグ子奪取条約実施事件

[26] 東京高決令2・5・15判タ1502号99頁は、国際的な子の奪取の民事上の側面に関する条約の実施に関する法律（実施法）に基づき、父が、母に対して、子をその常居所地国であるフィリピン共和国に返還するよう求めた事案で、子の常居所地国はフィリピンではないとして、子の返還申立てを却下した。すでに本誌25号[36]として紹介済みである。

[27] 東京高決令2・9・3判タ1503号25頁は、実施法に基づき、母が、父に対して、子らをその常居所地国であるアメリカ合衆国に返還するよう求めた事案で、子らの常居所地国は日本であるとして、子の返還申立てを却下した。本誌25号[37]として紹介済みである。

[28] 大阪高決令2・12・8判タ1505号59頁は、実施法に基づき、母が父に対し、子らをその常居所地国であるフランス共和国に返還するように求めた事案で、父が主張する返還拒否事由（実施法28条1項5号）は認められないとし、子らの返還を命じた。すでに本誌26号[32]として紹介済みである。

[29] 大阪高決令3・5・26判タ1502号82頁は、実施法に基づき、父が母に対し、乳児である子の常居所地国をオーストラリア連邦であるとして、子の返還を求めた事案である。

日本国籍を有する子の母Yは、令和元年7月、妊娠中にオーストラリア国籍を有する子の父であるXが生活するオーストラリアに渡航して子を出産したが、その約40日後にオーストラリアから日本に渡航し、以後、現在まで日本において子を監護している。Xは、Yが子を日本で留置したことによりXの子に対する監護の権利が侵害されたとして、子をオーストラリアに返還するように求めた。子の常居所地国の認定が争点となった。

本決定は、「主として子の視点から、子の使用言語や通学、通園のほか地域活動への参加等による地域社会との繋がり、滞在期間、親の意思等の諸事情

を総合的に判断して、子が滞在地の社会的環境に適応順化していたと認めることができるかを検討するのが相当」とし、本件子の常居所地国はオーストラリアではないとし、子の返還を命じた原決定を取り消した。いわゆるハイブリッド・アプローチにたって子の常居所地国を定めた事例である。こうした解釈を支持する見解も見られる一方で、本件のように子が乳児である場合に、子の社会的環境への適応順化を判断基準とすることが妥当か、批判もみられる。

[30] 最三決令4・6・21判時2545号45頁は、実施法134条に基づき、妻が夫に対して子のフランスへの返還につき間接強制の申立てをした事案である。

妻Xと夫Yは日本人であり、平成22年、3人の子らとフランスに移住した、Yは平成29年4月にフランスの司法裁判所にXとの離婚の手続を申し立てた。Yは、令和元年7月、Xの了承を得て、子らを連れてフランスを出国し、日本に入国したが、その後、子らをフランスに戻さなかった。そこでXは、実施法134条に基づき、子らのフランスへの返還を命ずる終局決定を債務名義として、子の返還について間接強制の申立てをした。原原審は、これを認め、子らを返還しないときは子1人につき1日あたり1万円を支払うように命じた。Yが執行抗告をしたところ、原審は、令和3年4月、原決定を取り消し、本件申立てを却下した。他方、令和3年6月、フランスの控訴裁判所は、Yからの離婚請求等についての判決を言い渡し、この判決において、子らの常居所はXの住所と定められ、同年8月、大阪家裁の授権決定に基づき、奈良地裁の執行官が子らをYから解放し、返還実施者と指定されたXに引き渡し、子らは、フランスに返還された。

本決定は、本件申立ての後、子の返還が完了したことによって、本件返還決定に係る強制執行の目的を達したことは明らかとし、本件申立てを不適法として却下した。

9 渉外

[31] 東京家判令3・3・29判タ1502号241頁は、夫婦のそれぞれ、およびその子の国籍が複数あるという場合における離婚等請求事件において、親権者指定の準拠法が争点となった事案であるが、すでに本誌26号[35]および25号[42]で紹介済みである。

[32] 東京家審令4・1・19判時2545号98頁は、

フィリピン国籍であるXが日本国籍のYに対して認知の調停を申し立てた事案において、Xの母Aとその夫B（いずれもフィリピン国籍）の婚姻を無効とするフィリピンの裁判所の判決とXとBの親子関係の存否の関係が問題となった。本審判は、認知の準拠法を日本法としたうえで、フィリピン家族法上XとBの嫡出親子関係を認めることはできないとし、YがXを認知する旨の合意に相当する審判をした。

[33] 横浜家川崎支審令3・12・17家判43号96頁は、中国の裁判所で成立した養育費の調停を前提として、親の一方が他の一方に対して、養育費増額の調停を申し立てた事案である。本審判は、準拠法を子の常居所がある日本法としたうえで、中国の裁判所で成立した調停につき「相互の保証」があるとは認められないとして、養育費の増額の審判ではなく、新規の養育費算定の審判をした。

10 その他

[34] 東京高決令3・5・26家判43号82頁は、元夫である抗告人が元妻である相手方に対し、両者間で作成された離婚等公正証書において定められた抗告人の養育費支払義務について、その減額を求める審判事件および調停事件を本案として、同公正証書に基づく強制執行の停止を求める事案である。本決定は、相手方が、抗告人に対して強制執行手続へ移行するとの通知をしている点を指摘し、抗告人の急迫の危険を防止するため、本件公正証書に基づく強制執行を停止する必要が認められるとし、本案調停または審判の効力が生じるまでこれを停止するとした。

[35] 大阪地判令4・3・24判タ1506号129頁は、児童相談所長が児童福祉法33条に基づいてXの子（当時生後約1か月半）を一時保護したことについて、Xが、①一時保護の開始、②一時保護の継続、③一時保護期間中の原告と子との面会制限が違法であるとして、Y（大阪府）に対して慰謝料および遅延損害金の支払を求めた事案である。本判決は、上記①については違法性を否定したものの、②および③については肯定し、Yに国家賠償法1条1項に基づき、100万円および遅延損害金の支払を命じた。

（かみたに・ゆう）

環境裁判例の動向

大塚　直　早稲田大学教授

及川敬貴　横浜国立大学教授

環境判例研究会

　本稿では、民集76巻5号〜76巻6号、判時2535号〜2553号、判タ1502号〜1507号、判例自治492号〜498号、及び、2023年前期に裁判所のウェブサイトに掲載された、環境分野の裁判例（前号までに紹介したものを除く）を紹介する。1〜4は大塚が、5〜7は及川が担当した。

1　化学物質、有害物質

[1] 札幌高判令4・5・30裁判所HP（建設アスベスト訴訟北海道1陣訴訟控訴審判決）

　主として北海道内で建物の建築、改修、解体の現場において建築作業に従事し、その際に石綿粉じんに曝露したことにより、石綿関連疾患に罹患したと主張する者ら又はその相続人らが、石綿含有建材の製造販売者らに対して、石綿含有建材から生ずる粉じんに曝露すると石綿関連疾患に罹患する危険があること等を表示することなく、石綿含有建材を製造販売したことにより、石綿関連疾患に罹患したなどと主張して、民法719条1項後段の類推適用等に基づき、連帯して、損害賠償を支払うよう請求した事件。請求を棄却した原判決（札幌地判平29・2・14判タ1441号153頁）を変更し、原告らの請求を一部認容した。おおむね最一判令3・5・17民集75巻5号1359頁、民集75巻6号2303頁に沿った判断がなされているが、相違点もみられることが注目される（詳細は、大塚・判例研究参照）。

[2] 長崎地判令4・11・7裁判所HP

　被告（〔株〕三菱重工業）が設置し運営する造船所構内において、被告の労働者又は被告の下請会社の労働者として就労していた者ら及びその相続人が、就労時に従事した船舶建造又は修繕の労務の際の粉じん曝露に起因して、じん肺又は肺がんに罹患したなどと主張して、被告に対し、損害賠償金等の支払を求めた事件である。安全配慮義務違反の債務不履行又は不法行為に基づく損害賠償請求権が一部認容された。

[3] 札幌地判令5・2・3裁判所HP

　炭鉱において労働に従事し、じん肺により死亡した訴外Aの相続人である原告が、被告国に対し、被告が粉じん発生防止策の速やかな普及、実施を図るために鉱山保安法に基づく規制権限を行使することを怠ったことが違法であり、これによりAの死亡による損害を被ったと主張して、国家賠償法1条1項に基づく損害賠償を請求した事件である。本判決は、じん肺法所定の管理区分管理四に相当する病状に基づく損害と、じん肺死による損害は質的に異なるものであるし、その差額は小さいものではないため、Aが生前被告に対し、管理四に相当する病状に基づく損害の賠償を請求し、被告との間で結んだ訴訟上の和解は、和解成立後に発生したじん肺死による損害の賠償請求を妨げる趣旨のものと解することはできないと判断して、原告の請求を認容した。

2　原子力発電所

(1)　損害賠償

[4] 仙台高判令5・3・10裁判所HP（いわき市民訴訟控訴審判決）

　福島原発事故についていわき市（屋内退避区域又は自主的避難等対象区域）の住民が国に対して国家賠償法1条1項に基づき、東電に対して709条及び原子力損害賠償法3条1項に基づき損害賠償請求を提起し、原審はその双方を一部認容した。これに対し、控訴審は、国に対する請求は棄却し、東電に対する請求は変更した（民法709条に基づく請求は1、2審とも認めていない）。

　本判決は、国の規制権限不行使については、「経済産業大臣が、長期評価が公表された翌年である平成15年以降も……8年2か月もの間……技術基準

適合命令を発しなかったことは、電気事業法40条により与えられた規制権限を適正に行使しなかったものであり、原子力基本法の基本方針に反し、電気事業法に違反する違法な不作為であった」とし、また、a「長期評価を前提に、経済産業大臣が技術基準適合命令を発した場合、被告東電としては、速やかに……適切な防護措置を講じた可能性は相当程度高い」（番号及び下線は筆者による）とする。そして、「本件津波により非常用電源設備等の電気設備が機能を喪失したのは、いずれも、各原子炉に係るタービン建屋及び運用補助共用施設……の内部への津波の浸水によるものと認められ……原子炉を冷却するための設備に係る重要な区画及びその建屋について水密化等の措置が適切に講じられていれば、これらの設備が浸水によりその機能を失うことを防止する上で重要な効果をもたらしたものと考えらえる」とする。しかし「他方で、b技術基準適合命令を発した場合に、被告東電が講じたであろうと考えられる津波に対する施設の防護措置の内容については、津波の想定の仕方や防潮堤、防潮壁、水密化等の防護措置の方法の選択において幅のある可能性が考えられるものであって、このような幅のある中で、必ず本件津波に対しても重要施設の浸水を防ぐことができる防護措置が講じられたはずであるとまでは断定できない」（番号及び下線は筆者による）とするのである。

3点、指摘しておく。

第1に、水密化措置について、最二判令4・6・17民集76巻5号955頁は、「本件事故以前において、本件事故以前に施設の水密化措置が確実な津波対策になり得るとの専門的知見が存在していたことはうかがわれない」とし[1]、これを前提として判断しているのに対し、本判決は、「その当時、国内及び国外の原子炉施設において、一定の水密化等の措置が講じられた実績もあり、扉、開口部及び貫通口等について浸水を防止する技術的な知見も蓄積していた。原子力発電所は、津波に対する安全性を強く求められていたから……水密化等の措置を講ずることは十分に可能であったと考えられる。」としており、水密化措置についての事故当時の認識の判断が異なっている。原発の安全性に対する強い必要性からすれば、本判決の認定が適切である。

第2に、本判決は、経済産業大臣の規制権限不行使の違法については明確に認める判断をしつつも、国家賠償法1条1項の適用に当たってはより確実な蓋然性を求めたものと解される。aの下線部では因

果関係があることを示しているのであり、bの下線部での結論はaの部分と矛盾しているとみることもできよう。

第3に、東電に対する賠償に関しては、本件では自主的避難者及び屋内退避指示を受けた者に対する賠償が問題となっているが、本判決はこれらの者について原判決よりも賠償額を増額し、また、中間指針第5次追補よりも上乗せをしている点に特徴がある。

(2) 民事差止

[5] 大阪地決令4・12・20裁判所HP（美浜3号機運転禁止仮処分命令申立事件）

Xら（債権者ら）は、人格権に基づく妨害予防請求権としての本件発電所の運転差止請求権を被保全権利として、Y（関西電力。債務者）に対し、運転を仮に差し止める仮処分命令を申し立てた。大阪地裁は、本件発電所の安全性が欠如していることの疎明があるとはいえず、被保全権利の疎明があるとはいえないとして、本件申し立てを却下。

本件事件の特徴は、1）Xらは、本件発電所が運転開始から40年以上経過して老朽化しており、特に地震に対する安全性を欠いていると主張したところ、裁判所は、それをもって、新規制基準が定める高経年化対策以上に、本件発電所の安全性を厳格、慎重に判断しなければならないとする事情は認められないとしたこと、2）Xらは、本件発電所に関する避難計画に不備がある点を主張したところ、裁判所は、Xらが避難を要するような事態が発生する具体的危険について十分な疎明があるとはいえず、避難計画についての不備を指摘するXらの主張は前提を欠くとしたことである。

司法審査の在り方（判断枠組み）に関しては、被保全権利の主張疎明責任は債権者側が負うとしつつ「……規制体系の下で当該発電用原子炉を設置、運用する事業者である債務者は、原子力規制委員会が策定した審査基準の内容が合理的であるか否か及び原子力規制委員会が示した発電用原子炉施設に係る審査基準への適合性判断が合理的であるか否かについての専門技術的な知見及び資料を十分に保有していると認められることからすれば、債務者の設置、運用する本件発電所が具体的審査基準に適合する旨の判断が原子力規制委員会により示されている本件においては、まず、債務者において、当該具体的審査基準に不合理な点のないこと、及び、本件発電所が当該具体的審査基準に適合するとした原子力規制

委員会の判断について、その調査審議及び判断の過程に看過し難い過誤、欠落がないなど、不合理な点がないことを、相当の根拠、資料に基づいて主張、疎明する必要があり、債務者がこの主張疎明を尽くさない場合には、前記の具体的危険が存在することが事実上推認される」としており、近時の裁判例の多数の立場（筆者の言うA2'のタイプ[2]）を採用したものといえる。このような司法審査の枠組みからすると、本件発電所に関する避難計画に不備があるとのXの主張に対し、裁判所が、Xらが避難を要するような事態が発生する具体的危険について十分な疎明があるとはいえず、避難計画についての不備を指摘するXらの主張は前提を欠くとしたことは、上記の判断枠組みを逸脱するものではないか。また、本決定は「原子炉施設が確保すべき安全性については、社会通念を基準として判断するべきである」としているが、避難計画の不備についても「社会通念」を基準として判断すれば、本決定の立場は正当化されないであろう（研究会においてメンバーの意見が一致した点であった）。なお、原子力規制委員会の審査基準についても、その適用の判断についても、科学的不確実性が残されていることを考慮したものでなければならないというべきである。[3]

[6] 広島高決令5・3・24裁判所HP（四国電力伊方原発3号炉運転差止仮処分命令申立却下決定に対する即時抗告事件）

抗告人らは、人格権に基づく妨害排除請求権としての本件原子炉の運転差止請求権を被保全権利として、四国電力に対し、運転差止を命ずる仮処分命令を申し立てた。これを却下した第1審決定（広島地決令3・11・4）に対する即時抗告事件である（棄却）。

本決定の最大の特徴は、民事保全事件である本件では、生命・身体・健康侵害の具体的危険性について抗告人らが主張疎明責任を負うのが原則であるとし、立証の負担の公平に基づき伊方最判（最一判平4・10・29民集46巻7号1174頁）を踏まえた判断枠組み（司法審査の在り方）を採用しなかったことである。その理由として、本件で、「①債務者である相手方は、新規制基準を策定した主体ではなく、同基準に基づく安全性に関する審査を行った主体でもないのに加え、②本件発電所の安全管理に関する資料を抗告人らが入手することは容易であり、特に証拠の偏在等もうかがわれないこと、……③新規制基準の合理性等の位置づけ、④本件がいわゆる満足的仮処分であることなど」をあげ、これらに照らせば、「訴訟の審理判断基準を本件の判断に直ちに持

ち込み、相手方に新規制基準の合理性やその適用の合理性についての主張・疎明責任を負わせ、それが尽くされない場合には、これを合理性を欠き具体的危険性があると推定されるとすることは相当でない」とする。そして、「相手方は、適合性の判断主体ではなく、飽くまで本件申請を行った者であることからすると、相手方は、本件原子炉施設の基準地震動の策定根拠等を含めた申請に関する内容等について具体的に主張し、資料を提供するなどして新規制基準に適合していることについて主張、疎明を行えば足り、相手方はこれを行っているといえるから、抗告人において、原子力規制委員会の具体的な審査基準に不合理な点があり、あるいは当該原子炉施設がこの具体的審査基準に適合するとした原子力規制委員会の調査審議及び判断の過程に看過し難い過誤、欠落があることについて主張疎明すべきである。」という。

上記②については、仮に抗告人が入手しうるとしても、当該資料を判断する知見については相手方とは格段の相違があることは明らかであり（この点は[5]決定でも考慮されている）、それを全く看過している点は驚くべきである。裁判所は資料の入手という点にのみ着目をしており、極めて近視眼的な判断をしているといえよう。①は、福島原発事故後に炉規制法が改正され、新規制基準が導入された後において伊方最判の枠組みを維持し、民事訴訟に転用することに対して一部の学説[4]が批判していることを（その批判は新たな枠組みを設けることを意図していたが）いわば逆手にとって通常の立証の方法に変更しようとするものである。本決定の①及び②の判断には、原発差止訴訟における抗告人と相手方の置かれた状況の相違を踏まえて、証明における負担の公平を図ろうとする趣旨は全く感じられない。福島原発事故から10年以上が経ち、裁判官における記憶の喪失にも拍車がかかったものと言わざるを得ない。学説においても、民事差止訴訟自体に対する批判や、伊方最判の枠組みをそのまま用いることに対する批判がなされる中で、民事差止訴訟における抗告人と相手方の置かれた状況の相違を考慮した立論が十分に行われてこなかったことの反映とみることもできよう。

なお、それ以外の具体的事項に関する判断については一点を取り上げるにとどめる。「我が国では650ガルを超える最大地震動を観測した地震はもちろん、最高4022ガルの地震動さえ記録されたこと」から、これらの「超過事例は、基準地震動650ガル

及び181ガルの地震動算定が不合理であることを如実に示す」とのXらの主張に対し、本決定は、「基準地震動を上回る規模の地震動が観測されるような事態は……座視できない」としつつ、「東北地方太平洋沖地震における女川原発及び福島第一原発の各事例は、いずれも基準地震動Ｓｓを……上回った事例である……ところ……ある地点で観測される地震動は、震源特性、電波特性および増幅特性の組み合わせによって構成される……（の）であり……プレート間地震と内陸地殻内地震では、発生メカニズムの違いから、地震の震源特性に違いが生じ（る）」という。これで基準地震動に関する新規制基準の合理性に関する十分な説明になっているかは明らかでないが、上記の証明の負担の方法の相違が、仮処分を認めるか否かを判断する際に大きく影響するものと思われる。

(3) 刑事責任
[7] 東京高判令５・１・18 裁判所 HP
本判決は、東電の代表取締役会長、フェロー、代表取締役副社長を務めた被告人３名の業務上過失致死傷を理由とする指定弁護士による起訴に対する原判決（東京地判令元・９・19判時2431＝2432号５頁——棄却〔無罪〕）に対する控訴審判決である。原判決は、「被告人らは、本件発電所に10m盤を超える津波が襲来する可能性があり得ることを示す情報についての認識まではあったと認められるものの、平成23年３月初旬までの時点において、その可能性について、信頼性、具体性のある根拠を伴っているという認識は有していなかった」とし、「被告らに本件発電所の運転停止措置を講じるべき結果回避義務を課すにふさわしい予見可能性があったと認められない」とした。

本判決は、原判決の事実認定及び法的評価は妥当であるとして、控訴棄却。

長期評価については、「見過ごすことのできない重みを有していた」が、「原子力発電所の設置、運転に携わる者ら……に対して、本件発電所に10m盤を超える津波が襲来するという現実的な可能性を認識させるような性質を備えた情報であったというまでの証明は不十分である」とした。そして、「本件地震前に、本件発電所に10m盤を超える津波が襲来する現実的な可能性を認識させるような知見や状況等があったは認められないが……被告人らについては、なおさらそのような認識があったことを認めることはできない。」とする。

そして、「過失における結果回避可能性ないし結果回避義務は、義務を負うべき者に対して結果発生を回避すべき具体的な措置を義務付けるものであるから、それに対応する予見可能性ないし予見義務もそのような具体的な結果回避措置との関係で論じられるべきであるという原判決の判断は正当である。」とし、「原子力事業者にとって、運転……を停止することは、事故防止のための回避策として重い選択であって、そのような回避措置に応じた予見可能性ないし予見義務もそれなりに高いものが要求される」とする。その際、電力事業者の電力供給義務も理由として挙げる。刑事訴訟における原発の操業停止措置に応じた予見可能性の一般的な判断としては、理解できないではない。

本判決は、さらに、①防潮堤の設置、②水密扉の設置、③原子炉への注水や冷却のための代替機器の浸水のおそれのない高台への準備については、「本件地震前にはそのような対策を立てることを可能とする知見があったとは認められない」とする（上記の番号は筆者による）。②について①の措置と「組みあわされてはじめて本件事故を防ぐことができたとうかがわれる」とし、「津波の波力や漂流物の影響が加わることを考えると、本件において、それまでに得られていた試算等に基づいて水密化を含む対策が講じられていたとしても……本件地震に伴う津波の実像等の大きな差異があるため、対策が奏功したことを裏付けるに足りる証拠はない。」とする。水密化に関しては、この点の事実認定が結論を分ける１つのポイントとされたといえよう。刑事責任を問うこととの関連で厳格な事実認定をしているともみられる。

津波に関して指定弁護士が「最高水位 O.P. ＋15.707mの津波が襲来する可能性があることが試算結果により示された以上は、ドライサイトによる津波対策が確保できない事態となったのであるから……多重的な対策を講じる必要があった。……東京電力が（上記——筆者挿入）試算結果を受けて一切対策に着手しなかったことは……原子力事業者として求められてきた安全対策にかかわる基本を大きく逸脱したものである」と主張したのに対し、「多重防護の考え方に基づいて対策を講じるとしても、ハードウエア面・ソフトウエア面を含め対策の一つ一つが他の対策と相互に関係を有するものとなり、そのための前提諸条件を考慮するべき手法が確立していたとも認められない。……どのような対策を講じていれば、本件における各被害発生に至る経過の

うち、どの部分の因果関係が遮断され、どの部分の被害が防げたのかということについての主張、立証はない。……したがって……過失責任を問うことはできない。」とする。

本判決は、このような判断の基礎において、長期評価及びそれ以外の知見等についてみても「本件地震前に本件発電所へ10m盤を超える津波が襲来する現実的な可能性を認識させるに足りる成熟したものが存在したとは認められない」とし、「被告人らにおいて更なる情報収集を行い又は命じるべき状況であったとは認められない」としている。被告人らの積極的な情報収集義務を認めていない点に特色がある。

3　火力発電所——気候訴訟、環境影響評価

(1)　民事差止
[8] 神戸地判令5・3・20 裁判所HP（石炭火力発電所建設等差止請求事件）

本判決は、神戸製鋼の新設発電所の建設予定地近隣に住む住民らが、コベルコパワー及び神戸製鋼に対し、大気汚染物質とCO$_2$の排出に関連して同発電所の建設・稼働の差止を請求し、また、関西電力に対し、コベルコパワーらに対する同発電所の発電の指示の差止を請求した訴訟について、地球温暖化による熱中症や土砂災害等の危険の増加、高潮被害などが広まるおそれについて「原告らが実際に生命身体健康を害されるほどの被害に遭うか否かは」「不確定要素に左右される」とし具体的危険が生じているとまでは言えないとして、伝統的人格権の侵害に基づく差止は認められず、また、生命・身体・健康に直結する（深刻な不安を生じさせる場合の）健康平穏生活権の侵害についても、「原告らの不安は不確定な将来の危険に対する不安である」とし、「現時点において法的保護の対象となるべき深刻な不安とまではいえない」として、差止は認められないとしたものである（大気汚染物質との関係でも棄却した）。

「原告らの主張する安定気候享受権は、原告ら個々人の人格権により保護されている法益と認めることはできない」としている点は、オランダなどで認められている、気候変動を個人の人権侵害として捉える立場とは乖離している。他者と比較した特異性を権利侵害の要件とするときは、気候変動によって個々人に相当の被害が生じても権利侵害は認められなくなるが、それは適切ではないであろう。「深刻な不安」という点では、ツバルなど海面上昇によって生活の基盤を失う島嶼国の住民を原告とした方がこの種の平穏生活権は認められやすかったかもしれない。

なお、同判決は因果関係についても取り上げ、地球規模でみると本件新設発電所のCO$_2$排出量は0.02％であり、原告らに生ずるおそれのある被害との関係性は極めて希薄であると判断している。

(2)　取消訴訟
[9] 東京地判令5・1・27 裁判所HP（環境影響評価書確定通知取消請求事件）

本判決は、（石炭火力の地球温暖化に対する大きな影響及び各種大気汚染物質の近隣地域への影響を理由とする）電気事業法の下での、主務大臣の環境影響評価書確定通知（46条の17第2項）の取消しを請求した事件について、通知の処分性と大気汚染に関連する原告適格のみを認め、当該通知の違法性は行政裁量を理由として否定した。大阪高判令4・4・26 裁判所HPとほぼ同様の判断といえる。電気事業法及び環境影響評価法が、温暖化の進行に伴う事象により被害を受けない利益を個別的利益として保護すべきものとする趣旨を含むものとは解されないとして原告適格を否定しているが、原告適格に関するこのような判断の仕方が維持されると、今後熱中症による死亡が益々増加しても、原告適格は認められないことになろう。

4　廃棄物

[10] 名古屋高金沢支判令4・12・7
　LEX/DB25569150

福井県敦賀市内に設置された廃棄物の最終処分場に多量の廃棄物が処分され、その周辺の河川に汚染水が流入するなどの生活環境保全上の支障ないしそのおそれが生じたとして、同処分場をその区域内に有する地方公共団体である原告（敦賀市）が、訴外A（廃棄物処理業者。キンキクリーン）への委託により一般廃棄物を同処分場に処分した地方公共団体ら（被告ら）に代わって上記支障等を除去するための工事等を行い、そのための費用の支出を余儀なくされたと主張して、被告らに対し、事務管理に基づく有益費償還請求権、不当利得返還請求権、国家賠償法1条1項、民法715条1項及び同法709条に基づく損害賠償請求を求めた。

1審（福井地判令3・3・29判時2514号62頁）は、

事務管理に基づく有益費償還請求権の成立を認め、一部認容した。原告控訴、被告ら附帯控訴。

本判決は、原告の請求はいずれも理由がないとして棄却し、原判決の被告ら敗訴部分を取消し、被告らに対する請求をいずれも棄却し、原告の控訴をいずれも棄却した（原判決取消、一部棄却）。

本判決は、排出自治体である被告らは、「その区域外においてまで生活環境の保全上支障又はそのおそれを生じさせた場合における支障除去又は防止のために必要な措置を講ずる義務を負わず、また、本件措置は法に定められた一審原告の権限に基づき行われた措置であり、それに要した費用は他人のための事務に要した費用には当たらないから、事務管理は成立しない」とし、さらに、不当利得返還請求については被告らは「義務を負わない」とし、損害賠償請求については、Ａの行為を被告らの行為と「同一視することができる根拠はな（い）」とした。

１審判決が、Ａが破産してしまっている状況において原告と被告らの実質的な不公平の解消のために事務管理の制度を活用しようとしたのに対し、本判決は、その点は重視せず、やや形式的な判断をしたものと見ることができる。１審判決と類似の判断をした裁判例もあり（福井地判平29・9・27判タ1452号192頁）、裁判所のこのような試みも貴重であると考えるが[5]、本判決は、排出自治体であるＹらは、その区域外においてまで、生活環境の保全上支障又はそのおそれを生じさせた場合における支障除去又は防止のために必要な措置を講ずる義務を負わないとし、その背景には、「廃棄物処理法は、排出自治体から委託を受けた業者が一般廃棄物を区域外の処分場へ搬入することがあるのを前提とするものである（廃棄物処理法施行令４条９号）が、事前通知や処分状況の実地確認に関する規定を除けば、排出自治体が区域外で事務を処理することを認める定めはなく、その他の法令においても、そのような定めは存在しない。しかも、排出自治体が管理するものでない区域外の処分場において、行政代執行のような権限はなく、また、措置命令によって命じられるでもなく、排出自治体が自ら必要な措置を講ずるのは、そもそも不可能である。」という指摘、すなわち、廃棄物処理法という立法がそのような仕組みをとっている以上、１審判決のような試みは裁判所としては行うべきではないとする考え方が示されているといえよう。

市町村から民間事業者に処理が委託された場合においても、一般廃棄物の処理は排出自治体の固有の事務であり、受託者は同自治体のなすべき行為を「代行」するにすぎないものと考えられているが（大阪高判昭49・11・14判時774号78頁）、市町村に対しては、その性質上、（産業廃棄物に対する）排出事業者の義務（最終処分が終了するまでの適正処理を行う義務）に対応する義務が明確に規定されておらず、一般廃棄物の処理に対して市町村の義務がどこまで及ぶかについて廃棄物処理法に明文がないことから、本判決のような形式的判断が導きやすくなっている面はある。市町村の一般廃棄物の処理に関する統括的な責任の規定（法４条１項、６条の２第１項、第２項）とともに、事前通知の規定や処分状況の実地確認に関する規定（施行令４条９号イ、ロ、施行規則１条の８）を基礎としつつ、──環境行政としての廃棄物処理法にはそれ以上の明文はないものの──処理の私法上の義務を導き出せるか（事務管理における他人の事務といえる構成ができるか）は、さらに検討されるべきであろう。今後、本件のような事例において、受け入れ先の市町村にのみ民間事業者による当該廃棄物処理の監督を委ねる考え方が定着するときは、受け入れ先の市町村では、一般廃棄物の受け入れを拒否をし、また、その搬入に対する事前協議を強制する（実質的には搬入を拒否する）条例を制定するなど、防衛策（対抗策）をとることも予想される。

１審判決や前掲福井地判平29・9・27との関係で、行政代執行を事務管理と構成することが可能かについて学説上議論が行われたが[6]、本判決は、その議論に立ち入る前の段階で結論を出しているものといえよう。

5　景観・まちづくり

[11] 東京高判令2・11・26判例自治494号71頁は、台風による豪雨に伴い横浜市で発生した本件崖崩れにより被害を受けたＸら（控訴人ら。本件崖崩れにより死亡した亡Ｂの相続人など）が、Ｙ（被控訴人、横浜市長）を相手取って提起した損害賠償請求訴訟である（国家賠償法１条１項）。Ｘらは、本件崖崩れが発生した土地の所有者であったＡが宅地造成等規制法に違反する造成工事を行ったことにより同土地で崖崩れが発生する危険性が高くなっていたにもかかわらず、Ｙが是正措置命令を発しなかったことが違法であると主張していた。これに対し、原審（横浜地判令2・1・24判例自治494号78頁）は、ＹがＡに対して是正措置命令を発しなかったこと

は、国賠法1条1項の適用上違法と評価すべきものであるが、そのことと本件崖崩れの発生との間に因果関係を認めることはできないとして、Xらの請求を棄却したため、Xらが控訴に及んだものである。

本判決は、是正措置命令を発するかどうかはYの裁量判断であるとした上で、規制権限の不行使が国賠法上違法となるのは、「権限を定めた法令の趣旨、目的や、その権限の性質等に照らし、具体的事情の下において、その不行使が許容される限度を逸脱して著しく合理性を欠くと認められるときである」とした。そして、本件では、崖崩れの主要因となった地中の水みちの存在は崖崩れ後の調査により初めて判明したものであり、Yが崖崩れを予見することができたとは認められないなどとして、是正措置命令を発しなかったことが国賠法1条1項の適用上違法であるとはいえないとしたものである（棄却・確定）。

[12] 大阪地判令3・3・18判例自治497号73頁は、Y（被告、豊中市〔処分行政庁〕）が、訴外A（宅地造成開発業者）に対し、都市計画法29条1項に基づき、本件土地を開発区域とする開発行為の許可をしたところ、Xら（原告ら・周辺住民ら）が同許可の取消しを求めた事案である。なお、本件開発行為に関する工事は係争中に完了し、当該工事の検査証も交付済みである。

裁判所は、市街化区域内の土地を開発区域とする開発許可については、工事が完了し、その検査済証の交付もされた後においては、予定建築物等の建築等が可能となるという開発許可が有する本来の効果は消滅し、他にその取消しを求める法律上の利益を基礎付ける理由も存しないことになるから、本件訴えは、訴えの利益を欠き、不適法であるとした（却下・確定）。

[13] 大阪地判令3・10・29判時2538号5頁、判タ1505号144頁は次のような事案である。X（原告、豊中市）は、本件道路（市道）の北側に接する本件土地の所有者かつ賃貸人であるところ、本件土地を本件道路の拡幅に供する必要があるとの判断に至った。そこで、Yら（被告ら、本件土地の賃借人ら）に対し、地方自治法238条の5第4項（「普通財産を貸し付けた場合において、その貸付期間中に……公用又は公共用に供するため必要を生じたときは、普通地方公共団体の長は、その契約を解除することができる。」）に基づき賃貸借契約の一部を解除したなどと主張して、賃貸土地の一部の明渡しなどを求めたものである。

裁判所は、自治法238条の5第4項に定められた

解除要件としての「公共用に供するための必要」性の有無について検討し、本件道路を含む道路を主要生活道路として整備していくという内容を含んだ計画（住環境整備計画）が策定されていたことや、XとYら（本件土地の賃借人である被告）との間の賃貸借契約に係る賃貸借契約書上、Xに解除権が留保されている旨が記されていることなどを認め、本件土地を公共用に供する必要があったものというべきであるとした（請求認容・控訴）。

[14] 横浜地判令3・12・1判例自治496号74頁は、本件ビルの事務室を賃借して診療所（本件クリニック）を営むX（原告・医療法人社団）が、Y（被告・横浜市）に対し、同ビル1階のガソリンスタンドへの移転命令を発するよう求めた事案である（非申請型義務付け訴訟）。危険物の規制に関する政令17条2項1号により、屋内給油取扱所は、「患者を入院させるための施設を有しない診療所など」を有する建築物には設置できないところ、本件スタンドが本件クリニックと同じビルに設置されている状態は、同号に抵触し、消防法10条4項の技術基準に適合しない。ゆえに、Yにおいて、消防法12条2項に基づく移転命令が発されねばならないというのが、Xの主張であった。

裁判所は、本件政令17条2項1号の定める基準は、給油取扱所を診察室等診療の用途に供する部分を有する建築物に設置すること一切を禁止するものではなく、一定の場合にこれを許容するものであり、単に、本件ビルの中に本件スタンドと本件クリニックが同時に存在するというだけでは、本件クリニックの利用者の生命・身体に重大な損害を生ずるおそれがあるとはいえないとした。加えて、ビル全体についても、消防法10条4項の技術基準に適合する消防用設備等があって、有効な消火活動を期待し得る状況にあるので、本件スタンドの存在により、本件クリニックの利用者の生命・身体に重大な損害を生ずるおそれが具体的に生じているともいえないとも判じ、移転命令を発する権限が行使されないことにより、Xに重大な損害を生ずるおそれがあるということはできないから、本件訴えは不適法であるとして、請求を却下している（確定）。

[15] 横浜地判令3・12・22判例自治496号83頁は、Xら（原告ら）がY（被告・横浜市）の特定行政庁である横浜市長に対し、建築基準法9条1項所定の是正措置の義務付けを求めた事案である（非申請型義務付け訴訟）。本件建築物は高層マンションであり、都市再生特別措置法36条1項により都市

再生特別地区と定められた区域内に建てられた。これに対して、隣地マンションに居住等するXらが、日照被害や騒音・景観阻害などを挙げ、本件建築物は建築基準法上の用途規制に違反するなどと主張したものである。

裁判所は、建築基準法9条1項は、違法建築物により日照等（＝日照、通風、採光等）を阻害される建築物に居住する者の健康をも個別的利益として保護すべきものとする趣旨を含むので、日照を阻害される建築物に居住する者は、同条同項に基づく措置を求める義務付けの訴えの原告適格を有するとし、Xらの一部について原告適格を認め（騒音や景観などの被害を理由とする原告適格については否定）、重大な損害を生ずるおそれや補充性要件等についてもそれらを肯定した。

その上で、本件建築物が建築基準法に違反するか否かについて検討を行い、都市再生特別地区内の建築物であれば、建築基準法の用途規制は適用されない（同法60条の2第3項）ので、同地区に関する都市計画で定められた建築物の容積率や高さ等の数値基準を遵守していれば足り、総合的な地区開発計画の設計主旨に適合すること等を要しないと述べ、本件建築物は、上記の数値基準をすべて満たすものであるとしている（棄却・確定）。

[16] 最三判令5・5・9裁判所HPは、X（上告人、大阪市長）が、宗教法人であるA寺に対し、墓地、埋葬等に関する法律（以下、法）10条の規定により、納骨堂の経営の許可をしたところ、同納骨堂の周辺に居住するYら（被上告人ら）が、本件許可の取消しを求めた事案である。大阪市では、「墓地、埋葬等に関する法律施行細則」（以下、本件細則）8条において、法10条許可申請ついて、「申請に係る墓地等の所在地が、学校、病院及び人家の敷地からおおむね300m以内の場所にあるときは、当該許可を行わないものとする。ただし、市長が当該墓地等の付近の生活環境を著しく損なうおそれがないと認めるときは、この限りでない」と定めているところ、Yらは、本件納骨堂から直線距離で100m以内に居住していた。

原審（大阪高判令4・2・10判例自治491号60頁。本誌25号で紹介済み。）は、本件納骨堂からおおむね300m以内の人家に居住するYらは本件各許可の取消しを求める原告適格を有すると判断し、第1審判決（大阪地判令3・5・20判タ1493号79頁、判時2522号34頁、判例自治481号32頁。本誌25号で紹介済み。）のうちYらの訴えを却下した部分を取消して、同部分につき本件を第1審に差し戻した。これに対し、Xが上告に及んだものである。

最高裁判所は、小田急最判（最大判平17・12・7民集59巻10号2645頁）を引用した上で、Yらの原告適格の有無を判断するに当たっては、その根拠となる法令として本件細則8条の趣旨及び目的を考慮すべきであるとし、「本件細則8条本文は、墓地等の設置場所に関し、墓地等が死体を葬るための施設であり（法2条）、その存在が人の死を想起させるものであることに鑑み、良好な生活環境を保全する必要がある施設として、学校、病院及び人家という特定の類型の施設に特に着目し、その周囲おおむね300m以内の場所における墓地経営等については、これらの施設に係る生活環境を損なうおそれがあるものとみて、これを原則として禁止する規定であると解される。そして、本件細則8条ただし書は、墓地等が国民の生活にとって必要なものであることにも配慮し、上記場所における墓地経営等であっても、個別具体的な事情の下で、上記生活環境に係る利益を著しく損なうおそれがないと判断される場合には、例外的に許可し得ることとした規定であると解される。そうすると、本件細則8条は、墓地等の所在地からおおむね300m以内の場所に敷地がある人家については、これに居住する者が平穏に日常生活を送る利益を個々の居住者の個別的利益として保護する趣旨を含む規定であると解するのが相当である」とした。そして、Yらは、いずれも、本件細則8条を根拠として、本件許可の取消しを求める原告適格を有するとしたものである（本件上告棄却）。なお、本判決には、補足意見、及び、意見がある（本判決の評釈として、桑原勇進「判批」新・判例解説Watch環境法No.112がある）。

これらの他に、宇都宮地判令4・1・27が判時2552号5頁に掲載されたが、本誌25号で紹介済みである。

6　自然保護

[17] 大阪高判令3・10・28判例自治493号83頁は、Y（一審被告・大阪府知事）の河川整備計画に基づくダム（安威川ダム）建設事業に対し、大阪府の住民であるXら（一審原告ら）が、同事業には法で求められる安全性や合理性が欠けているとして、公金の支出等の差止めを求めた住民訴訟である。原審（大阪地判令2・6・3判例自治473号77頁。本誌24号で紹介済み）と同様に、本判決もまた、①

ダムの設計等が法令上の技術的基準に適合するか否かは、河川砂防技術基準の内容を考慮して判断すべきものであるところ、本件ダムはその内容に沿った安全性が備わっている、②本件整備計画を定めたYの判断は裁量権の範囲を逸脱・濫用するものではなく、本件事業が治水手段として合理性を欠くものともいえないとして、Xらの請求を退けた（確定）。

[18] 京都地判令5・1・31 裁判所HPは、Y（被告人）が、2か月足らずの間に、飼い猫の爪や舌を切断したり、胸腹部に鈍的外傷を加えたり、ひげをたばこの火で燃やしたり、しっぽをつかんで振り回すなどして、5匹の子猫を殺し傷つけたという動物の愛護及び管理に関する法律違反の罪で、懲役1年6月を求刑された事案である。裁判所は、常習的犯行であるなどとして、Yを懲役1年6月に処するとともに、執行猶予（3年間）の期間中、Yを保護観察に付すものとした。

[19] 福岡高那覇支判令5・3・16 裁判所HPは次のような事案である。沖縄防衛局は、普天間飛行場の代替施設を辺野古沿岸域に設置するための公有水面の埋立てにつき、公有水面埋立法42条1項所定の承認を受けており（本件埋立承認処分）、その後、同法42条3項で準用する同法13条ノ2第1項に基づき、上記事業に係る埋立地用途変更・設計概要変更承認申請をした（本件変更承認申請）が、X（原告、沖縄県知事）から不承認処分を受けた（本件変更不承認処分）。そこで、行政不服審査法に基づく審査請求をしたところ、Y（被告、国土交通大臣）は、本件変更不承認処分を取り消す旨の裁決を行い（本件裁決）、また、沖縄県に対し、地方自治法245条の7第1項に基づき、本件変更承認申請について承認するよう是正の指示をした（本件是正の指示）。これに対し、Xは、不服があるとして、国地方係争処理委員会へ審査申出をしたが、いずれも退けられたため、自治法251条の5第1項（国の関与に関する訴えの提起）に基づき、本件裁決が違法な国の関与であると主張し、その取消しを求めたものである。

自治法245条3号括弧書きが、裁決は「国の関与」から除外するとしているところ、行審法7条2項は、国の機関等に対する処分で、それらの国の機関等がその「固有の資格」において当該処分の相手方となるものについては、同法の規定は適用しないと定めている。そのため、本件裁決が「国の関与」に当たり、自治法251条の5第1項の訴えの対象となるかどうかについては、本件変更不承認処分が、国の機関である沖縄防衛局がその「固有の資格」において相手

方となった処分であったか否かが問題となる。

本件埋立承認処分については、最一判令2・3・26（裁判所HP、裁時1745号9頁。本誌21号で紹介済み。）が、沖縄防衛局がその「固有の資格」において相手方となるものとはいえないと判じていた。すなわち、処分の名称などに係る規律に「差異」があることを考慮しても、同局が一般私人が立ち得ないような立場において埋立承認の相手方となるものとはいえない、としていたものである。

では、本件変更不承認処分についてはどうか。埋立法は、都道府県知事は埋立免許を受けた者に対して埋立工事の着手及び竣功を一定の期間内に行うべきことを指定することができること（13条）、その期間内に埋立てに関する工事の着手又は竣功をしないときは原則として埋立免許はその効力を失うこと（34条1項2号）、その期間の伸長について正当の事由があるときはその許可を受けることができること（13条ノ2第1項）を定める一方、これらの規定は、国が埋立てを施行する場合には準用されない（42条3項括弧書き）としているので、かかる規律は、沖縄防衛局を一般私人が立ち得ないような立場におく（＝「差異」がある）ようにも見えなくもない。

本判決は、上記最判の判断内容を詳しく紹介した上で、埋立法13条ノ2第1項を中心とする規律の趣旨は、いわゆる利権屋の排除等を目的とするものであり、埋立てを適法に実施し得る地位の取得につき、国以外の者に対して、国よりも実質的にみて重い要件を課すものとまではいえないとし、同項の文言に関しても、「〔1〕埋立地の用途・設計の概要の変更と、〔2〕着手及び竣功期間の変更とを並列的に規定しているものの、変更許可の法的効果という観点からみれば、変更された内容の埋立てを適法に実施し得る地位を付与するものと、従前の地位又は変更後の地位を前提としてその実施に関する事項（着手及び竣功期間）を定めるものという、段階を異にする2つのものがあるものと解すべきこととなり、前者については、変更承認の法的効果と同様であって、国と国以外の者との間で差異があるとはいえない」と述べ、こうした規律の「差異」は、本件変更不承認処分について行審法の適用を除外する理由とはならないから、同処分は、国の機関である沖縄防衛局がその「固有の資格」において相手方となった処分とはいえないとした。

なお、Xは、Yが自治法255条の2第1項1号の「大臣」として審査庁になり得ないとか、本件審査請求を中立・公正に判断できる立場にないなどとも

主張したが、本判決は、「法定受託事務に係る都道府県知事の処分については、審査請求人と審査庁のいずれもが国の機関となる場合が生じることが行審法及び地方自治法において当然に予定されている」などとして、かかる主張も退けている。

[20] 福岡高那覇支判令5・3・16裁判所HPは[19]の関連判決であり、Xは本件是正の指示が違法な国の関与であると主張し、その取消しを求めて、本件訴訟を提起した。争点は多岐にわたる（本件裁決の拘束力が本件訴訟に及ぼす作用、本件裁決の有効性、本件是正の指示の有効性）が、環境法の観点から注目されるのは、本件是正の指示の適法性である。具体的には、本件変更承認申請について、埋立法4条1項2号所定の①災害防止要件や②環境保全要件を欠くとしたXの判断が違法なものかどうかが争われた。なお、右の判断は、X自らが策定した審査基準に基づいてなされたが、この審査基準では、港湾基準・同解説（港湾の施設の技術上の基準を定める省令6条に基づき定められた基準告示）よりも確実性を高めるような調査や設計が求められていたものである。

裁判所はまず、司法審査の観点が、「専門技術的な知見に基づいてされた［Xの］判断に不合理な点があるか否か」であるとして、平成28年最判（本件埋立承認取消しに係る不作為の違法確認請求事件。最二判平28・12・20民集70巻9号2281頁）を引用した。その上で、①については、「港湾基準・同解説の記述する性能照査の手法等を超えてより厳格な判断を行うことは、特段の事情がない限り、法の予定するところではなく、そのような判断は、……考慮すべきではない事項を過剰に考慮したものとして、裁量権の範囲の逸脱又は濫用に当たる」と述べ、②についても、「変更申請の内容が再度の環境影響評価の手続が不要とされる変更にとどまる場合であれば、特段の事情のない限り、当初の承認等において設定されていた環境保全配慮の水準と同じものが適用されることが予定されていると解される」としたものである。

そして、本件では、①②のいずれについても「特段の事情」は認められず、他方で、その他の点（＝本件変更承認申請が、埋立法4条1項1号の「国土利用上適正且合理的ナルコト」という要件や埋立ての必要性、それに変更の「正当ノ事由」を欠くとした点）についてもXの判断には合理性が認められないので、裁量権の逸脱・濫用の違法があるとの結論に至った（請求棄却）。

コメントすべき点は多々あろうが、ここでは次の一点への言及にとどめたい。Xは、①への適合性については、「知事の専門技術的な知見から審査するのだから、港湾基準・同解説との関係では不適切とはいえない調査や設計であったとしても、より確実性を高めるような調査や設計を求めることは許される」と主張した（下線は評者による。以下同じ。）。これに対し、本判決は、「港湾基準・同解説の記述する性能照査の方法等が専門技術的な知見に当たると解すべきであり、これを離れてより厳格な審査を行うことは、特段の事情がない限り、法の予定するところではない」としている。

2号判断における専門技術性の強調は、平成28年最判の原審である福岡高那覇支判平28・9・16（民集70巻9号2727頁、訟月63巻6号1527頁、判時2317号42頁）を端緒とし、そこから泡瀬干潟事件第2次判決（福岡高那覇支判平28・11・8LEX/DB25545004）へ、そして平成28年最判へと受け継がれてきた（及川敬貴［判批］別ジュリ［環境法判例百選（第3版）］240号158、159頁参照）。このライン上に位置するとしても、本判決は、専門技術性なるものの中身を矮小化し過ぎではないだろうか。すなわち、泡瀬干潟事件第2次判決において、裁判所は、環境保全や災害防止とは「種々多様な内容を包括するものであり、かつ、それにおいては、多方面にわたる専門技術的知見を踏まえた総合的判断が必要とされる」としていた。平成28年最判がこれを否定しているのならともかく、そうでなければ、「種々多様な」とか「多方面にわたる」とは何かについては、Xに裁量の余地があるように思われる。そうした余地を一切認めずに、港湾基準・同解説の中身がそのまま専門技術的な知見に当たる、と言い切ってしまうのは判例法理を逸脱するものではなかろうか。

[21] 福岡高判令5・3・28裁判所HPは、被告Y（国）が国営諫早湾土地改良事業を行い、湾奥部に諫早湾干拓地潮受堤防を設置して海洋を締め切るとともに、締め切った部分の内側を調整池として淡水化したところ、諫早湾内で漁業を営むXら（原告ら・小長井町漁協、国見漁協、瑞穂漁協の組合員）が、締切りにより、湾内の漁場環境が悪化し、Xらが有する漁業法（平成30年12月14日法律第95号による改正前のもの）8条1項所定の「漁業を営む権利」（漁業行使権）を侵害されたと主張し、Yに対し、漁業行使権に基づく妨害排除請求として、Xらの漁業被害を回復させるため、本件潮受堤防の南北に設置さ

れている各排水門について、潮受堤防により締め切られた本件調整池に海水を流入させ、海水交換できるように各排水門の開門操作をすることを求めた事案である。

原審（長崎地判令2・3・10判タ1483号168頁。本誌21号で紹介済み。）は、漁業行使権侵害は生じ得るとした上で、諫早湾の環境変化の有無について検討し、本件潮受堤防の締切りによって湾内の潮流速が低下して、成層化が進行し、それらが貧酸素化・浮泥堆積の進行や硫化水素の発生の一因となったことを認めたものの、かかる環境変化が、漁場環境を悪化させたとは認められないので、個別の漁業被害の有無については検討することなく、Xらの請求を棄却していた。

そこでXらが控訴に及んだところ、本判決もまた、漁業権及びこれから派生した組合員行使権（改正漁業法105条）が物権的効力を有することを認め、「本件事業ないし本件潮受堤防の締切りにより、漁場環境が悪化し、漁業の目的である水産動植物の成育、来遊等が阻害されて、その量的又は質的な減少を来す状態が将来にわたり継続することが具体的に予想され、かつ、本件事業の公共性、公益性等の対立する諸利益を総合的に考慮しても、被侵害利益に対する救済を損害賠償にとどめるのでは足りない場合には、組合員行使権の侵害について妨害の排除又は予防を請求することができると解する」とした。

そして、本件においては、本件事業による干潟の水質浄化等の機能の喪失に加え、本件潮受堤防の締切りによる潮流速の低下、成層化、貧酸素化の進行、赤潮の発生件数の増加、底質環境の悪化などの要因が複合して、諫早湾の漁場環境の悪化を招来した「高度の蓋然性」があり、また、そうした漁場環境の悪化が、タイラギの漁獲量が急減（とその状況の継続）と漁船漁業の漁獲量減少の要因となっている「高度の蓋然性」があるとして、「本件事業ないし本件潮受堤防の締切りによる漁場環境の悪化により、諫早湾におけるタイラギ漁業及び漁船漁業の漁獲量が減少し、かかる状態が将来にわたり継続することが具体的に予想され、控訴人らの組合員行使権が一部侵害されている」ことを認めたものである。

ただし、本判決は、組合員行使権の性質が「基本的に財産的権利であり、その侵害は必ずしも人格権等の非財産的権利の侵害を伴うものではない」ことや、本件事業が高い公益性、公共性を有すること、一定の損失填補が図られていること、常時開門による負の影響（例：防災機能の損失）も予測されて

いることなどを指摘し、「被侵害利益の性質と内容、本件事業の公共性、公益性といった対立する利益等を総合して利益衡量をすると、本件において、被侵害利益に対する救済を損害賠償にとどめるのでは足りず、Xらは、妨害の排除又は予防を請求することができると解するのは困難である」として、本件控訴を棄却した。

なお、福岡高判令4・3・25（諫早湾干拓請求異議訴訟差戻控訴事件）が、訟月68巻5号377頁、判タ1508号62頁、判時2548号5頁に掲載されたが、本誌25号で紹介済みである。また、最一判令4・12・8（公有水面埋立承認取消処分取消裁決の取消請求事件）が判タ1508号46号に掲載されたが、これも本誌26号で紹介された。

7　その他

[22] 札幌高判令3・12・14判時2547号27頁は次のような事案である。日本は、中西部太平洋まぐろ類条約に基づいて、くろまぐろの漁獲量管理を行うこととし、第1管理期間（平成27年1月〜翌年6月）と第2管理期間（平成28年7月〜翌年6月）については、全国を6つのブロックに分けて各ブロックで漁獲上限を設け、超過分は次の管理期間の上限から差し引くこととしていた。ところが、複数のブロックで漁獲上限を超過したため、第3管理期間（平成29年7月〜翌年6月）は都道府県単位の管理を行うこととし、北海道の上限は111.8トンとされた。しかし、この第3管理期間においても、北海道の漁獲量が、769.5トンと大幅に上限を上回ったため、第4管理期間（平成30年7月〜翌年3月）は、海洋生物資源の保存及び管理に関する法律（TAC法）に基づく数量管理措置が執られ、北海道の上限は8.3トン（実質上はゼロ）とされたものである（なお、第1〜第3管理期間の措置は、いずれもTAC法に基づく数量管理ではなく、行政指導による自主管理の形で成されていた）。そこで、北海道内の漁業者であるXら（控訴人ら）が、①Yら（被控訴人、国・北海道）は、遅くとも平成29年7月1日までに法的拘束力のある数量管理や採捕制限措置をとる義務があったにもかかわらず、これを怠った結果、第3管理期間の漁獲上限超過を招いた、②Y（被控訴人、国）の第4管理期間における超過分差引きは、零細漁業者への配慮を怠っており、裁量権を逸脱・濫用するものであり違法であるなどと主張して、Yらに対し、国家賠償法1条1項に基づき、第4管理期間

以降6年間の逸失利益及び慰謝料等の支払をそれぞれ求めたものである。

原審（札幌地判令2・11・27判時2547号34頁。本誌23号で紹介済み。評釈として、島村健「判批」新・判例解説Watch 29号309頁がある。）がこれらの請求をいずれも棄却したため、Xらが控訴に及んだところ、裁判所は次のように判じて、本件控訴を棄却した。

（1）平成29年7月1日時点で、TAC法に基づき全国一律に厳格な数量管理を行った例はなかったこと、くろまぐろの具体的な漁獲量を予測することは困難であり、漁獲量管理を全国一律に行うことができる程度に漁獲量を適時に把握する方法は確立されていなかったこと、漁獲量管理の実施についてはパブリックコメント等で慎重な意見が少なくなかったこと等の事情の下では、農林水産大臣が、同日までに、同法に基づく数量管理に係る規制権限を行使しなかったことは著しく不合理であったとはいえない。

（2）漁獲枠の超過差引きは、TAC法の目的を実現するため、都道府県間の公平を図り、漁獲制限の実効性を高めるものであること、農林水産大臣は、都道府県知事や水産政策審議会の意見を聴いた上で第4管理期間の基本計画を策定していること、減収に対しては補填の制度が設けられていること等の事情の下では、同大臣による上記超過差引きは、裁量権の範囲を逸脱し、又は裁量権を濫用したものとはいえない（下線は評者による。以下同じ。）。

（3）第1管理期間から第3管理期間までのくろまぐろの資源管理は、全国一律に行われており、北海道において、独自の採捕制限措置を執ることは困難であり、また、それを執るべき事態が生じていたともいえないから、北海道知事が、漁業法及び水産資源保護法に基づいて独自の採捕制限措置をとらなかったことは、著しく不合理であるとはとはいえない。

紙幅の関係上、次の一点についてのみコメントしておく。仮に、北海道が、独自の採捕制限措置を執れたのにそれを怠り、本件事案のような事態（第3管理期間において、北海道の漁獲量が大幅に上限を上回ったのは、道内の特定海区の定置網漁業者が当該海区の漁業上限の13倍ものくろまぐろを獲ったことによる。）を招いてしまったとしよう。にもかかわらず、次の年もこれまでと同様の漁獲量を割り当てられたとすれば、そうした扱いは、他の都道府県との関係で"不公平"であるといえそうである。しかし、本判決によれば、北海道において、独自の採捕制限措置を執ることは困難であったという。だとすれば、北海道が、独自の採捕制限措置を執れなかったのは仕方のなかったことなのだから、他の都府県との関係で"公平"であるとか"不公平"であるとかいう問題には（そもそも）ならないのではないか。原審判決もそうであった（桑原勇進・本誌23号54頁や島村・前掲評釈参照）が、本判決もまた理解に苦しむ点が少なくない。

なお、本件は上告されたものの不受理決定が下されている（最一決令4・9・22LEX/DB25594135）。

（おおつか・ただし）
（おいかわ・ひろき）

---

1) さらに最高裁の同日の判決（令和3年（受）第1205号）判タ1504号74頁では「海外において当該防護の措置が一般的に採用されていたこともうかがわれない」としていた（これに対して、海外で「一般的に」採用されていたかは問題とはならないことにつき、大塚「判批」Law & Technology 99号94頁）。
2) 大塚直「判批」環境法研究10号（信山社）74頁。
3) なお、避難計画の不備に関しては、大阪地決令3・3・17裁判所HPが、「第5層の防護（放射性物質が原子力施設外に放出されることを前提とした避難計画）に不備があれば即座に地域住民の放射線被害が及ぶ危険が生じる」わけではなく「人格権侵害に対する具体的危険があるといえるためには、避難計画の不備のみでは足り」ないとして、申立てを却下したのに対し、水戸地判令3・3・18判時2524＝2525号40頁は、住民であるXらとの関係においては、「原子力災害指針に定める段階的避難等の防護措置が実現可能な避難計画及びを実行し得る体制が講じられておらず」、人権侵害の具体的危険が認められるとして、運転の差止請求を認容した。避難計画に関する態度が大きく異なるものである。水戸地判は、深層防護の考え方では、「ある防護レベルの安全対策を講ずるに当たって、その前に存在する防護レベルの対策を前提としないことが求められる」としている。
4) 櫻井敬史「原発訴訟管見」行政法研究21号（2017）66頁以下。伊方最判の枠組み維持に対する批判について、橋本博之「原発規制と環境行政訴訟」環境法研究5号（2016）42頁。これは傾聴すべき批判であるが、原子力事業者が安全性に欠ける点のないことを示すにあたり、自ら国の基準を用いようとしているのであるから、当該基準（原子力規制委員会の判断）に不合理な過誤がないことについても主張立証しなければならないのは当然であると説明することはできる。
5) 1審判決に好意的な評釈として、福士明「判批」新・判例解説watch 環境法 No.1, vol.30（2022）305頁。
6) 事務管理の活用可能性に批判的な見解として、北村喜宣『環境法（第5版）』504頁。他方、事務管理の活用可能性を支持する見解として、塩野宏『行政法Ⅰ（第6版）』47頁注3。

医事裁判例の動向

平野哲郎　立命館大学教授

医事判例研究会

1　はじめに

(1)　対象とする裁判例の範囲

本号の対象は、判時2535号（2023年1月1日号）〜2553号（2023年6月21日号）、判タ1502号（2023年1月号）〜1507号（2023年6月号）に掲載されたもの、LEX/DBに前号以降収録され、2023年6月30日までに裁判がなされたものである。なお、今期に判時・判タに掲載されたが、すでに民事判例26号の注目裁判例研究で紹介済みのものとして東京高判令4・7・6判時2553号12頁（自家がんワクチン事件）、同号の裁判例の動向で紹介済みのものとして東京地判令4・5・16判タ1502号135頁（グローバルダイニング事件）がある。

(2)　今期の全体的な傾向

説明義務違反で請求を認容した事例が多い。ただし、最高裁判所は統合失調症患者の離院対策についての説明義務違反という事案について、破棄自判をして、請求を棄却した（[19]）。相当程度の可能性を認めた裁判例は、獣医医療過誤の事案（[34]）を除いてなかった。介護事故の事例が増加している。そのため、従来患者管理に分類していたが、「介護事故」を新たな項目として立てた。認容事例については、請求額と認容額を記載したが、満額かそれに近い額が認容された事案が少なくなかった（[3]、[5]、[9]、[15]）。他方、少額の慰謝料のみが認められた事案も少なからずあり（[12]、[17]、[18]、[20]）、両極化の傾向が伺える。

診療過誤以外の事案も増えており、「その他」に分類されるものが多くなった。旧優生保護法下の強制不妊手術について各地の下級審の判決は、民法724条後段の除斥期間の適用を制限して請求を認めるものが多いが（[21]〜[26]）、棄却するもの（[27]・[28]）もあり、最高裁の判断が待たれる。病院管理者が異状死の届出や医療法上の医療事故として報告をしなかったことについて遺族の権利利益を違法に侵害したか争われた事案（[33]）、病院長の医師に対する手術禁止命令が不法行為に当たるか争われた事案（[34]）、獣医医療過誤の事案（[36]）など、従来、例の少ない事案がある。

2　診察、検査その他の診断に関する医療過誤

[1] 宮崎地判令4・12・21LEX/DB25594283

棄却。Xらの子のPは、腹痛を訴え、嘔吐し、Xらに連れられて、Y市の設置に係る夜間急病センター小児科を受診し、A医師により、感染性胃腸炎および嘔吐症と診断され、帰宅した。しかし、翌日、意識障害などを起こして大学病院に救急搬送されたが、死亡し、原因は絞扼性イレウスであると診断された。Xらは、Pが死亡したのは、A医師の転送義務違反等によるものであるとして損害賠償の支払を求めた。裁判所は、PがA医師の診察を受けた時点で、絞扼性イレウスを発症していたと認めることはできず、また、この時点で直ちに絞扼性イレウスの鑑別診断を行う必要があったということはできないため、A医師には、絞扼性イレウスの鑑別診断に必要なCT検査等が可能な医療機関にPを転送すべき義務があったとは認められないと判断した。さらに、通常は生じない症状や経過がみられた場合であっても、受診すべきは夜間急病センター以外の医療機関であるから、A医師には、そもそも夜間急病センターを再受診するよう指示すべき義務はないなどとして、Xらの請求を棄却した。

[2] 東京地判令4・12・22LEX/DB25594701

棄却。Xが、めまい等により、Y病院に救急搬送された3日後に脳梗塞と診断され、視野欠損等の後遺障害が残存したことについて、Y病院の医師には、

救急搬送された時点で、MRI検査をすべき義務があったのにこれを行わず、脳梗塞を見落とした過失があると主張して、損害賠償の支払を求めた。裁判所は、搬送の時点でXの右後頭部痛が生じてから3か月が経過していたこと、脳卒中によるめまいが生じる場合、純粋にめまいのみしか神経症候がないことはほとんどないことなども踏まえると、Y病院の医師において、さらに脳梗塞を疑い、MRI検査を実施する義務があったとまでは認められないとして過失を否定し、さらに付言として因果関係も否定した。

[3] 大阪地判令5・1・24LEX/DB25594575

認容。Xらの子であるPは、Yの開設する診療所において吸引分娩により出生し、約12時間後に死亡した。Xらが、主位的に助産師が出生後管理中のPに顔面チアノーゼ等が出ていることを医師に報告すべきであったのにこれを怠ったため、予備的にY代表者であった医師が吸引分娩の要件を満たさないのにこれを実施したため、Pは吸引分娩による帽状腱膜下血腫からの出血性ショックにより死亡したなどと主張して、合計5316万円あまりの支払を求めた。裁判所は、助産師が医師にPの顔面チアノーゼ、全身色不良、うなり呼吸を報告すべきであったにもかかわらずこれを怠った過失があることを認め、報告がなされていればPが死亡しなかった高度の蓋然性があるとし因果関係についても肯定し、合計5094万円あまりの支払を命じた。

[4] さいたま地判令5・2・2LEX/DB25594413

棄却。Yクリニックの医師が、Xは外傷性てんかんであったのにこれを見落とし、適切な治療をせずに放置したことにより、Xが寛解する可能性がなくなり、後遺障害が残ったと主張して、診療契約の債務不履行に基づき、逸失利益等の損害賠償の支払を求めた。裁判所は、Xが診療当時、外傷性てんかんを発症していたことを認めることはできないとして、Xの請求を棄却した。

3 手術、処置その他の治療に関する医療過誤

[5] 神戸地判令3・9・16判時2548号43頁

認容。Xが、Y病院において、食道静脈瘤に対する内視鏡的静脈瘤結紮術（EVL）を受け、その術中に心肺停止となるなどした結果、低酸素脳症により寝たきりの状態になったのは、医師らの過失によると主張して、不法行為または債務不履行に基づき、損害賠償1億5078万円あまりの支払を求めた。裁判所は、医師らは、鎮静剤の投与方法に注意しなければ低酸素血症を招くということを予見し得たのであり、一過性の無呼吸の頻度が増えるので注意が必要とされる多量のミダゾラム（催眠鎮静剤）を投与するに際しては、なるべく緩徐な方法を採るか、そうでなければEVLの続行を中止すべき注意義務を負っていたにもかかわらず、EVLを中止することなく、側管注法かつフラッシュ（押し流す）等の急速な投与を行ったので、鎮静剤の投与方法に過失があったと認め、1億3830万円あまりを認容した。

[6] 山形地判令4・5・24LEX/DB25592818

棄却。Y市が設置管理する病院に、発語はあるが意思疎通が取れない状態などになり、救急搬送されたPに対し、診察を担当したA医師およびA医師から相談を受け、Pを帰宅させ経過観察とするよう指示したB医師らには、いずれもPの状態を適切に把握せず、必要な検査および治療を怠った過失があり、Pは同過失により高次脳機能障害を負った（約3年後に死亡）と主張して、Pの相続人であるXらがYに対して損害賠償の支払を求めた。裁判所は、A医師が、Pの「受け答えがはっきりせず、意思疎通が困難」な状態について、熱によるせん妄の可能性があると考えたことは医療水準に沿った判断というべきであり、A医師が、Pの脳梗塞を疑って、MRI検査を実施しなかったことに過失があるとはいえないと判断した。

[7] 仙台高判令4・12・21LEX/DB25594319

[6]の控訴審。棄却（控訴棄却）。Pに脳梗塞を疑わせる積極的な所見は認められなかったものであり、夜間の救急診療において、さらに検査・読影に特別な人員や時間、事前処置を要するMRI検査をすることが医療水準上要求されていたと認めるに足りる証拠はないとして、控訴を棄却した。

[8] 富山地判令4・12・21LEX/DB25594321

棄却。Pが、潰瘍性大腸炎の治療のため、Y病院に入院していたところ、①免疫抑制剤の血中濃度が適正に保たれず、その副作用によって、極度に免疫力が低下した状態となったために、サイトメガロウイルス感染症等の感染症に罹患し死亡した、②大腸摘出手術を実施すべきであったのに、これを怠ったため死亡した、③中心静脈栄養および鉄剤投与を実施すべきであったのに、これを怠ったため、免疫抑制剤等の投与による治療が奏功せず、死亡したなどと主張し、相続人であるXらが、Yに対し、損害賠償の支払を求めた。裁判所は、①Y医師によるタクロリムス血中濃度の測定の時期および回数には不適

切な点があったといわざるを得ないものの、投与量が医学的にみて不適切であったとはいえないから、血中濃度を適正に保つ義務に違反したとまでは認められない、②医師が、適切な時期に大腸摘出手術を行う義務に違反したとはいえない、③医師が、適切な時期に低栄養状態を改善する義務に違反したとはいえないとして請求を棄却した。

[9] 名古屋地判令5・1・20LEX/DB25594693
裁判所HP

認容。Y病院に入院して、腹部大動脈人工血管置換術を受けたPが本件手術後に腹腔内術後出血に起因する出血性ショックで死亡したことについて、相続人であるXらが、Y病院の医師や看護師には術後の管理に関する過失があったと主張して、損害賠償として合計4463万円あまりの支払を求めた。裁判所は、血圧低下などから術後出血の可能性を疑うことは可能であり、より早期の時点で開腹止血術を実施すべき注意義務があったと認め、この注意義務違反がなければPを救命することができた高度の蓋然性があるとして合計4457万円（ほぼ満額）の支払を命じた。

[10] 福岡高判令5・3・17LEX/DB25594989
棄却（原判決取消し）。Y病院において大動脈弁置換術、僧帽弁形成術等の手術を受けたX（控訴審係属中死亡）が術後の低酸素脳症により重度の意識障害となったことに関し、Y病院の医師および看護師には、術後の人工呼吸器の管理を適切に行わなかった過失がある旨を主張して、損害賠償として9692万円あまりの支払を求めた。第一審福岡地久留米支判令3・9・17 LEX/DB25594988は、人工呼吸器からの空気漏れのため、Xは酸素供給を十分に受けられず、酸素不足となり、心停止に陥ったと推認され、医師には気管チューブの再挿管に着手すべきであるのにこれをしなかった過失があると判断し、7632万8608円あまりを認容した。これに対し、本判決は、Y病院の医療従事者らの行為とXが低酸素脳症を発症したこととの間に相当因果関係が認められないとして、請求を棄却した。

[11] 札幌高判令5・3・28LEX/DB25594799
棄却（控訴棄却）。Y病院に入院中に死亡したPの相続人であるXが、同病院の医師には造影剤を投与すべきでないのに投与した注意義務違反があり、また、大量の輸液投与をすべきではなかったにもかかわらずこれを行った注意義務違反があり、これらの過失により、Pが死亡したと主張し、損害賠償の支払を求めた。第一審札幌地判令4・10・19LEX/

DB25593553は、過失および因果関係を否定して、請求を棄却し、本判決も控訴を棄却した。

4 患者管理に関する医療過誤

[12] 名古屋地判令5・1・20LEX/DB25594633
認容。Y病院に入院中に死亡したPの相続人であるXらが、Yに対し、同病院の看護師らがPの両上肢および体幹をベッドに拘束したことが違法な行為であるなどと主張して、主位的に、合計3916万円あまりの損害賠償（逸失利益等）の支払を求めるとともに、予備的に合計200万円の損害賠償（身体的拘束により生じた慰謝料）の支払を求めた。裁判所は、拘束のうち体幹抑制および上肢抑制が、転倒・転落の防止および点滴の自己抜去防止のために必要やむを得ないものであったと認めることはできず違法な抑制であったことを認めたが、Pの死因は肺炎を原因とする心不全であるから抑制との因果関係は否定されるとして主位的請求を棄却し、予備的な請求について慰謝料合計100万円の支払を命じた。

[13] 名古屋地判令5・2・3LEX/DB25594632
棄却。Y病院に入院していたPが入院中に自殺したことについて、相続人であるXが、医師らにはPの自殺を防止するために必要な措置を採らなかった注意義務違反があるなどと主張して、Yに対し、損害賠償の支払を求めた。裁判所は、医師らによるPのうつ病ないしこれに近い精神状態に対する治療が医療水準を逸脱し、不適切な点があったとはいえないし、Pについては特段注意すべき言動も見られなかった以上、Pに自殺の具体的ないし切迫した危険があることを強く疑わせる事情があったとはいえないから、医師らには過失がないとして請求を棄却した。

5 介護事故

[14] 名古屋地判令5・2・28LEX/DB25594818
認容。Aは、Y社会福祉法人が運営する特別養護老人ホームに入所していたが、食事の提供を受けていた際に意識不明となり死亡したことにつき、相続人であるXらが、Yは、Aの食事を全介助するか、少なくともこれを常時見守るべき注意義務等を負っていたのにこれを怠ったものであり、これにより、Aは食事を誤嚥して死亡したと主張して、合計3552万円あまりの損害賠償の支払を求めた。裁判所は、YがAの食事時には職員に常時見守らせる

べき注意義務を負っていたところ、ほかの利用者の食事介助をしながら、その合間にAの様子をうかがうということでは注意義務を履行したものとはいえず、Yの注意義務違反とAの死亡との間には因果関係が認められるとしたうえで、YがXの要望を受けてAの食事形態を全粥から軟飯に近い普通食に変更していたという事実などに照らして、被害者側の過失として5割の過失相殺をして合計1378万円あまりを認容した。

[15] 広島地福山支判令5・3・1 LEX/DB25594688
認容。Yの設置運営する介護老人保健施設に入所していたAが施設の自己の居室内で転倒し死亡したことにつき、Aの子であるXが、施設職員らには、転倒防止措置義務違反および事故発生後の適切な対処義務違反があり、これらとAの死亡との間には因果関係があると主張して、1650万円の損害賠償の支払を求めた。裁判所は、施設職員らは、Aが転倒した際、生命・身体等に危険を生ずる重大な傷害を負うのを防止するため、遅くとも本件転倒事故の発生時点までに、具体的な措置を検討、採用すべきであったといえ、少なくともAのベッドの周辺に、衝撃吸収マット等転倒の際の衝撃を緩和する設備を設置すべきであったと認め、請求を全額認容した。

6 説明義務違反

[16] 名古屋地判令4・12・21 LEX/DB25594694
認容。Y病院の医師が処方した大腸検査前処置用下剤（マグコロールP）を服用し糞便性イレウス等を発症したXが、医師には下剤の服用に関する説明義務違反があるなどと主張して、Yに対し、損害賠償6180万円あまりの支払を求めた。裁判所は、医師が添付文書における記載に従った指導をしなかったことについて合理的理由があると認めることはできず、マグコロールPを処方する際、前日あるいは服用前に通常程度の排便がない場合には服用前に相談するよう説明すべき注意義務に違反した過失を認め、この過失がなければXがマグコロールPを服用することはなく、イレウスを発症することはなかったとして2323万円あまりの支払を命じた。

[17] 山形地判令5・1・17 LEX/DB25594630
認容。本件は、Y大学病院において、脾合併膵体尾部切除術を受け、その影響で外分泌機能障害が残存したXが、医師が手術の決定時期を誤り、手術の決定に当たり行うべき検査を行わなかった、また医師が術前、Xに手術以外に経過観察にとどめる選択

肢もあることについて十分な説明をしなかったとして、3305万円あまりの損害賠償を請求した。裁判所は、本件手術の実施判断には過失がないとしつつ、本件手術が脾臓の全部と、膵臓の一部である膵体尾部を合わせて切除するものであり、手術後は糖尿病となり永続的なインスリン治療が必要になり得ることや手術時点で悪性腫瘍との確定診断がなかったことに鑑み、患者が、腫瘍を切除する必要性や、利害得失を十分に考慮したうえで、手術を受けるかどうかを判断するための説明が尽くされていないとして説明義務違反を認め、これによりXの自己決定権が侵害されたとして220万円の賠償を命じた。

[18] 静岡地判令5・1・20 LEX/DB25594582
認容。Y病院において右総腸骨動脈瘤に対する人工血管置換術を受けた後に死亡したPの相続人であるXらが、Yには本件手術に代わる術式等について説明義務違反があるとして、合計2200万円の損害賠償の支払を求めた。裁判所は、Y病院の医師が人工血管置換術の説明をしたものの、より低侵襲な代替手段であるステントグラフト内挿術に関する説明を一切していない点で説明義務違反を肯定したが、仮に説明義務が尽くされていたとしても、Pが本件手術を受けなかったとまではいいがたく、また、ステントグラフト内挿術によりPが延命できたとは直ちに認められないとして説明義務違反と死亡との相当因果関係を否定し、自己決定権侵害に対する慰謝料として150万円の支払を命じた。

[19] 最二判令5・1・27 LEX/DB25572561
裁判所HP
棄却（破棄自判）。統合失調症の治療のため、Yの設置する病院に入院したPが、入院中に無断離院をして自殺したことについて、患者の母であるXが、Yには、無断離院を防止すべき安全配慮義務違反があるとして逸失利益と慰謝料を請求した。第一審（高松地判平31・3・26 LEX/DB25569474）は、Pが自殺を図る現実的危険性は認められなかったとして請求を棄却した。Xは控訴審（高松高判令3・3・12 LEX/DB25569475）で、Yは、無断離院防止策（病院出入口の監視措置、無断離院のリスクの高い患者の顔写真の配布、徘徊センサーの装着等）を講じている病院と本件病院を比較して説明し、入院する病院を選択する機会を保障する義務に違反し、自己決定権を侵害したとの予備的請求を追加した。控訴審は、予備的請求について、Pにとって無断離院防止策の有無・内容が契約上の重大な関心事項になっていたということができ、その説明をしていなかったこと

は、診療契約上の説明義務違反にあたるとして、自己決定権侵害による損害賠償100万円の支払を命じた（Xの相続分は2分の1）。

最高裁は、原審を破棄自判して、請求を棄却した。その理由は大要以下のとおりである。精神科病院の任意入院者は、原則として開放処遇を受けるものとされており、本件入院当時の医療水準では無断離院の防止策として徘徊センサーの装着等の措置を講ずる必要があるとされていたわけでもなかったのであるから、本件病院の任意入院者に対する処遇や対応が医療水準にかなうものではなかったということはできない。また、本件入院当時、多くの精神科病院で上記措置が講じられていたというわけではなく、本件病院においては、任意入院者につき、医師がその病状を把握した上で、単独での院内外出を許可するかどうかを判断し、これにより、任意入院者が無断離院をして自殺することの防止が図られていた。これらの事情によれば、任意入院者が無断離院をして自殺する危険性が特に本件病院において高いという状況はなかったということができる。さらに、Pは、入院に際して、入院中の処遇が原則として開放処遇となる旨の説明を受けていたものであるが、具体的にどのような無断離院の防止策が講じられているかによって入院する病院を選択する意向を有し、そのような意向を医師に伝えていたといった事情はうかがわれない。以上によれば、Pに対し、Y病院と他の病院の無断離院の防止策を比較した上で入院する病院を選択する機会を保障すべきであったということはできず、これを保障するため、Yが、Pに対し、出入口の監視や徘徊センサーの装着等の措置をしていないことを説明すべき義務があったということはできない。

本判決の結論は妥当であるが、この判旨によれば、患者が強い関心を有していることを医師が知った療法については、医療水準として未確立のものについても当該療法を実施している医療機関の名称などについて説明する義務を認めた最三判平13・11・27民集55巻6号1154頁に照らせば、もし患者が無断離院防止策について特に強い関心をもっており、それを医師に伝えていたのであれば、他の医療機関の防止策などについて説明義務が認められる余地はあるように思われる。

[20] 札幌高判令5・4・14LEX/DB25594933
認容（控訴棄却）。Y病院において胃粘膜内癌内視鏡的切除術の一種である内視鏡的粘膜下層剥離術（ESD）を受け術後出血を生じるなどし、敗血症を

原因とする慢性心不全急性増悪の状態となり死亡したPの相続人であるXが、医師は、①ESDとして不適切な手術をしてPに術後出血を生じさせるなどして死亡させた、②経過観察など他の選択肢を検討する余地があることを説明することを怠ったため、Pは上記手術を受けることを選択して死亡したなどと主張して、損害賠償合計4833万円あまりの支払を求めた。第一審（札幌地判令2年(ワ)1199号未収録）は、自己決定権侵害による慰謝料165万円のみを認めた。Xからの控訴に対して、本判決は、経過観察がより合理的な選択肢であることを認めるに足りる証拠がないうえ、仮に経過観察も十分に選択しうる選択肢であると説明していたとしても、Pが経過観察を選択した高度の蓋然性は認められないとして、控訴を棄却した（Yからの控訴・附帯控訴はない）。

7 その他

(1) 旧優生保護法関連

旧優生保護法下のいわゆる優生手術の規定により、昭和40年代ころまでに強制的に不妊手術を受けさせられた被害者らが、同法の規定がリプロダクティブ・ライツ等の憲法上の権利を侵害する違憲な立法であったこと等を理由として国に対する国家賠償として一人あたり3000万円の支払等を求める訴訟を平成30年1月の仙台地裁を皮切りに全国で提起した。各裁判所は、旧優生保護法の優生条項の立法目的が差別的思想に基づくものであって正当性を欠く上、目的達成の手段も極めて非人道的なものであり、憲法13条および14条1項に違反すると判断している。問題は平成29年改正前民法724条後段の除斥期間の適用である。訴訟の提起の時点ですでに加害行為時である不妊手術時から20年が経過していたため、この時点を起算点ととらえると除斥期間が適用されて原告らの請求は棄却されることになる（起算点を手術時とした判決として[27]、[25]の原審である札幌地判令3・1・15判時2480号62頁）。しかし、最二判平成10年6月12日民集52巻4号1087頁、最三判平成21年4月28日民集63巻4号853頁を引用して、加害者の作為・不作為のために被害者が権利行使をできない状況が作出された場合に、除斥期間の経過によって加害者が損害賠償義務を免れることは著しく正義・公平の理念に反するとして、除斥期間の効果を制限して請求を認容する判決が多い。なお、認容する場合の額はほとんどの事案で請求額の半額である1500万円となっている。

認容事例としては、以下のものがある。

[21] 東京高判令4・3・11判時2554号12頁

[22] 熊本地判令5・1・23LEX/DB25572634

[23] 静岡地判令5・2・24LEX/DB25594689

[24] 仙台地判令5・3・6LEX/DB25594922

[25] 札幌高判令5・3・16LEX/DB25594985

[26] 大阪高判令5・3・23LEX/DB25595113

なお、前号の対象範囲であるが、大阪高判令4・2・22判時2528号5号も認容している。

棄却した事例としては、以下のものがある。

[27] 大阪地判令4・9・22LEX/DB25594103

[28] 仙台高判令5・6・1LEX/DB25572977

[29] 札幌高判令5・6・16LEX/DB25595725（原告らの同意なく手術されたとは認められないとの理由による）。

[21] の原審である東京地判令2・6・30判時2554号35頁、[25] の原審である札幌地判令3・1・15判時2480号62頁、[26] の原審である神戸地判令3・8・3賃金と社会保障1795号23頁。

現在、原告敗訴の2件、国敗訴の4件が最高裁に上告中である。

(2) その他国家賠償請求

[30] 名古屋地判令4・10・19LEX/DB25593960

棄却。Xが、特定フィブリノゲン製剤等によるC型肝炎感染被害者を救済するための給付金の支給に関する特別措置法2条に定められた血液製剤である特定フィブリノゲン製剤が出産または手術の際に投与されたことにより、C型肝炎ウイルスに感染して、肝臓の細胞が障害される病気にり患したと主張して、Y（国）に対し、主位的請求として、特措法または国家賠償1条1項に基づき損害賠償の支払を求めるとともに、予備的に特措法3条に基づき独立行政法人医薬品医療機器総合機構に対し、給付金等の支給を請求する権利を有する地位にあることの確認を求めた。裁判所は、Xに特定フィブリノゲン製剤が投与されたとは認められないとして、Xの請求をいずれも棄却した。

[31] 広島高判令5・3・17LEX/DB25594965
裁判所HP

認容（原判決取消し）。B型慢性肝炎の患者であるXらが、乳幼児期にY（国）が実施した集団予防接種または集団ツベルクリン反応検査を受けた際、注射器の連続使用によってB型肝炎ウイルスに感染し、その後、成人になって慢性肝炎を発症し、いったんは鎮静化した後に、さらに慢性肝炎を再発した

として、従前の慢性肝炎の発症による損害とは区別される別個の損害が発生したなどの主張をして、当該再発後に発生した損害の包括一律請求として、国家賠償法1条1項に基づき、損害金の支払を求めた。第一審広島地判令2・6・2（訟月66巻11号1805頁）は、当初の慢性肝炎の発症時を起算点としてすでに除斥期間が経過しているとして請求を棄却した。しかし、控訴審において、Yが再発時を除斥期間の起算点とした最二判令3・4・26民集75巻4号1157頁を踏まえて、除斥期間の経過を争わないとの態度を示したため、本判決はXらの請求額各1300万円を認容した。

[32] 東京地判令5・3・17LEX/DB25594702
裁判所HP

認容。Xの夫でネパール国籍を有するPが、新宿警察署の留置担当者により約2時間にわたって戒具を用いた身体拘束を受けた後、東京地方検察庁に護送され、検察官事務取扱検察事務官による取調べ中に意識を消失して死亡したことに関し、Pが死亡したのは留置担当官および検取事務官が職務上通常尽くすべき注意義務に違反したためであると主張して、XがY東京都とY国に対し、国家賠償法1条1項に基づき、6182万円あまりの損害賠償金等の支払を求めた。裁判所は、警察官は、Pの両手の腫張を確認した段階で、拘束部位の血液循環阻害により生命、身体に危険が生じることを回避するため、同人を速やかに病院に搬送するなどして医師の診察を受けさせ、適切な治療が受けられるような措置を講ずるべき注意義務があったというべきであるから、これを怠ったことは、職務上の注意義務に違反したものといえ、これとPの死亡との間には因果関係が認められるとして、Y東京都に対する請求100万円あまりを認容した（ネパールでは治安当局による加害行為による損害賠償が100万ルピー（約100万円）の賠償しか認められていないことによる）。他方、検取事務官には注意義務違反は認められないとして、Y国に対する請求は棄却した。

(3) 医療事故報告

[33] 大阪地判令4・4・15判時2542号77頁

認容。Y病院において、左大腿骨頸部骨折に対する人工骨頭挿入術を行い、その後、左人工股関節全置換術を受けたのち、rt-PA（アルテプラーゼ）の投与を受け、同日死亡したPの子であるXらが、①手術後の血栓溶解剤投与に係る注意義務違反に基づく損害賠償合計3060万円、②医師が出血性ショッ

クと記載すべき死亡診断書に脳梗塞と記載したこと、医師法21条による異状死として届け出なかったことによる遺族固有の慰謝料合計20万円、③医療法上の医療事故報告をしなかったことによる遺族固有の慰謝料合計10万円、④真摯な謝罪を請求した。裁判所は、①についてY病院医師が禁忌の薬剤をPに投与したことは争いがないため合計2403万円の損害を認めた。②については死亡診断書に医師が認識と異なる記載をしたとは認められないこと、医師がPの死因について説明を拒んだり、あえて誤った説明をしたなどの事実が見当たらないことからすると、異状死として届け出なければならない法的義務は負わないとして請求を棄却した。③については医療法6条の10第1項に基づく医療事故の報告及びその後に行われる医療事故調査等は、患者の遺族の権利利益の保護を目的とするものとはいえず、仮に、病院等の管理者による適切な医療事故の報告がされなかったとしても、これをもって、患者の遺族の権利利益を違法に侵害するものとはいえないとして請求を棄却した。④については不適法として却下した。医療事故調査は、直接には遺族の権利利益の保護を目的とするものではないとしても、調査結果によって死因や死亡に至る経緯を知る機会を奪うことが、なんら法益侵害とならないのか、受任者の報告義務（民法645条）との関係で疑問が残る。

(4) 医師に対する手術禁止

[34] 岡山地判令4・12・20LEX/DB25594625

棄却。Y病院においていずれも脳神経外科医療業務に従事する医師であるXらが、後縦靱帯骨化症に対する手術等を行ったところ、四肢麻痺等の術後障害が発生する症例が複数生じたことから、病院の院長が、Xらに対し、後縦靱帯骨化症手術、頚椎に関わる手術全般、脊椎に関する全ての手術を禁止する旨の本件各命令を発したことについて、Xらは、術後障害の原因が明らかであり、インフォームド・コンセントに問題はなかったにもかかわらず、Xらを退職に追い込む目的で本件各命令を発したなどと主張し、本件病院の院長およびY法人に対し、不法行為に基づく損害賠償等の支払を求めた。裁判所は、院長の命令は、医療安全等の観点から合理性を有する措置ということができるうえ、賃金の支払停止等を伴うものではなく、Xらの生活関係に大きな影響を与えるものではないことなども踏まえると、著しく社会的相当性を欠くとは認められず、不法行為を構成するとはいえないなどとして、請求を棄却した。

(5) 診療拒否

[35] 札幌地判令5・4・26LEX/DB25595004

棄却。動悸や嘔吐を訴えて救急車でY病院に搬送されたXが、Y病院医師が心電図検査は実施したものの、点滴をしてもらいたいというXの求めに応じなかったことが不法行為に当たるとして損害賠償を求めた。裁判所は、Xが診療中に突然大声を出して激高したり、帰宅を促す夫の顔をたたいたりするなど興奮状態となり、病院に対する著しい迷惑行為となったことから、Y病院医師が精神疾患による可能性があるため、精神疾患も診ることができる病院の受診を勧め、それ以上の診療を拒絶したことは医師の応召義務を定めた医師法19条1項の趣旨を踏まえても社会通念上相当であったとして、請求を棄却した。

(6) 獣医医療過誤

[36] 大阪高判令4・3・29判時2552号21頁

認容（原判決取消し）。Xらが飼育していた犬であるDがY₁の開設する動物病院に入通院し、獣医師であるY₂による治療を受けたところ、①Dは急性膵炎にり患していたのであるから、Y₂においてこれを認識して、医療水準に適った治療を行うべき注意義務があったのにこれを怠った過失、②Dの検査等によりDIC（播種性血管内凝固症候群）を発症していることを認識することができたのであるから、Y₂はこれに対する医療水準に適った治療を行うべき注意義務があったのにこれを怠った等の過失により、Dが死亡したとして、XらがY₁・Y₂に対して治療費・慰謝料等の損害賠償合計593万円の支払を求めた。原審である神戸地姫路支判令3・3・24判時2552号29頁はDが急性膵炎にり患していたと認められないとしてXらの請求を棄却した。本判決は、治療の過程において、DがDICを合併し、突然死に至り得る可能性が相応に高まっていたものと推認できたにもかかわらず、Y₂は、DICの病型判断のための追加検査を実施せず、本来その結果を踏まえてされるべきDICに対する治療を行わなかったものであって、過失とDの死亡との因果関係は認めることができないものの、適切な検査・治療を行っていれば、死亡した時点においてなおDが生存していた相当程度の可能性が存在するとしてXらの慰謝料請求を合計60万円認容した。本来、財産権侵害であるペットに対する医療過誤について慰謝料を認めた点も特徴的であるが、獣医医療過誤で、人の生命という重大な法益保護のために認められた

相当程度の可能性の法理を適用することが妥当かは議論の余地があろう。

(7) コロナ関連

[37] 大阪地判令4・12・5判タ1505号163頁

認容。マンションの管理員であるXがマスク着用などの新型コロナウイルス対策を履行していなかったこと等を理由として解雇されたが、①解雇が無効であるとして未払賃金の支払や、②違法な解雇による慰謝料を雇用主であるYに請求した。裁判所は、XがYの指示した新型コロナウイルス対策を履行していなかった事実があるが、解雇は解雇権濫用として無効であるとして、①の請求は認めたが、解雇が不法行為法上違法とまではいえないとして②の請求は棄却した。

(8) 刑事

[38] 最二決令2・8・24判時2539号93頁

Y（被告人・非医師）は、生命維持のためにインスリンの投与が必要な1型糖尿病にり患している幼年の被害者の治療をその両親から依頼され、インスリンを投与しなければ被害者が死亡する現実的な危険性があることを認識しながら、医学的根拠もないのに、自身を信頼して指示に従っている母親に対し、インスリンは毒であり、Yの指導に従わなければ被害者は助からないなどとして、被害者にインスリンを投与しないよう脅しめいた文言を交えた執ようかつ強度の働きかけを行い、父親に対しても、母親を介して被害者へのインスリンの不投与を指示し、両親をして、被害者へのインスリンの投与をさせず、その結果、被害者が死亡に至ったとして第一審（宇都宮地判平29・3・29刑集74巻5号539頁）で懲役14年6月に処せられた。控訴棄却に対する上告審である本判決は、Yは、未必的な殺意をもって、母親を道具として利用するとともに、不保護の故意のある父親と共謀の上、被害者の生命維持に必要なインスリンを投与せず、被害者を死亡させたものと認められ、Yには殺人罪が成立するとした。

（ひらの・てつろう）

労働裁判例の動向

和田一郎　弁護士

労働判例研究会

はじめに──今期の労働裁判例の概要

今期（令和5年上期）に公刊された労働法関係の最高裁判決は2件ある。1件は、[16] 熊本総合運輸事件〈付一・二審〉最二判令5・3・10労判1284号5頁で、平越格弁護士が、本誌の注目裁判例研究で、「時間外労働をしても賃金総額が変わらない給与体系下で、『時間外手当』と『調整手当』からなる割増賃金の区分を否定し、全体として割増賃金該当性を否定した事例」として検討なさっている。もう1件は、[57] 長門市事件・最三判令4・9・13労経速2507号3頁で、約80件のパワハラなどの行為による消防職員の分限免職処分を有効とした。

下級審判決としては、労災行政事件で事業主に原告適格を認めた [27] 一般財団法人 あんしん財団事件・東京高判令4・11・29労経速2505号3頁、及び、当該事案では親会社が労組法7条の「使用者」に当たらないとした [75] 国・中労委（昭和ホールディングスほか）事件・東京高判令4・1・27労判1281号25頁等が注目される。

1　労働法の形成と展開

2　労働関係の特色・労働法の体系・労働条件規制システム

いずれも該当裁判例なし。

3　個別的労働関係法総論

労働者性・労働契約性に関し、弁護士について、[1] 弁護士法人甲野法律事務所事件・横浜地川崎支

判令3・4・27労判1280号57頁は、Yは、弁護士資格を有する者であり、弁護士の業務の性質上、裁量の幅が広いからといって、直ちに業務に係る明確な指示がないとして指揮監督がないということになるものではないが、YがX2の個人事務所に入所した当初よりYの業務内容などの定めや服務規律がなく、具体的な指示命令がされた形跡がないことなどから、Yと原告X2の法律関係は、雇用契約ではなく、業務委託契約又は委任契約であったものというべきであるとし、また、X2の個人事務所が法人化したX1弁護士法人との間の雇用契約も否定した。監査役について、[2] Y有限会社事件・横浜地判令4・4・14判時2543=2544号104頁は、同族会社である有限会社Yにおいて、①代表取締役の親族であって監査役として登記されたX2の労働者性を肯定し、②X1とX2が公益通報を行ったこと等を理由とする減給処分を無効とし、③同通報に基づく捜査を受けたことをきっかけとしてX1X2を含む従業員のほぼ全員に対して行なった整理解雇を無効とし、④民法536条2項に基づいて上記③に係るバックペイを命じた。ヘルパーについて、[3] 国・渋谷労基署長（山本サービス）事件・東京地判令4・9・29労判1285号59頁は、訪問介護サービスに係る業務が依頼者との間での雇用契約に基づく業務であるとし、訪問介護ヘルパーは労基法116条2項の「家事使用人」であるとして、当該ヘルパーの疾病・死亡に関する遺族補償給付及び葬祭料の請求は認められないとした。[4]TWS Advisors事件・東京地判令4・3・23労経速2507号28頁は、業務委託契約と題して署名押印なく締結された契約について、労働契約にあたると判示した上で、その解消が無効であるとした。

4 労働者の人権保障（労働憲章）

[5] 国・人事院（名古屋刑務所）事件・東京高判令4・6・14労判1276号39頁は、刑務所職員の人事院に対する夜間勤務を求める行政措置要求を却下し、人事院の注意義務違反を理由とする損害賠償請求を棄却した一審判決に対する控訴を棄却した。[6] 甲社事件・千葉地判令4・3・29労経速2502号3頁は、使用者の職場環境を調整する義務の違反を認めた。

5 雇用平等、ワーク・ライフ・バランス法制

男女差別に関し、[7] 巴機械サービス事件・東京高判令4・3・9労判1275号92頁は、総合職及び一般職によるコース別人事制度の運用上違法な男女差別があり不法行為に該当するとして、会社に女性従業員らに対する各100万円の慰謝料及びこれに対する各遅延損害金の支払いを命じ、女性従業員らのその余の請求については棄却した一審の判断を維持した。

6 賃金

賃金請求の根拠について、[8]ITサービス事業A社事件・東京地判令4・11・16労経速2506号28頁は、被告会社の従業員として、主としてリモートワークで業務に従事していた原告が、被告に対し、① 労働契約に基づく未払賃金等の支払いを求めるとともに、② 被告の違法な懲戒処分などによって労務を提供できなかったと主張して、民法536条2項に基づく未払賃金等の支払いを求め、さらに、③ 被告代表者が無効である懲戒処分を行ったことなどは原告に対する不法行為を構成すると主張して、会社法350条に基づき、損害賠償金等の支払いを求めた事案において、①及び②だけを認容した。

年俸の減額について、[9] インテリム事件・東京高判令4・6・29労経速2505号10頁は、会社の本件賃金減額は、会社の側の主観にかかわりなく、客観的な見地からみて、同年俸額決定権限の行使として適切であって初めて、有効・適法なものと認められるといわなければならないところ、会社が本件賃金減額を行うに当たって、合理的で公正な評価や手続を履践したとは認められず、会社は、合理性・透明性に欠ける手続で、公正性・客観性に乏しい判断の下で、年俸額決定権限を濫用して従業員の年俸を決定したものと認められるとした。

賃金の控除について、[10] 住友生命保険（費用負担）事件・京都地判令5・1・26労判1282号19頁は、労基法24条1項ただし書に基づき書面の労使協定により賃金からの控除が許される「事理明白」なものとは、労働者が当然に支払うべきことが明らかなものであり、控除の対象となることが労働者にとって識別可能な程度に特定されているものでなければならない一方で、労働者が自由な意思に基づき控除に同意した費用は、労働者が当然に支払うべきことが明らかなものに該当するため、当該控除は同項に違反しないとした。[11] 大陸交通事件・東京地判令3・4・8労判1282号62頁は、原告らの署名押印のある同意書が存在する場合において、控除を認識していたにもかかわらず異議を述べなかったことなどを理由に業務関連費用を賃金から控除することに対する同人らの同意を認めた一方で、署名押印のある同意書が存在しない場合において、控除に異議を述べなかったことなどをもって同人らの同意を認めることはできないとした。

賃金の放棄について、[12] 吉永自動車工業事件・大阪地判令4・4・28労判1285号93頁は、最低賃金額を下回る条件の賃金債権放棄合意について、労働者の自由な意思に基づくものであると認めるに足る合理的な理由が客観的に存在しているとはいえないとした。

退職金について、[13] ジブラルタ生命保険事件・東京地判令4・6・10労経速2504号27頁は、会社からの顧客情報の持ち出しなどを理由とした退職金返還請求、元従業員からの名誉毀損を理由とした損害賠償請求反訴をいずれも棄却した。

労基法16条に関して、[14] 東急トランセ事件・さいたま地判令5・3・1労経速2513号25頁は、免許取得のための教習費用相当額貸付制度が労基法16条に違反しないとした。

取締役の退職慰労金について、[15] 損害賠償請求事件・福岡地判令4・3・1判タ1506号165頁は、原告である代表取締役社長に対する退職慰労金の支給に関する株主総会の議案などを、被告である代表取締役会長が取締役会に上程しなかったことは任務懈怠に該当するなどとして、原告の損害賠償請求を一部認容した。

7　労働時間

　割増賃金について、[16] 熊本総合運輸事件〈付一・二審〉最二判令5・3・10労判1284号5頁は、割増賃金の名目で支払われた金銭により、労基法37条の割増賃金が支払われたものということはできないとし、原審の判断に違法があるとした。[17] トールエクスプレスジャパン（第2次）事件・大阪地判令5・1・18労経速2510号21頁は、原告らが、被告貨物自動車運送会社が原告らに支給する手当の算定に当たり割増賃金に相当する額を控除しているため、労基法37条所定の割増賃金の一部が未払であると主張して未払割増賃金等の支払いを請求したが、これを棄却した。

　固定残業代について、[18] 国・所沢労基署長（埼九運輸）事件・東京地判令4・1・18労判1285号81頁は、運行時間外手当が法定時間外勤務に対する対価として支払われていると認めることはできないとして、同手当が有効な固定残業代であることを前提になされた休業補償給付支給処分は取消しを免れないとした。[19] 酔心開発事件・東京地判令4・4・12労判1276号54頁は、使用者が従業員からの割増賃金請求について消滅時効を援用することは権利濫用には該当しないとした上で、割増賃金を固定残業代として支払う旨の合意の成立を否定して割増賃金支払請求を認容し、他方、割増賃金の不払及び健康診断の不実施に係る使用者の不法行為責任を否定した。

　賃金時間性について、[20]JR西日本（岡山支社）事件・岡山地判令4・4・19労判1275号61頁は、列車の運転手がミスで乗務する列車の乗り継ぎを2分遅らせたため会社がその2分の賃金を控除した事案であるが、その2分の労務の提供が債務の本旨に従ったものか否かにかかわらず、会社の指揮命令に服していた時間であるとして、賃金請求を認めた。[21] テイケイ事件・東京地判令4・6・1労経速2502号28頁は、警備現場からの移動時間を含め、勤務実績報告書の提出等に要した時間が労働時間に該当するとした。

　事業場外みなしについて、[22] セルトリオン・ヘルスケア・ジャパン事件・東京高判令4・11・16労経速2508号3頁は、位置情報を把握できる勤怠管理システムの導入後、直行直帰の営業職（MR）について、「労働時間を算定し難いとき」に該当しないとして事業場外みなし労働時間制の適用を否定した。

　管理監督者性について、[23] 未払賃金等請求控訴事件・福岡高判令3・12・9判時2536号83頁は、期間付きで雇用された公立図書館の館長が、労働基準法41条2号の「監督若しくは管理の地位にある者」（管理監督者）に該当するとした。

　タイムカードの文書提出命令について、[24] JYU-KEN事件・東京高決令4・12・23労経速2512号18頁は、時間外手当等の請求をする基本事件の原告が、民訴法220条4号に基づいてタイムカードの文書提出命令を求め、原審が提出を命じたので、基本事件の被告が抗告したが、これを棄却した。

8　年次有給休暇

　時季変更について、[25] 阪神電気鉄道事件・大阪地判令4・12・15労経速2512号22頁は、原告による年休の時季指定に対して被告会社が時季変更権を行使した事案であるが、同社が代替勤務者を確保していたが、先行して同日に時季指定した者がいるなど、原告に年休を付与すると代替勤務者の補充要員が必要になり、それは労使合意に反する等の事情から、時季変更は適法であるとした。

9　年少者・妊産婦

　該当裁判例なし。

10　安全衛生・労働災害

　労災保険の成立について、[26] 国・川越労基署長（サイマツ）事件・東京地判令3・4・5労判1278号80頁は、労災保険関係は、労働者を使用する事業について成立するものであり、その成否は当該事業ごとに判断すべきものであって、労災保険関係の成立する事業は、主として場所的な独立性を基準とし、当該一定の場所において一定の組織の下に相関連して行われる作業の一体を単位として区分されるものと解されるとした。

　労災行政事件で注目されるのは、事業主に原告適格を認めたものとして、[27] 一般財団法人 あんしん財団事件・東京高判令4・11・29労経速2505号

3頁は、特定事業主は、自らの事業に係る業務災害支給処分がなされた場合、当該処分の名宛人以外の者ではあるが、同処分の法的効果により労働保険料の納付義務の範囲が増大して直接具体的な不利益を被るおそれがあること等に照らせば、特定事業主は、自らの事業に係る業務災害支給処分を取り消すことについての法律上の利益（行訴法9条1項）を有する者であるので、同処分の取消訴訟の原告適格を有するとし、これを否定した原判決を取り消し、差し戻した。

労災行政事件として、不支給決定を取り消したものとして、[28] 遺族補償給付等不支給処分取消請求控訴事件・名古屋高金沢支判令3・11・10判時2540号72頁は、①原告の主張が審査請求とその後の取消訴訟とで異なるが、審査請求の要件を満たすとし、②遺族補償給付等不支給処分に対する取消訴訟において、労働者が特異的な形態学的変化のない心臓性突然死により死亡したものと認定し、同処分を取り消した。[29] 療養補償給付及び休業補償給付不支給処分取消請求控訴事件・仙台高判令3・12・2判時2543＝2544号97頁は、果物生産会社の従業員である控訴人が、会社で毎年開かれるさくらんぼの収穫に向けた決起大会での腕相撲により右肘を負傷したとして、労基署長に請求した療養補償給付及び休業補償給付についての署長の各不支給処分に対し、その取消しを求めた原審の請求棄却判決に対する控訴審判決であるが、控訴人が腕相撲に参加したことは、社長の指示に従って業務を遂行した行為であると認められ、各処分は、労災保険法12条の8第2項及び同項で引用する労働基準法75条、76条の各保険給付の支給要件の解釈適用を誤り、労災保険法12条の8第2項の規定に違反し違法であるとして、原判決を取り消して、請求を認容した。[30] 北九州東労働基準監督署長事件・福岡地判令4・3・18労経速2499号9頁は、一旦業務外の要因によって精神障害を発病している労働者の発病・悪化についても、業務による心理的負荷が精神障害を発病させる程度に強度であると言えるかによって業務起因性を判断すべきであるとした。[31] 国・笠岡労働基準監督署長事件・岡山地判令4・3・30労経速2508号8頁は、配送業務からラーメン店の店長候補に配置転換された労働者の精神障害発症について業務起因性を肯定した。

他方、不支給決定を維持したものとして、[32] 国・日立労働基準監督署長事件・東京地判令4・5・19労経速2508号26頁は、プログラムの論理設計・検証業務に従事する労働者の精神障害発症に、長時間労働や心理的負荷を与える言動が認められないとして、業務起因性を否定した。[33] 国・天満労基署長（大広）事件・大阪地判令4・6・15労判1275号104頁は、マーケティングプランナーの自殺の業務起因性を否定した。

労災民事事件で注目されるのは、名目的代表取締役の損害賠償責任を認めたものとして、[34] 株式会社Y外事件・東京高判令4・3・10判時2543＝2544号75頁は、従業員の長時間労働に起因する死亡について、いわゆる名目的代表取締役（出資せず、無報酬、別の仕事を兼務）の会社法429条1項に基づく損害賠償責任を肯定した。

労災民事事件で安全配慮義務が問題となったものは、いずれも同義務の違反を認めており、[35] 大阪府事件・大阪地判令4・6・28労経速2500号3頁は、部活指導や語学研修準備などを含む過重な業務による高校教員の適応障害発症に、校長の安全配慮義務違反を認めた。[36] 大器キャリアキャスティングほか1社事件・大阪高判令4・10・14労判1283号44頁は、本業に係る使用者（被控訴人（一審被告））は、労働者が心身の健康を害さないよう配慮する義務を負い、労働時間、休日などについて適正な労働条件を確保するなどの措置を取るべき義務（安全配慮義務）を負うと解されるところ、兼業先との労働契約に基づく就労状況も比較的容易に把握することができたのであるから、被控訴人は原告の業務を軽減する措置を取るべき義務を負うとした。[37] 東海交通機械事件・名古屋地判令4・12・23労経速2511号15頁は、パワハラを放置したことから、会社の安全配慮義務違反を認めた。

11 労働契約の基本原理

就労請求権に関するものとして、[38] 学校法人茶屋四郎次郎記念学園（東京福祉大学・授業担当）事件・東京地判令4・4・7労判1275号72頁は、大学の教員が講義等において学生に教授する行為は、労務提供義務の履行にとどまらず、自らの研究成果を発表し、学生との意見交換等を通じて学問研究を深化・発展させるものであって、当該教員の権利としての側面を有することも考慮して、和解及び雇用

契約に基づいて、学園が教員に対して少なくとも週4コマ（1コマ90分授業）の授業を担当させる義務を負っていたとして、担当させなかった債務不履行による慰謝料100万円の支払いを命じた。後出[54]は、同事案について就労請求権を肯定した。

競業避止義務について、[39]REI元従業員事件・東京地判令4・5・13労判1278号20頁は、会社が退職従業員と合意した競業避止義務条項につき、禁じられる転職などの範囲が広範であり代償措置も講じられないとして公序良俗違反で無効と判断した。

雇止め後の動産撤去について、[40]学校法人乙ほか（損害賠償請求等）事件・大阪高判令5・1・26労経速2510号9頁は、雇止め後、使用者が動産の撤去などを行ったことが違法であるとして、動産の引渡し、損害賠償請求を認容した。

12　雇用保障（労働契約終了の法規制）と雇用システム

合意解約について、[41]日本マクドナルド事件・名古屋地判令4・10・26労経速2506号3頁は、被告会社が、原告と被告との労働契約が退職条件通知書兼退職同意書による合意解約により終了したと主張するのに対し、原告が、(1)雇用契約上の権利を有する地位にあることの確認、(2)退職の意思表示が無効として賃金等の支払い、(3)未払割増賃金等の支払い、(4)付加金等の支払い、(5)被告における業務や違法な退職強要などにより労作性狭心症及びうつ病を発病したことを理由とする不法行為又は債務不履行（安全配慮義務違反）に基づく損害賠償請求若しくは上司らによるパワーハラスメントを理由とする使用者責任に基づく損害賠償請求として慰謝料等の支払いを求めた事案において、上記(2)(3)だけを認容した。

口頭の退職の意思表示について、[42]リバーサイド事件・東京高判令4・7・7労判1276号21頁は、シフト提出を一切行わなかったことなどにより従業員から黙示の退職の意思表示がなされたとはいえないとして合意退職の成立を否定し、従業員の不就労は使用者の責めに帰すべき事由によると判断した。

黙示の退職の意思表示について、[43]地位確認等請求控訴、同附帯控訴事件・東京高判令4・8・19判時2552号92頁は、職場内での社員同士の争いの際に上司に発した言葉について、口頭による退職の意思表示と認めなかった。

解雇を有効としたものとして、[44]龍生自動車事件・東京高判令4・5・26労判1284号71頁は、「会社の解散は、会社が自由に決定すべき事柄であり、会社が解散されれば、労働者の雇用を継続する基盤が存在しないことになるから、解散に伴って解雇がされた場合に、当該解雇が解雇権の濫用に当たるか否かを判断する際には、いわゆる整理解雇法理により判断するのは相当でない。もっとも、①手続的配慮を著しく欠いたまま解雇が行われたものと評価される場合や、②解雇の原因となった解散が仮装されたもの、又は既存の従業員を排除するなど不当な目的でなされたものと評価される場合は、当該解雇は、客観的に合理的な理由があり、社会通念上相当であるとは認められず、解雇権を濫用したものとして無効になるというべきである」との判示を前提に、解雇を有効とした原審を維持した。[45]学校法人埼玉医科大学事件・千葉地判令3・5・26労判1279号74頁は、原告Xが、食堂で無銭飲食をしたこと、重大な過失により本件USBを紛失したことなどが被告会社Yの各就業規則に違反し、本件解雇には客観的に合理的な理由が認められ、社会通念上相当であるから、有効であるとした。[46]インジェヴィティ・ジャパン合同会社事件・東京地判令4・5・13労経速2507号14頁は、協調性欠如、職務勤怠などを理由とした解雇を有効とした。

他方、解雇を無効としたものとして、[47]スミヨシ事件・大阪地判令4・4・12労判1278号31頁は、原告Xの言動を考慮しても、Xについて、就業規則第66条2号所定の「協調性がなく、注意及び指導しても改善の見込みがないと認められるとき」に該当する事由があるということはできないとし、また、本件解雇が無効である場合、被告会社Yに帰責事由があるため、Xは、Y社に対し、民法536条2項により賃金請求権を失わないとした。[48]地位確認等請求事件・大阪地判令4・12・5判タ1505号163頁は、被告の従業員であった原告が、合意退職はしておらず、また、解雇は無効であるとして、①雇用契約に基づき、未払賃金等を、②一方的な配置転換（労働条件変更）を迫り、これを拒否すれば自主退職するしかないと迫った被告の行為及び解雇により法的保護に値する人格的利益を違法に侵害されたとして、不法行為に基づき、慰謝料及び弁護士費用並びにこれらに対する民法所定の年3％の割合による

遅延損害金の支払いを求めた事例において、解雇を無効として上記①を認容し、②は棄却した。

退職勧奨について、[49] ブルーベル・ジャパン事件・東京地判令4・9・15労経速2514号3頁は、コロナ禍でHIV免疫機能障害者の社員に、担当業務の性質から在宅勤務を認めず、コアタイムのないフレックスタイム及び自転車通勤を特例として認めて出勤するように提案を行なったが、当該社員が出勤しなかったので、会社が行なった退職勧奨について、違法性を否定した。

13　労働関係の成立・開始

内定取消について、[50] 兼松アドバンスド・マテリアルズ事件・東京地判令4・9・21労経速2514号26頁は、飲酒を伴う歓迎会などにおける入社内定者の発言を理由とする内定取消しについて、客観的に合理的と認められ、社会通念上相当として有効とした。

本採用拒否について、[51] シティグループ証券事件・東京地判令4・5・17労経速2500号29頁は、周囲への言動が管理職としての適性などを欠くとしてなされた本採用拒否を有効とした。

14　就業規則と労働条件設定・変更

就業規則の不利益変更について、[52] 学校法人宮崎学園事件・福岡高宮崎支判令3・12・8労判1284号78頁は、実質的には期限の定めのない契約と同一の有期雇用契約を締結している教員の年俸を、給与基準を変更して80％に減額したことが、就業規則の不利益変更に当たり、労契法10条にいう合理的なものとは言えないとして、請求を棄却した原審を取り消して、請求を認容した。

15　人事

配転命令について、[53] スルガ銀行事件・東京地判令4・6・23労経速2503号3頁は、異動命令の有効性は肯定したが、原告の非違行為は認定せず、懲戒解雇の有効性を否定した。[54] 地方独立行政法人市立東大阪医療センター（仮処分）事件・大阪地決令4・11・10労判1283号27頁は、配転命令が業務上の必要性を肯認できず、債権者が被る

不利益も通常甘受すべき程度を著しく超えるものと認められ、配転命令権の濫用にも当たるから、いずれにせよ当該配転命令が無効であるとし、また、債権者が有する医師としての技能、技術の著しい低下という、本案判決を待っていては回復しがたい損害を回避する必要性から、就労請求権及び保全の必要性を肯定すべき特段の事情を認めた。

出勤指示について、[55] 関西新幹線サービックほか事件・大阪地判令4・6・23労判1282号48頁は、会社が従業員に対して、一定の業務への従事を指示することが、他の従業員との間で不利益な取り扱いをするものとして、不法行為上違法性を有するのは、人事上の裁量権の範囲を逸脱し、又はこれを濫用したと評価されることを要するとした上で、被告の原告らに対する出勤指示は、裁量権の範囲を逸脱し、又はこれを濫用するものとはいえず、不法行為上違法性があるとは認められないとした。

16　企業組織の変動と労働関係

該当裁判例なし。

17　懲戒

分限処分を有効としたものとして、[56] 長門市事件・最三判令4・9・13労経速2507号3頁は、原審判決を取り消し、約80件のパワハラなどの行為による消防職員の分限免職処分を有効とした。

懲戒解雇を有効としたものとして、[57] 伊藤忠商事ほか事件・東京地判令4・12・26労経速2513号3頁は、会社情報の営業秘密性を否定し、その漏洩の事実もないとしたにもかかわらず、情報保存行為を私的目的と推認し、懲戒解雇を有効とした。

他方、懲戒解雇を無効としたものとして、[58] トヨタモビリティ事件・東京地判令4・9・2労経速2513号19頁は、運転免許停止処分中の自動車運転行為を理由とした懲戒解雇が社会通念上の相当性を欠くとして無効とした。[59] 不動技研工業事件・長崎地判令4・11・16労経速2509号3頁は、競業避止義務違反などの行為に対する懲戒解雇、諭旨解雇、降格の各懲戒処分をいずれも無効とした。[60] 日本郵便事件・札幌地判令4・12・8労経速2511号3頁は、懲戒解雇事由の存在を否定し、解雇を無効とした。

分限免職された者の退職手当について、[61] 退職手当支給制限処分取消等請求控訴事件・福岡高判令3・10・15判時2548号75頁は、酒気帯び運転をしたことを理由に懲戒免職とされた地方公務員に対する、退職手当の全額を不支給とする処分について、処分行政庁が裁量権の範囲を逸脱し又はこれを濫用したものと判断して、当該不支給処分の取消請求を認容した。

18 非典型(非正規)雇用

労契法19条の更新への合理的期待を否定したものとして、[62] 日本通運（川崎・雇止め）事件・東京高判令4・9・14労判1281号14頁は、控訴人（一審原告）に、本件雇用契約締結から雇用期間満了までの間に、更新に対する合理的な期待を生じさせる事情があったとは認めがたいとした一審判断を維持した。[63] 日本通運事件・東京高判令4・11・1労判1281号5頁は、不更新条項などの存在は、控訴人（一審原告）の雇用継続の期待の合理性を判断するための事情の1つにとどまるべきというべきところ、当初の契約時から満了時までの事情を総合してみれば、控訴人が被控訴人との間の有期労働契約が更新されると期待することについて合理的な理由がある（労契法19条2号）とは認められないとした一審判断を維持した。[64] グッドパートナーズ事件・東京地判令4・6・22労経速2504号3頁は、有期雇用契約の雇止めにつき、合理的期待を初回の更新では認めたが、その後の更新では認めなかった。

他方、同期待を肯定した裁判例はない。

同条の類推適応等について、[65] アンスティチュ・フランセ日本事件・東京地判令4・2・25労判1276号75頁は、労働者が有期契約終了後に無期契約の申し込みをした事案であるが、民法629条1項（雇用更新の推定）による更新を否定し、労契法19条の適用を否定したが、時間数規定に基づいて、講義担当時間が減少したことに対する補償金の支払いを命じた。[66] 学校法人 沖縄科学技術大学院大学学園事件・福岡高那覇支判令4・9・29労経速2501号3頁は、定年までの終身在職権が付与されなかった任期付きの大学准教授の、契約更新への合理的期待を否定した。[67] 明治安田生命保険事件・東京地判令5・2・8労経速2515号3頁は、アドバイザー見習契約について無期労働契約と解する

ことはできず、またその後アドバイザーとして無期労働契約を締結することは新たな契約の締結であって労契法19条2号にいう「更新」に該当せず、同条の類推適用の基礎も欠くとした。

雇用期間中の解雇について、[68] 郵船ロジスティクス事件・東京地判令4・9・12労経速2515号8頁は、私傷病による休業期間が直近の約1年8か月に及んでいた有期雇用契約者に対する契約期間途中での解雇を有効とした。

パート有期法8条について、[69] 学校法人桜美林学園事件・東京地判令4・12・2労経速2512号3頁は、専任教員に支給されている期末手当、扶養手当及び住宅手当が非常勤教員に支給されていないことは、パート有期法8条に違反しないとした。

教員法について、[70] 学校法人乙（地位確認）事件・大阪高判令5・1・18労経速2510号3頁は、本件大学講師との労働契約には大学教員任期法の10年特例の適用はなく、雇止めの時点で無期雇用契約に転換していたとして、労働契約上の地位を認めた。

イノベ法について、[71] 学校法人Y事件・東京地判令3・12・16判時2541号74頁は、大学で語学の授業を担当する非常勤講師について科技イノベ法15条の2第1項1号の「研究者」該当性を否定し、労契法18条に基づく無期労働契約への転換を認めた。

派遣法33条について、[72] バイオスほか（サハラシステムズ）事件・東京地判平28・5・31労判1275号127頁は、派遣先での就労禁止条項が派遣法33条に違反し無効であるとして、派遣会社から元派遣労働者らに対する損害賠償請求を棄却した。

派遣法40条の6について、[73] 大陽液送事件・大阪地堺支判令4・7・12労経速2502号17頁は、請負事業主が自社従業員に独自に指揮命令をしていると認め、派遣法40条の6の適用を否定した。

19 個別労働紛争処理システム

該当裁判例なし。

20 労働組合

使用者性について、[74] 国・中労委（昭和ホールディングスほか）事件・東京高判令4・1・27労判1281号25頁は、親会社が労組法7条の「使用者」

に当たるか否かについて、労働者の基本的な労働条件などについて、雇用主と部分的とはいえ同視できる程度に現実的かつ具体的に支配、決定することができる地位にある場合に「使用者」に当たると解するのが相当であるとした上で、親会社が係る地位にあるといえるかについては親子会社それぞれの事業・経営の状況、役員の選任状況、子会社の従業員の労務管理・労働の実態などを個別に考慮して検討する必要があるとし、補助参加人ホールディングスの使用者性を否定した一審判決の判断を維持した。

労働者性について、[75] 国・中労委（セブン‐イレブン・ジャパン）事件・東京高判令4・12・21労判1283号5頁は、被控訴人（一審被告）参加人とフランチャイズ契約を締結する加盟社は、労組法上の労働者に当たるとは認められないとの一審判断を維持した。

21 団体交渉

22 労働協約

いずれも該当裁判例なし。

23 団体行動

[76] オハラ樹脂工業事件・名古屋地決令4・11・10労経速2504号15頁は、労働組合のウェブサイト掲載の記事が会社の名誉・信用を毀損するとしてその削除を求めた仮処分申立てを却下した。

24 不当労働行為

25 労働市場法総論

26 労働市場法各論

27 雇用システムの変化と雇用・労働政策の課題

いずれも該当裁判例なし。

28 その他

[77] フジアール事件・東京地判令4・5・13労経速2499号36頁は、在職した会社の役職員への誹謗中傷メール送付などの行為に対し、損害賠償請求を認容した。

（わだ・いちろう）

知財裁判例の動向

城山康文　弁護士

知財判例研究会

1　はじめに

　知財判例研究会では、2023年上半期（1月1日〜6月30日）に下された知的財産に関する判例であって、原則として最高裁判所ウェブサイトに掲載されたものを概観し、報告する。なお、行政裁判例（審決取消訴訟の裁判例）も、知的財産分野においては重要な意義を有するものであるので、本稿では対象に含めた。

2　著作権

[プリント絵柄の著作物性]

　[1] 大阪高判令5・4・27（令4(ネ)745、8部）は、テキスタイルのプリント絵柄につき、著作物性を否定した。「産業上利用することができる意匠、すなわち、実用品に用いられるデザインについては、その創作的表現が、実用品としての産業上の利用を離れて、独立に美的鑑賞の対象となる美的特性を備えていない限り、著作権法が保護を予定している対象ではなく、同法2条1項1号の『美術の著作物』に当たらないというべきである。そして、ここで実用品としての産業上の利用を離れて、独立に美的鑑賞の対象となる美的特性を備えているといえるためには、当該実用品における創作的表現が、少なくとも実用目的のために制約されていることが明らかなものであってはならないというべきである。」「本件絵柄それ自体は、……二次的平面物であり、生地にプリントされた状態になったとしても、プリントされた物品である生地から分離して観念することも容易である。そして、……作者であるP1の個性が表れていることも否定できない。しかし、本件絵柄は、その上辺と下辺、左辺と右辺が、これを並べた場合に模様が連続するように構成要素が配置され描かれ

ており、これは、本件絵柄を基本単位として、上下左右に繰り返し展開して衣料製品（工業製品）に用いる大きな絵柄模様とするための工夫であると認められる……から、この点において、その創作的表現が、実用目的によって制約されているといわなければならない。また、本件絵柄に描かれている構成は、平面上に一方向に連続している花の絵柄とアラベスク模様を交互につなぎ、背景にダマスク模様を淡く描いたものであるが……、アラベスク模様はイスラムに由来する幾何学的な連続模様であり、またダマスク模様は中東のダマスク織に使用される植物等の有機的モチーフの連続模様であって、いずれも衣料製品等の絵柄として古来から親しまれている典型的な絵柄であり、これら典型的な絵柄を平面上に一方向に連続している花の絵柄と組み合わせ、布団生地や布団カバーを含む、カーテン、絨毯等の工業製品としての衣料製品の絵柄模様として用いるという構成は、日本国内のみならず海外の同様の衣料製品についても周知慣用されていることが認められる。そして、本件絵柄における創作的表現は、このような衣料製品（工業製品）に付すための一般的な絵柄模様の方式に従ったものであって、その域を超えるものではないということができ、……この点においても、その創作的表現は、実用目的によって制約されていることが、むしろ明らかであるといえる。そうすると、本件絵柄における創作的表現は、その細部を区々に見る限りにおいて、美的表現を追求した作者の個性が表れていることを否定できないが、全体的に見れば、衣料製品（工業製品）の絵柄に用いるという実用目的によって制約されていることがむしろ明らかであるといえるから、実用品である衣料製品としての産業上の利用を離れて、独立に美的鑑賞の対象となる美的特性を備えているとはいえない。」

[職務著作]

[2] 知財高判令5・4・20（令4(ネ)10115、2部）は、ゲーム音楽について著作権者の許諾を得ずに編曲し、録音及び配信を行った行為につき、著作権侵害を肯定した原判決を維持した。職務著作の成否が争点の一つとされたが、裁判所は、職務著作の成立を認めた。裁判所は、「法人等が自己の著作の名義の下に公表するもの」とする職務著作の要件（著作権法15条1項）について、「原告楽曲は、当時、KCET社に勤務していた従業員であるA（現在はA´）がKCET社内の上司からの指示に従い、職務として制作したものであって、……コナミ社とKCET社との間の開発委託契約に基づき、その著作権がコナミ社に帰属することになることから、KCET社の名義で公表の予定がなかったものであるが、公表するとすればKCET社が著作者として公表されるべきであったといえる」として、その充足を認めた。

[他のツイートのスクリーンショット添付による引用]

[3] 知財高判令5・4・13（令4(ネ)10060、2部）及び [4] 知財高判令5・4・17（令4(ネ)10104、3部）は、いずれも、他のツイートのスクリーンショットを添付する方法による引用について、適法引用（著作権法32条1項）の要件の一つである「公正な慣行に合致する」ものと判断した。

[過去の実績としてのウェブサイト掲載と引用]

[5] 東京地判令5・5・18（令3(ワ)20472、40部）は、被告会社が受託制作した小冊子（たばこ販売促進用）を被告会社がそのウェブページに過去の実績として掲載したことに関し、当該小冊子への写真の掲載を有償で許諾した原告が、ウェブページへの掲載は許諾の範囲外であるとして、被告会社及びその代表者個人に対して著作権侵害を理由とする損害賠償を請求した事案に関する。裁判所は、許諾の範囲外であると認定し、且つ、適法引用であるとの被告の抗弁も排斥し、著作権侵害を認めたうえで、被告会社代表者には重過失があったとして、被告会社及び代表者個人の双方に対して損害賠償を命じた。「本件ウェブページには、商業的価値が高い本件各写真がそれ自体独立して鑑賞の対象となる態様で大きく掲載されており、本件各写真のデジタルデータは、無断複製防止措置がされずインターネット上に相当広く複製等されていることからすると、本件各写真の著作権者である原告に及ぼす影響も重大であることが認められる。したがって、本件ウェブページにおける

本件各写真の利用は、上記認定に係る本件各写真の性質、掲載態様、著作権者である原告に及ぼす影響の程度などを総合考慮すれば、公正な慣行に合致せず、かつ、引用の目的上正当な範囲内であるものと認めることはできない。」

[出版権]

[6] 東京地判令5・1・20（令3(ワ)13720、29部）は、漫画につき出版権の設定を受けた原告が、当該漫画の表紙（「原告表紙」）に独自の創作的表現を付加した漫画の表紙（「被告表紙」）を作成した被告に対し、出版権侵害を理由として、差止及び損害賠償を求めた事案に関する。裁判所は、被告表紙は、原告表紙を「原作のまま……複製」（著作権法80条1項1号）したものとは認められないから、出版権侵害は認められないとして、請求を棄却した。

[契約に基づく著作権の移転]

[7] 東京地判令5・5・31（令3(ワ)13311、29部）では、被告のゲームソフトの開発に際して原告が業務委託契約に基づき受託制作した動画に係る著作権の帰属等が争点となった。当該業務委託契約は、完成前に合意解約され、それ以後、原告は当該ゲームソフトの制作に関与することはなくなったが、裁判所は、「成果物（成果物がコンピューターソフトのプログラムである場合にはソースコード及びオブジェクトコードを含む）並びにその関連資料とテスト結果報告書の著作権（著作権法第27条及び第28条に規定する権利を含む）その他一切の知的財産権及び成果物の所有権は、第5条に規定する成果物の引渡完了をもって乙[受託者]から甲[委託者]へ移転する。」との業務委託契約の文言に基づき、製作途中のデータや資料であって、データ共有サーバにアップロード又はパソコン内に格納されて引き渡されたものについて、著作権は被告に移転したものと判断した。また、映画の著作物について映画製作者に著作権が帰属するものと定めた著作権法29条1項の適用に関し、「同条における参加約束は、映画製作者に対して必ずしも直接される必要はなく、映画の製作に参加しているという認識の下、実際に映画の製作に参加して、その製作が行われれば、著作者が映画製作者に対して映画製作への参加意思を表示し、映画製作者もこれを承認したといえ、黙示の参加約束があったと認めることができるというべきである。」と解し、原告には黙示の参加約束があったものと認定した。なお、前記業務委託契約には、受

託者により著作者人格権不行使が定められていたところ、裁判所は、当該定めも有効とした。

3 特許権

[刊行物における新規化学物質の開示]

[8] 知財高判令5・3・22（令4(行ケ)10091、3部）は、刊行物における新規化学物質の開示について、次のように述べた。「新規の化学物質は製造方法その他の入手方法を見出すことが困難であることが少なくないから、刊行物にその技術的思想が開示されているというためには、一般に、当該物質の構成が開示されていることに止まらず、その製造方法を理解し得る程度の記載があることを要するというべきである。そして、刊行物に製造方法を理解し得る程度の記載がない場合には、当該刊行物に接した当業者が、思考や試行錯誤等の創作能力を発揮するまでもなく、特許出願時の技術常識に基づいてその製造方法その他の入手方法を見いだすことができることが必要であるというべきである。」

[優先権]

[9] 知財高判令5・4・6（令4(行ケ)10022・10010、2部）は、脳室内投与される医薬品に係る発明に関し、中枢神経系（CNS）への活性作用物質の送達をいかに有効に行うべきかという点がその技術思想において一つの重要部分を占めているところ、優先基礎出願にはその記載がないとして、優先権の有効性を否定した。

[サポート要件]

[10] 知財高判令5・1・26（令3(行ケ)10093・10094、4部）は、抗体に係る発明につき、サポート要件違反を認め、サポート要件への適合を認めて無効審判請求を不成立とした特許庁審決を取り消した。被告（特許権者：アムジェン）は、原告（無効審判請求人：リジェネロン）と共同開発を行っていたサノフィが同じくサポート要件違反を理由として請求した別件無効審判に係る不成立審決が確定していることをもって、原告の主張は一事不再理（特許法167条）に反すると主張したが、裁判所は、原告とサノフィは別法人であって実質的に同一とみるべき特段の事情も認められないとして、一事不再理に反することはないとした。本件発明の請求項1は、①「PCSK9とLDLRタンパク質の結合を中和することができ」、②PCSK9との結合に関して、「配

列番号67のアミノ酸配列からなる重鎖可変領域を含む重鎖と、配列番号12のアミノ酸配列からなる軽鎖可変領域を含む軽鎖とを含む抗体」（31H4抗体）（参照抗体）と「競合する」、③「単離されたモノクローナル抗体」との発明特定事項を有するものである。裁判所は、本件発明の課題を、LDLの量を増加させるPCSK9とLDLRタンパク質との結合を中和する抗体又はこれを含む医薬組成物を提供することと認定したうえで、参照抗体と競合する抗体であっても、結合位置によっては、PCSK9とLDLRタンパク質の結合を中和することができるとは限らないため、サポート要件を充足しないと判断した。なお、裁判所は、判決の末尾で、本件特許の欧州対応特許は進歩性欠如により無効と判断されたこと、米国対応特許につきCAFCで実施可能要件違反により無効であると判断されたことに言及しながらも、「他国における判断が本件判断に直ちに影響を与えるものではない」とわざわざ付言した。

[11] 知財高判令5・6・15（令4(行ケ)10059、4部）は、組成に係る構成要件と物性に係る構成要件とからなるガラスに関する発明について、「本件組成要件と本件物性要件とが課題と解決手段の関係にあるということはできないから、本件組成要件で特定されるガラスが高い蓋然性をもってガラス転移温度を含むすべての物性要件を満たすという関係を有することが認識されるまでの必要はない。……本件組成要件を満たすが本件物性要件を満たさないガラスがあるとしても、それは端的に本件発明の特許請求の範囲に含まれないガラスにすぎない。」として、サポート要件充足を認めた。

[冒認]

[12] 東京地判令5・3・7（令3(ワ)26762等、29部）は、被告の従業員であった原告が退職後に自ら出願して取得した特許権に基づき、被告に対して特許使用料を請求した事件に関する。裁判所は、被告の先使用権を認めて原告の請求を棄却した。他方、被告は、反訴請求として、原告に対し、冒認出願を理由とする特許法74条1項に基づく移転請求を行ったが、裁判所は、被告が出願前に完成させた発明（本件硬化剤発明）は「本件特許発明に包含されるものであって、両者はそれらの点で相違するものと認められるから、本件特許発明と本件硬化剤発明が同一のものであるということはできない」として、反訴請求を棄却した。

[除くクレーム]

[13] 知財高判令5・3・9（令4(行ケ)10030、4部）
は、「少なくとも2層を有する積層体であって、……
を特徴とする積層体」とする特許請求の範囲に、「（但
し、該積層体上に無機酸化物の蒸着膜が設けられ、そ
の蒸着膜上にガスバリア性塗布膜が設けられてなるも
のを除く。）」との事項を追加しようとする訂正に関
し、特許請求の範囲の減縮に当たるものと認め、そ
れを否定して訂正を拒絶した審決を取り消した。「訂
正前の請求項1においては、『積層体』について、『少
なくとも2層を有する積層体』と特定しているのに
すぎないのであるから、ここにいう積層体には、『第
1の層』、『第2の層』及びその他の任意の層からな
る積層体が含まれることになるところ、『無機酸化
物の蒸着膜』及び『蒸着膜上に設けられたガスバリ
ア性塗布膜』も層を形成するものである以上、この
任意の層に該当するといえる。したがって、訂正前
の請求項1における積層体は、『第1の層』、『第2
の層』並びに『無機酸化物の蒸着膜』及び『蒸着膜
上に設けられたガスバリア性塗布膜』からなる積層
体（以下『積層体A』という。）を含んでいたもので
ある。そうすると、訂正事項2は、『積層体A』を
含む訂正前の請求項1における積層体から積層体A
を除くものといえ、このように積層体を特定したこ
とにより、訂正前の……発明の技術的発明が狭まる
ことになるのであるから、……特許請求の範囲の減
縮を目的とするものであることは明らかである。」

[均等侵害]

[14] 大阪地判令5・6・15（令3(ワ)10032、21部）
は、均等侵害に関し、「対象製品等が特許発明の構
成要件の一部を欠く場合であっても、当該一部が特
許発明の本質的部分ではなく、かつ前記均等の他の
要件を充足するときは、均等侵害が成立し得るもの
と解される。……構成要件の一部を他の構成に置換
した場合と構成要件の一部を欠く場合とで区別すべ
き合理的理由はない」と述べた（ただし、均等侵害
の要件を満たさないとして否定した。）。なお、裁判所
による心証開示後に原告がなした別の請求項に基
づく侵害主張の追加に関し、裁判所は、訴えの追加
的変更に当たり、且つ時機に遅れたものとして却下
した。

[国境を跨ぐ侵害]

[15] 知財高判令5・5・26（令4(ネ)10046、特別部）
は、「サーバと、これとネットワークを介して接続

された複数の端末装置と、を備えるコメント配信シ
ステム」に係る特許権の侵害を認めた。裁判所は、
まず、システムの「生産」につき、「単独では当該
発明の全ての構成要件を充足しない複数の要素が、
ネットワークを介して接続することによって互いに
有機的な関係を持ち、全体として当該発明の全ての
構成要件を充足する機能を有するようになることに
よって、当該システムを新たに作り出す行為をいう」
と解釈した。そして、ユーザ端末がブラウザを用い
て被告のウェブページにアクセスし、一審被告の動
画配信用サーバ及びコメント配信用サーバとユーザ
端末とがインターネットを利用したネットワークを
介して接続され、ユーザ端末が必要なファイルを受
信することによって、本件発明の全ての構成要件を
充足する機能を備えた一審被告のシステムが新たに
作り出されるとした。そのうえで、一審被告のサー
バが米国に所在することと属地主義との関係につい
て、裁判所は、次のように述べた。「ネットワーク
型システムの発明に係る特許権を適切に保護する観
点から、ネットワーク型システムを新たに作り出す
行為が、特許法2条3項1号の『生産』に該当す
るか否かについては、当該システムを構成する要素の
一部であるサーバが国外に存在する場合であって
も、当該行為の具体的態様、当該システムを構成す
る各要素のうち国内に存在するものが当該発明にお
いて果たす機能・役割、当該システムの利用によっ
て当該発明の効果が得られる場所、その利用が当該
発明の特許権者の経済的利益に与える影響等を総合
考慮し、当該行為が我が国の領域内で行われたもの
とみることができるときは、特許法2条3項1号の
『生産』に該当すると解するのが相当である。」

[確認の利益]

[16] 知財高判令5・5・10（令4(ネ)10093、1部）
は、後発医薬品（「原告医薬品」）の製造販売承認申
請を行った後発医薬品メーカーが原告となり、特許
権（「本件各特許権」）を有する先発医薬品メーカー
を被告として、原告医薬品が本件各特許権の技術的
範囲に属さず本件各特許権に基づく差止請求権等が
存在しないことの確認を求めて提訴した事件に関
し、確認の利益を否定して、訴えを却下した一審判
決を維持したものである。裁判所は厚生労働省の通
達（「二課長通知」）に基づく運用によれば、原告医
薬品について製造販売承認を得るために確認判決が
必要であるとの控訴人（一審原告）の主張について、
次のように述べた。「仮に二課長通知等に基づく運

用によれば、本件各特許が存在するために原告医薬品の製造販売についての厚生労働大臣の承認がされないことが控訴人にとって問題であるとしても、そのことは、厚生労働大臣が医薬品医療機器等法14条3項に基づく原告医薬品の製造販売についての控訴人の承認申請を認めるかどうかという控訴人と厚生労働大臣（国）との間の公法上の紛争であって、そもそも控訴人と被控訴人らとの私人間の法律上の紛争であるということはできないし、かかる公法上の紛争については承認申請に対して不作為の違法確認の訴えの提起や厚生労働大臣等に対する不服申立て等の法的手段によって救済を求めるべきであるから、控訴人の有する権利又は法律的地位の危険又は不安を除去するため控訴人と被控訴人らとの間で本件訴訟において確認判決を得ることが必要かつ適切であると解することもできない。」

［侵害を認めた差止請求訴訟が確定した後の損害賠償請求訴訟における無効抗弁の取り扱い］

[17] 東京地判令5・2・16（令2(ワ)17104、40部）は、金融商品取引管理装置等に係る特許権の侵害に基づく損害賠償請求に関する。本件訴訟に先立ち、既に特許権侵害を認めた差止命令判決が確定済であった。このような経過を踏まえ、原告は、被告が侵害論を争うのは訴訟上の信義則に照らし許されない旨主張していたところ、当事者双方において、少なくとも充足論については争点としないことが確認され、弁論準備調書に記載された。他方特許無効の抗弁については、裁判所は、「前訴と後訴は、被告サーバが本件特許権を侵害することを請求の原因とする点において共通するものの、前訴と後訴は、飽くまで異なる訴訟物に基づく異なる訴えであるから、特許権侵害訴訟一般に当該後訴において無効主張が制限される運用が実務上定着していれば格別、被告提出に係る後訴に係る無効理由の提出時期に照らし、後訴における無効理由に係る主張は、時機に後れたものとはいえず、その内容を踏まえても、実質上の蒸し返しであるとして訴訟法上の信義則に反するものともいえず」、として審理を行ったうえで、無効抗弁を退けた。なお、損害額の算定に際しては、原告の完全子会社が発明を実施していたにもかかわらず、原告は実施していなかったことを理由として、特許法102条1項及び同条2項の適用又は類推適用を否定した。

［特許非侵害保証］

[18] 大阪地判令5・4・20（令2(ワ)7001、26部）は、原告と被告との間で被告が製造する商品に関する売買契約（「本件契約」）が締結されていたところ、当該商品が補助参加人の特許権に抵触するために原告が当該商品を被告から購入して顧客に販売することができなくなったとして、第三者の特許権との抵触について被告の負担と責任において処理解決する旨の本件契約における約定（「本件特約」）の債務不履行に基づき、原告が被告に対して損害賠償を求めた事案に関する。裁判所は、本件特約の違反を認めず、原告の請求を棄却した。「本件特約は、典型的には、原告会社が第三者から特許権侵害を理由に訴えを提起されて敗訴し、損害を被った場合の損失補償を規定したものと解されるが、……原告会社が第三者から被告が原告会社に販売した商品が特許権に抵触することを理由に侵害警告を受けたときについても、被告において、原告会社の求めに応じて、原告会社に商品に係る技術的な知見や特許権等の権利関係その他の必要な情報を提供し、原告会社が必要な情報の不足により敗訴し、又は交渉上不当に不利な状況となり、損害が発生することのないよう協力する義務を負うものと解される。他方で、本件特約上の対応義務は、あくまで原告会社に損害が発生することを防止すべき義務であるから、被告は、原告会社がその経営判断により自ら決定した対応に反してまで独自に特許権侵害を主張する第三者に訴訟提起等の対抗手段を講ずべき義務を負うものとは解されない。」「被告は、補助参加人からの特許権侵害主張に対して、原告会社に損失が発生しないよう取引を継続すべく、弁理士とも相談の上、対抗主張を検討し、原告会社のみならずその取引先とも対応を検討し、対抗主張をするに必要な情報の共有を行ったものであり、重要な情報の提供を怠ったとか、立証の見込みの乏しい情報を提供したとかといった事情は認められない。（原告の取引先が補助参加人と直接交渉した結果として当該商品の取引中止を決め、原告会社が販売継続を断念したのは）被告とは何ら関係のない原告会社としての経営判断の結果にすぎないことが明らかである。」

4　商標権

［単色商標］

[19] 知財高判令5・1・31（令4(行ケ)10089、4部）は、高級靴ブランド「クリスチャン・ルブタン」（原告）

による単色（靴底の赤色）に係る商標登録出願の拒絶査定維持審決を維持した判決である。「商標法3条2項の趣旨に照らせば、自由選択の必要性等に基づく公益性の要請が特に強いと認められる、単一の色彩のみからなる商標が同条同項の『使用をされた結果需要者が何人かの業務に係る商品又は役務であることを認識することができるもの』に当たるというためには、当該商標が使用をされた結果、特定人による当該商標の独占使用を認めることが公益性の例外として認められる程度の高度の自他商品識別力等を獲得していること（独占適応性）を要するものと解するべきである。」「本件アンケートは、東京都、大阪府、愛知県に居住し、特定のショッピングエリアでファッションアイテム又はグッズを購入し、ハイヒール靴を履く習慣のある20歳から50歳までの女性を対象としたものであるが、本件アンケート結果によると、……本願商標を原告ブランドであると想起した回答者は、……51.6%程度にとどまるものである。」「本願商標の構成態様は特異なものとはいえないこと、原告が取り扱う女性用ハイヒール靴の中敷きに『Christian Louboutin』（一部文字を図案化してなるもの）のロゴが付されており、これらの文字の表示から、原告の女性用ハイヒール靴の出所が認識され、又は認識され得ることは否定できないこと、原告以外の複数の事業者が本願商標の色彩と同系色である赤色を靴底に使用した女性用ハイヒール靴を販売していたこと等の諸事情に加え、本件アンケートの調査結果から推認される需要者における本件商標の認知度は限定的であることを総合考慮すると、本願商標は、前記……で示したような、公益性の例外として認められる程度の高度の自他商品識別力を獲得している（独占適応性がある）と認めることができないものであることは明らかである。」

[商標の類否]

[20] 知財高判令5・4・25（令4(行ケ)10121、4部）は、「Julius Tart」と「TART」（いずれも指定商品は眼鏡等）を非類似と判断した。「本件商標は、『Julius Tart』の欧文字（標準文字）を同書同大でまとまりよく一体的に構成されているものであり、『ジュリアス タート』とよどみなく称呼することが可能であるから、『Tart』を要部として抽出することはできず、本件商標は一体不可分の構成の商標としてみるのが相当である。」

[21] 知財高判令5・1・17（令4(行ケ)10078、4部）は、本件商標（「AROUSE」をデザインされた書体で記載したもの）と引用商標2（「Arouge」とリング状の図形からなるもの）との類似を認め、両者を非類似とした特許庁審決を取り消した。審決は、本件商標の称呼を「アロウズ」又は「アラウズ」と認定し、他方で引用商標2の称呼を同一商標権者の保有に係る引用商標1（「アルージェ」と「AROUGE」を2段に記載したもの）を参酌して「アルージェ」と認定し、両者の称呼が類似しないとしていた。これに対し、本判決は、本件商標の称呼を「アロウゼ」又は「アラウゼ」と認定し、他方で引用商標2の称呼を「アロウジェ」「アロウゲ」「アラウゲ」又は「アラウジェ」と認定し、両者は酷似すると判断した。「別個独立の商標についての称呼等の判断はそれぞれ個別に行われるべきであるし、商標法は、商標のみの移転を可能とし、同一の範囲のみならず類似の範囲まで商標権に排他的効力を付すなど、当該商標の商標権者の本来的使用範囲よりも広い範囲の効力を付しているから、その認定は需要者又は取引者を基準として客観的にされるべきものであり、同一商標権者が有する他の商標を参酌して、当該商標権者の意図にのみ従ってその認定をすることは相当ではない。」

[役務の類否]

[22] 知財高判令5・1・31（令4(行ケ)10090、4部）は、指定役務の類否について、商品及び役務の意義はその区分を参酌して確定すべきとしたうえで、原告の本願商標（「HEAVEN」）の指定役務（43類「ホストクラブにおける飲食物の提供又はこれに関する助言・相談若しくは情報の提供」）は、娯楽サービスの提供（接待）の面ではなく、飲食物の提供の面から検討するのが相当と述べ、引用商標（ターバンを巻いた青年、カレー及びナンからなる図柄並びにデザインされた「インドカレーヘブン」及び「Heaven」の文字からなるもの）の指定役務（43類「インドカレー・インド料理の提供」）と類似すると判断した。そして、本願商標と引用商標も類似するものとし、本願商標の登録拒絶査定を維持した審決を維持した。

[商標権侵害による無形損害の賠償]

[23] 東京地判令5・3・9（令3(ワ)22287、47部）は、「バーキン」及び「ケリー」の名称で知られる女性用バッグの形状に係る立体商標についての商標権の侵害を認め、商標権者の財産的損害のみならず、信用毀損による無形損害についても、賠償を命じた。

「原告は、高級ハンドバッグである原告商品の大半を、バーキンについては 100 万円以上、ケリーについては 50 万円以上という価格で販売している。他方、被告は、原告商品と形状において類似するものの、原告商品には使用されない安価な合成皮革等を用いて製作された被告商品を、1 個 1 万 5180 円で、百貨店の店舗や自社の運営する EC サイト等を通じて、……合計 398 個販売した。このような被告の行為は、高級ハンドバッグとしての原告商品及びこれを製造販売する原告のブランド価値すなわち信用を毀損するものであり、これによる原告の無形損害の額は 100 万円を下らない。」

[使用許諾終了後の在庫販売]

[24] 東京地判令 5・3・27（令 4(ワ)18610、29 部）は、商標使用許諾契約について合意解約がなされた後、解約日から 6 か月間は在庫商品（保管場所は香港）を販売するためにライセンシーによる商標の継続使用が認められていたところ、当該期間が経過した直後に当該ライセンシーが破産宣告を受けた事案に関する。ライセンシーの破産管財人は、正規に生産された商品であるから在庫品の販売は当該期間経過後も商標権侵害を構成しないと主張したが、裁判所は当該主張を退けた。

5 不正競争防止法

[周知商品等表示]

[25] 東京地判令 5・3・24（令 2(ワ)31524、29 部）は、「ドクターマーチン」の名称で知られる原告商品（靴）の形態に関し、特別顕著性を有する周知商品等表示と認め、被告による類似商品の販売差止等を命じた。「原告商品のウェルトステッチは、ウェルトには黒色、縫合糸には明るい黄色の組合せを使用し、かつ、ウェルトの表面に一つ一つの縫い目が比較的長い形状で露出しているものであるところ、原告が昭和 60 年に我が国において原告商品の販売を開始した後、少なくとも被告が被告商品 2 を販売した令和 2 年までの間において、原告商品のほかに、このような形態上の特徴を有する靴製品が販売されていたことを認めるに足りる証拠はな（く）、……他の同種商品とは異なる顕著な特徴を有していたものと認められる。」

[虚偽事実の告知]

[26] 大阪地判令 5・1・23（令 4(ワ)2188 等、26 部）は、「原告商品を模造した被告商品を販売している被告に対して販売の中止と損害賠償を求める訴えを提起した」旨の原告（反訴被告）によるウェブサイト等における摘示につき、「被告商品が原告商品を違法に模造したことを裏付ける証拠はないから、本件表示のうち、被告商品が原告商品を模造した違法なものであることを摘示する部分は『虚偽の事実』に該当するものと認めるのが相当である。」として、原告（反訴被告）に対して告知又は流布の差止及び削除を命じた。

6 その他

[パブリシティ権侵害に係る損害額の算定]

[27] 東京地判令 5・1・20（令 1(ワ)30204、29 部）は、パブリシティ権侵害に係る損害額の算定において、著作権法 114 条 3 項を類推適用し、肖像の使用料相当額に基づき損害額を算定した。著作権法 114 条 2 項の類推適用については、適用可能性を肯定したものの、本件においては、「被告による原告らのパブリシティ権を侵害する行為がなかったならば、原告らが利益を得られたであろうという事情が存在すると認めることはできないから、原告らの損害額の算定に当たり、著作権法 114 条 2 項を類推適用する基礎を欠く」とした。

[個人情報漏洩に係る慰謝料の額]

[28] 東京地判令 5・2・27（平 27(ワ)2236 等、7 部）は、通信教育事業等を営む被告 A に対して氏名、住所等の個人情報を提供した原告らが、被告 A 及びそのシステムの保守・運用業務に従事していた被告 B に対し、被告 B の 3 次委託先業者の従業員が上記個人情報を第三者に売却して外部に漏えいさせたことに関し、原告らのプライバシーが侵害され、精神的苦痛を被ったと主張して慰謝料を請求した事案に関する。裁判所は、被告 A 及び被告 B に対し、原告一人当たり 3300 円（精神的損害 3000 円及び弁護士費用相当額 300 円の合計）の支払いを命じた。

（しろやま・やすふみ）

民事判例25 2022年前期

現代民事判例研究会編

日本評論社

好評発売中 定価 3,080円(税込)

取引1 家賃債務保証業者の用いる無催告解除条項等に対する差止請求の成否（積極）

最一判令4・12・12
令3(受)987号　消費者契約法12条に基づく差止等請求事件
民集76巻7号1696頁、判タ1507号41頁
第一審：大阪地判令元・6・21判タ1475号156頁
原審：大阪高判令3・3・5判タ1500号88頁

山本　豊　京都大学名誉教授

現代民事判例研究会財産法部会取引パート

●——事実の概要

家賃債務保証業者Yは、「住み替えかんたんシステム保証契約書」を用いて、住宅の賃貸借契約（以下「原契約」といい、対象物件を「本件建物」という）に関し、賃借人が賃料債務等を連帯保証することをYに委託し、Yが賃貸人に対して当該賃料債務等を連帯保証するとの内容の契約を締結している。このうち、Y・賃借人間の契約部分は、消費者契約法（以下、単に「法」ということがある）2条3項にいう消費者契約に当たる。

法2条4項にいう適格消費者団体であるXは、Yに対し、本件契約書中の複数の条項が、法10条等に抵触していると主張して、法12条3項本文に基づき、当該条項を含む消費者契約の申込み又は承諾の意思表示の差止め、当該条項が印刷された契約書用紙の廃棄等を請求した。Xが差止請求の対象とした条項のうち、上告が受理され、本判決の審判の対象となったのは、以下に掲げる2つである。

条項①：Yは、賃借人が支払を怠った賃料等及び変動費の合計額が賃料3か月分以上に達したときは、無催告にて原契約を解除することができるものとする[1]。

条項②：Yは、㋐賃借人が賃料等の支払を2か月以上怠り、㋑Yが合理的な手段を尽くしても賃借人本人と連絡がとれない状況の下、㋒電気・ガス・水道の利用状況や郵便物の状況等から本件建物を相当期間利用していないものと認められ、かつ㋓本件建物を再び占有使用しない賃借人の意思が客観的に看取できる事情が存するときは、賃借人が明示的に異議を述べない限り、これをもって本件建物の明渡しがあったものとみなすことができる（以下、㋐〜㋓の要件を「本件4要件」という）。

原審判決（大阪高判令3・3・5判タ1500号88頁）

は、Xの請求をすべて斥けたので、Xが上告受理申立て。

●——判旨

一部破棄自判、一部上告棄却、一部上告却下
（以下の引用における「／」は改行を、〔　〕内は本稿筆者による注記を示す）。

1　条項①について

本判決は、条項①が法10条の要件を満たすかを判断する前提として、まず、それがいかなる内容を定める条項であるかを検討し、次のように述べた。「〔条項①〕は、無催告で原契約を解除できる場合について、単に『賃借人が支払を怠った賃料等の合計額が賃料3か月分以上に達したとき』と定めるにとどまり、その文言上、このほかには何ら限定を加えておらず、賃料債務等につき連帯保証債務が履行されたか否かによる区別もしていない上、Y自身が、本件訴訟において、連帯保証債務を履行した場合であっても、〔条項①〕に基づいて無催告で原契約を解除することができる旨を主張している（記録によれば、Yは、現にそのような取扱いをしていることがうかがわれる。）。これらに鑑みると、〔条項①〕は、所定の賃料等の支払の遅滞が生じさえすれば、賃料債務等につき連帯保証債務が履行されていない場合だけでなく、その履行がされたことにより、賃貸人との関係において賃借人の賃料債務等が消滅した場合であっても、……Yが原契約につき無催告で解除権を行使することができる旨を定めた条項であると解される。」

なお、原審判決が最一判昭43・11・21民集22巻12号2741頁（以下「最判昭43」という）を引用して条項の限定解釈をしたことに関しては、最判昭43は、「賃貸人が無催告で賃貸借契約を解除することができる旨を定めた特約条項について、賃料が約

定の期日に支払われず、そのため契約を解除するに当たり催告をしなくてもあながち不合理とは認められないような事情が存する場合に、無催告で解除権を行使することが許される旨を定めた約定であると解したものである」ところ、「〔条項①〕は、賃貸人ではなく、賃料債務等の連帯保証人であるYが原契約につき無催告で解除権を行使することができるとするものである上、連帯保証債務が履行されたことにより、賃貸人との関係において賃借人の賃料債務等が消滅した場合であっても、無催告で原契約を解除することができるとするものであるから、〔最判昭43〕が判示した上記特約条項とはおよそかけ離れた内容のもの」であり、「また、法12条3項本文に基づく差止請求の制度は、消費者と事業者との間の取引における同種の紛争の発生又は拡散を未然に防止し、もって消費者の利益を擁護することを目的とするものであるところ、上記差止請求の訴訟において、信義則、条理等を考慮して規範的な観点から契約の条項の文言を補う限定解釈をした場合には、解釈について疑義の生ずる不明確な条項が有効なものとして引き続き使用され、かえって消費者の利益を損なうおそれがあることに鑑みると、本件訴訟において……上記の限定解釈をすることは相当でない」と判示した。

その上で、本判決は、法10条の適用に関する検討に進み、条項①は、任意規定から乖離しており（法10条前段要件充足）、所定の賃料等の支払の遅滞が生じた場合、原契約の当事者でもないYがその一存で何らの限定なく原契約を無催告で解除できるとするものであるから、賃借人が重大な不利益を被るおそれがあるなど（法10条後段要件充足）と述べて、条項①が法10条の定める条項に該当すると結論付けた。

2　条項②について

条項②に関しても、まず、解釈が問題となるところ、本判決は、「原契約が終了している場合だけでなく、原契約が終了していない場合においても、本件4要件を満たすときは、賃借人が明示的に異議を述べない限り、Yが本件建物の明渡しがあったものとみなすことができる旨を定めた条項である」と解する一方、原契約を終了させる権限をYに付与する趣旨を含むものではないとした。

その上で、法10条の適用に関しては、「Yが、原契約が終了していない場合において、〔条項②〕に基づいて本件建物の明渡しがあったものとみなしたときは、賃借人は、本件建物に対する使用収益権が消滅していないのに、原契約の当事者でもないYの

一存で、その使用収益権が制限される」点で、条項②の任意規定からの乖離（前段要件の充足）を認めた。そして、「〔a〕このようなときには、賃借人は、本件建物に対する使用収益権が一方的に制限されることになる上、本件建物の明渡義務を負っていないにもかかわらず、賃貸人が賃借人に対して本件建物の明渡請求権を有し、これが法律に定める手続によることなく実現されたのと同様の状態に置かれるのであって、著しく不当というべきである。／〔b〕……〔条項②㊁の〕要件は、その内容が一義的に明らかでないため、賃借人は、いかなる場合に〔条項②〕の適用があるのかを的確に判断……できず、不利益を被るおそれがある。／〔c〕なお、〔条項②〕は、賃借人が明示的に異議を述べた場合には、Yが本件建物の明渡しがあったとみなすことができないものとしているが、賃借人が異議を述べる機会が確保されているわけではないから、賃借人の不利益を回避する手段として十分でない」と述べて、後段要件の充足も肯定し、条項②の法10条該当性を認めた。

●――研究

1　はじめに

不当条項使用等の差止請求制度が日本にはじめて導入されたのは、平成18年のことである（同年の消費者契約法改正による）。それから17年ほどを経て、契約条項の差止請求を認容した最高裁判決が現れた。差止訴訟における条項解釈のあり方など、理論的に注目に値する説示を含む重要判決である[2]。以下では、契約法の一般理論の観点から、若干の検討を試みる。

2　家賃債務保証業者による無催告解除条項
　（条項①）

（1）　原審判決における条項解釈（限定解釈）

条項①の法10条該当性に関し、本判決と原審では、結論を異にすることになった。両者の主要な違いは、論理的には、法10条適用の前提問題であるところの、条項解釈（条項内容の確定）のレベルで、生じていると考えられる。原審も、最高裁と同様の条項解釈を前提としたのならば、条項①の法10条該当性を認め、請求認容の結論に至った可能性が大きいと思われるのである。

この条項解釈の問題については、制定法（民法、消費者契約法等）の明文規定によって解決が示されているわけではない。差止訴訟における条項解釈に

ついていえば、それは、差止請求権制度の趣旨・法律効果を踏まえての解釈論に委ねられていると考えるべきである。

この点に関しては、従来の裁判例の展開において、条項差止訴訟における条項の合理的限定解釈の適否という論点が浮上しており、「法10条の該当性について、本件変更条項を限定解釈してはならないとする根拠も見い出せない」と言い放って包括的抽象的約款変更条項への差止請求を否定した東京高判平30・11・28判時2425号20頁が存在する一方で、「事業者を救済する（不当条項性を否定する）との方向で、消費者契約の条項に文言を補い限定解釈をするということは……極力控えるのが相当である」と述べてポータルサイトのサービス提供契約中の免責条項に対する差止請求を認めた東京高判令2・11・5裁判所HPが登場するという状況が生じていた。

このように裁判例の傾向が分かれる中で、本件原審判決は、本件条項は、賃借人が賃料等及び変動費の支払を賃料3箇月分以上怠り、これがため原契約を解除するに当たり催告をしなくてもあながち不合理とは認められないような事情が存する場合に限り、Yが無催告で解除権を行使することができる旨を定めた規定であると解した。これは、差止訴訟における条項限定解釈慎重論に一定の理解を示しつつも（原審判決は「差止請求制度の趣旨・目的に照らせば……条項の文言を基礎とした解釈が優先されるべきである」と述べる）、本件の問題場面においては、上記の限定解釈を行うことが、やはり相当であるとするものである。その理由としては、最判昭43の示す準則や信頼関係破壊に関する判例準則（最三判昭39・7・28民集18巻6号1220頁等）が存在しており、これらは賃貸借契約を規律する実体法規範の一部を成しているから、本件契約にも適用され、そのことは差止訴訟でも異ならないことが述べられている。

しかし、前記の判例準則が賃貸借契約を規律する実体法規範の一部を成していることがなぜ、問題の場面での限定解釈を正当化することになるのか（その論理的筋道）は、必ずしも明確ではない。この点に関し、判決登載誌のコメントでは、判例法理による無催告解除特約の限定的な解釈は、規範としての一般性ないし汎用性を有し、少なくとも裁判実務においては広く安定的に適用されていることを重視したもので、差止訴訟において、殊更に契約の内容を限定的に解釈し、法10条等への該当性をあえて否定するような解釈姿勢を是認する趣旨ではない旨、述べられている[3]。これによれば、挙げられている「解釈姿勢」に当たるかどうかが、差止訴訟における条項限定解釈の許否判断の基準であり、本件では、確立した判例準則を適用するだけであるから、限定解釈をしても問題はないというのが、原審判決の趣旨であるのかもしれない。

しかし、差止請求制度の趣旨からすると、むしろ、判例準則等の法的知識を必ずしも有しない標準的な消費者の目に限定文言を含まない条項がどのように映るか（その結果、裁判外の交渉やそもそも交渉に至る前の段階における消費者の行動・対応にどのような影響が及びうるか）ということが重要であり、それを基準にして、条項を解釈し、法10条等の規定を適用することを、基本とすべきではないかと思われる[4]。なお、これは、差止請求の場面であるがゆえに特殊な解釈手法を用いるべきであるとするものでは、必ずしもない（この解釈手法自体は、ごくオーソドックスなものである）。個別訴訟の場面で賃借人の利益保護のために採用されている限定解釈という手法（これは、「修正的解釈」と呼ばれることもあるように、契約解釈としては特殊な位置を占めるものである）を、効果の全く異なる差止請求の場面に機械的に適用することは、原則として控えるべきであることを述べるものにすぎない[5]。

（2）　本判決における条項解釈（限定解釈の否定）

本判決は、正当にも、本件における条項の限定解釈を否定した。その理由を本判決の説示中に探ると、①条項の文言が限定を加えていないことやYの本件訴訟での主張、②最判昭43の事案の条項とは、条項内容が異なること、③差止訴訟において限定解釈をした場合、不明確な条項が有効なものとして引き続き使用される結果となることの、3つを挙げることができる。このうち、①の条項文言は、問題のそもそもの前提とでもいうべきものであるし、Yの主張というのも結論を分かつ決め手とはならないように思われる（現に、Yは、本件訴訟で前述の限定解釈を主張しているが、本判決もそれを容れてはいない）[6]。それゆえ、本判決の内在的理解としては、②と③が相まって、本判決の条項解釈を支えていると解すべきことになる。また、②と③のいずれの観点から見ても、本判決は、最判昭43を変更するものではない。

もっとも、今後を展望するに当たっては、②と③が、内容的に見て、それぞれ独立・単独で、条項①の限定解釈否定の結論を導く潜在力を有することから、複数の展開可能性が想定される。仮に、②を重視して、最判昭43が扱った条項との違いを強調するならば、本件条項は、個別訴訟においても無効視されるべきかが、問われることになろう。

しかし、より一層射程が広く、根本的な観点は③である。③を重視すると、最判昭43の射程は差止請求事案に及ぶものではなく、賃貸人の（無限定の）無催告解除条項に対しても差止請求が是認されてよいと考えることになりそうである。たとえば、3か月の賃料等不払いがあれば賃貸人は無催告解除できる旨の条項に関しては、差止請求を否定する見解[7]も述べられているが、③の観点を貫くならば、当該条項に対しても、限定文言を欠く場合には、差止請求を否定する理由はないというべきであろう。

3 建物明渡擬制条項（条項②）

本判決は、原審判決を破棄して、請求を認容した。両者の相違を探ると、ここでも、まず、条項解釈のレベルで違いが生じている。

すなわち、原審判決は、条項②は、(a) 本件4要件を満たすことにより、賃借人が本件建物の使用を終了してその占有権が消滅しているものと認められる場合に、賃借人が明示的に異議を述べない限り、Yが本件建物の明渡しがあったものとみなすことができる旨を定めた条項であり[8]、(b) 原契約が継続している場合は、これを終了させる権限をYに付与する趣旨の条項であると解する。これに対し、本判決は、(a) の解釈中の、賃借人が建物使用を終了してその占有権が消滅しているものと認められる場合に関する条項であるとの部分は受容せずに、判旨の項で引用した解釈を示し、さらに、(b) を否定する。

その上で、法10条の事案への当てはめに関して

は、本判決は、原契約が終了していない場合にも条項②が適用されることに着目して、法10条該当性を肯定している。法10条後段要件の充足を認める理由としては、判旨の2で〔a〕〜〔c〕として示した3点を挙げるが、中でも、理論的に重要なインプリケーションをもつと思われるのは、〔b〕である。これは、条項を使用する事業者は、条項内容をできるだけ具体的かつ明確に記述し、要件と効果を、条項使用者に正当化できない裁量余地を残さず、なおかつ顧客である消費者がその権利・義務をできるだけ容易に認識できるように定めなければならないとの考え方[9]を背景にもつ説示とみることが可能であり、本判決は、この要請が、どの場面で、どの程度の強度をもって貫徹されるかについての事例判断を提供するものである。

条項①とは異なり、条項②に関する説示においては、差止請求の場面であることへの明示的言及はない。しかし、とりわけ〔b〕に関しては、差止訴訟であるからこそ、そうした観点が前面に出てきている可能性も否定できない。この構造の理論的解析・評価も、本判決が学説に投げかけている重要な検討課題の一つと言えよう。

（やまもと・ゆたか）

---

1) 本件契約書において、「賃料等」とは、賃料、管理費・共益費、駐車場使用料その他の本件契約書固定費欄記載の定額の金員をいい、「変動費」とは、光熱費などの月々によって変動することが予定されている費用をいうものとされている。
2) 本判決の評釈として、岡田愛・WLJ判例コラム282号1頁、中野邦保・法セ819号132頁、田中洋・法教511号135頁、小峯庸平・ジュリ1585号81頁、福島成洋・現代消費者法58号116頁（以上、2023年）などが公表されている。また、一審判決（大阪地判令元・6・21判タ1475号156頁）に関する評釈として、岡田愛・WLJ判例コラム188号1頁、山里盛文・日本不動産学会誌33巻3号87頁（以上、2019年）、石田剛・本誌20号54頁、岡本裕樹・リマークス61号26頁、谷本圭子・判評747号18頁、山里盛文・法と経営学研究所年報2号45頁（以上、2020年）、岩城円花・法学86巻3号（2022年）92頁など、原審判決に関する評釈として、岡田愛・WLJ判例コラム237号（2021年）1頁、中野邦保・本誌25号90頁、山本弘明・判評767号2頁、福島成洋・現代消費者法57号109頁（以上、2022年）、笠井正俊・リマークス66号（2023年）30頁などがある。
3) 判タ1500号90頁。
4) 標準的消費者の目から見ても、条項の意味や目的に照らし当該条項によってはカバーされていないと解するのが合理的な特殊ケースについて、文言上明示的に除外されていないことを理由として差止請求がされた場合には、当該条項はそのような例外的事態に適用されるものではないとして、請求が棄却されるべきであろう。
5) やや詳しくは、拙稿「判批（東京高判平成30・11・28）」現代消費者法48号（2020年）120頁以下、122頁以下。
6) なお、本判決は、条項の運用にも触れるが、この点については、拙稿「判批（東京高判令2・11・5）」本誌22号（2021年）92頁以下を参照。
7) 山野目章夫「不動産賃貸借の信頼関係破壊法理と消費者契約法に基づく差止請求権」『（後藤巻則先生古稀祝賀）民法・消費者法理論の展開』（弘文堂、2022年）19頁。
8) 石川博康「不動産賃貸借における残置物処理と自力救済」『（後藤巻則先生古稀祝賀）民法・消費者法理論の展開』（弘文堂、2022年）121頁以下は、残置物処理に焦点を当てた論稿であるが、本件原審判決にも言及し、物件に関する賃借人の占有権が消滅している場合にのみ適用されることが予定された条項であるとの原審の解釈を肯定的に評価する。
9) これは、従来、学説において、透明性原則として論じられてきた考え方に関係する。この点については、同様の傾向を示す近時の裁判例の論評である拙稿・前掲注6)92頁を参照。

取引｜2　建物リフォーム工事に係る建築請負契約の クーリングオフによる解除の可否

大阪地判令４・11・17
本訴：令和２年 (ワ) 第 7462 号──損害賠償等請求事件
反訴：令和２年 (ワ) 第 11281 号──請負代金等請求事件
金法 2211 号 38 頁

平林美紀　南山大学教授

現代民事判例研究会財産法部会取引パート

●──事実の概要

　X_1 と X_2 は、長男 X_3 と長女Ａを儲けた。X 夫妻は、Ａが小学校に入学する令和２年４月ごろまでの完成を目指して、X_2 の父母が居住する建物（以下「本件建物」という。）の２階部分のリフォームを企図し、平成 31 年２月上旬、ウェブ上のサービスを利用して紹介を受けた複数の業者に見積りを依頼した。その中の１社であった Y_2 株式会社により、リフォーム工事が設計・施工され、令和元年 11 月 15 日、X 家族は本件建物に入居した。ところが、同月 18 日、Ａが本件建物内で縊死する。本件建物のリフォーム工事において Y_1 株式会社製造の上げ下げロール網戸（以下「本件製品」という。）が設置されたところ、本件製品を操作するためのボールチェーン製のコードがＡの首に絡まって死亡したのである（以下「本件事故」という。）。

　X らは、① Y_1 に対しては製造物責任法３条に基づき、② Y_2 に対しては民法 715 条または 709 条に基づいて本件事故の損害賠償を求めるほか、③ X_1 が Y_2 に対し、特定商取引に関する法律に基づき、本件建物のリフォーム工事に関して締結された複数の契約（本件契約１〜５）をいずれもクーリングオフにより解除すると主張して、既払いの申込金 10 万円および遅延損害金の支払いを求めた（以上、本訴）。また、Y_2 は、X_1 に対する反訴で、本件建物のリフォーム工事に関する請負契約等に基づき、請負代金等合計 1947 万余円および遅延損害金の支払いを請求した。

●──判旨

　一部認容、一部棄却。

　大阪地裁は、本件製品の欠陥を認めず、Y_1 は製造物責任を負わないとした（本訴請求①棄却）。また、

Y_2 の被用者２名（本件製品の設置を含むリフォーム計画を作成したＢおよびその計画に基づき工事の施工を担当したＣ）には本件製品の誤用による縊頸という生命・身体に対する危険が現実化することのないよう配慮すべき義務があったことを認めつつ、本件建物の引渡しに際して、X らには本件製品の危険性が説明されたこと等を認定して、Y_2 の使用者責任等を否定した（本訴請求②棄却）。

　他方で、X_1 の本訴請求③は、法定書面の不交付を主たる理由に認容された（Y_2 の反訴棄却）。「本件契約１ないし３に関して、X_1 が X_2 を介して Y_2 から交付を受けた書面には役務の種類の記載があったということはできない。／……役務の種類は、正に契約の内容として契約を維持するか否かの判断に直接影響を及ぼす事項であり、重要な事項といえる。／また、契約１ないし３に係る契約書には、役務提供契約の解除に関する事項として、クーリングオフにより解除をすることができることに関する記載はある一方で、クーリングオフによる解除があった場合には、既に当該役務提供契約に基づき役務が提供されたときにおいても、役務提供事業者は、役務の提供を受ける者に対し、当該役務提供契約に係る役務対価その他の金銭の支払を受けることができないことや、当該役務提供契約に係る役務の提供に伴い役務の提供を受ける者の土地又は建物その他の工作物の現状が変更されたときは、役務の提供を受ける者は、当該役務提供事業者に対してその原状回復に必要な措置を無償で講ずることを請求することができること……に関する記載はなされていない……。／役務提供事業者からの役務の対価等の支払請求の可能性や役務が提供された後の原状回復に係る事情は、クーリングオフによる解除を選択した際の利害得失に関わるものとして契約を維持するか否かの判断に直接影響を及ぼす事項といえるか

ら、重要な事項といえる。／そうするとX_1が……Y_2から交付を受けた本件契約1ないし3にかかる契約書は、契約を維持するか否か判断する上で必要といえる重要な事項について記載が欠落していたといわざるを得ないから、X_1が、本件契約1ないし3に関して法定書面の交付を受けたとはいえない。／さらに、本件契約4及び5にかかる注文書にはクーリングオフに関する記載はなく……、ほかにX_1が、本件契約4及び5においてY_2からクーリングオフに関する記載のなされた書面の交付を受けた事実を認めるに足りる証拠はない。したがって、X_1が、本件契約4及び5に関して，法定書面の交付を受けたとは認められない。」

本件では、クーリングオフの可否を左右する争点が他にもあるが、それらに関する判示内容については、必要に応じて【研究】で紹介する。

●──研究

1　クーリングオフの効果および行使期間の制限

(1)　本件では、リフォーム工事の注文者X_1と請負人Y_2株式会社との間の本件契約1〜5がいずれも訪問販売であることを前提に[1]、X_1による特定商取引法9条1項に基づくクーリングオフの主張が認められた。通常、契約の解除は、当事者双方に原状回復義務を発生させ（民法545条1項）、損害賠償請求も妨げないが（同条4項）、クーリングオフには、「一言でいうと、消費者に負担が生じることなく契約前の状態に戻す効果が認められている」[2]。すなわち、役務を提供した事業者は、申込者等（消費者）に損害賠償または違約金の支払いを請求することができず（特商法9条3項）、役務の対価等の金銭の支払いを請求できないが（同条5項）、役務提供契約に関連して受領した金銭を速やかに返還する義務を負うだけでなく（同条6項）、役務提供に伴い消費者の土地・建物その他の工作物の原状が変更されたときは、消費者の請求があれば、無償で原状回復措置を講じなければならない（同条7項）。

これを本件に即して言えば、X_1は、既払いの申込金10万円[3]の返還を受ける一方、リフォーム工事の対価としてY_2から請求されている1947万余円の支払いをすることなく、リフォーム工事を済ませた本件建物に居住し続けることができる。法9条7項は「請求することができる」と定めているので、X_1には、Y_2に対して建物の原状回復を請求しない選択肢も与えられているからである。

(2)　このように、訪問販売を受けた消費者を徹底的に保護するのがクーリングオフの制度ではある

が、特商法5条に定められている記載事項を満たした書面（または4条の書面。以下「法定書面」という。）を消費者が受領した日から起算して8日を経過すると、もはやクーリングオフの権利を行使できなくなる。クーリングオフ期間の「拡張」や「延長」と表現されることもあるが、「「クーリング・オフをすることができなくなるまでの8日間の起算日が到来せず、クーリング・オフできる期間が継続することになる（すなわち、クーリング・オフをする権利が消費者側に留保されていることになる。）」[4]という説明が正確である。そこで、訪問販売を行った役務提供事業者としては、法定書面を交付してクーリングオフ期間をスタートさせ、8日間の経過を待って役務提供に着手すれば、本件でY_2に課せられることとなったような大きな負担を回避することが可能である。

ところが、この起算日となる法定書面の交付の有無をめぐり、しばしば争が生じる[5]。法定書面が全く交付されていない場合（書面不交付）だけでなく、交付された書面の記載事項に欠落がある場合（書面不備）も書面不交付と扱われるからである。

2　書面不備とクーリングオフ

(1)　本件では、書面に不備があったため、「8日間」が進行せず、役務提供（X_2の支払困難への対処として停止された一部の工事施工を除く）の完了から約3ヶ月後でも権利行使が認められた。これは書面交付時から約8ヶ月後のことなので、かなり長い印象を受けるかもしれないが、本件は決して特殊なケースではない。クーリングオフをめぐる裁判例を検討した論稿によれば、最長で3年5ヶ月を経過してからのクーリングオフを認めた例があり、8日間経過後から1年以下までのケースは研究対象とされた裁判例全体の6割近くを占めるとのことである[6]。

それでは、役務提供契約に関して法定書面性を満たすためには、何を記載しておくべきか。特商法4条1項によれば、「役務の種類」（1号）、「役務の対価」（2号）、「役務の対価の支払の時期及び方法」（3号）、「役務の提供時期」（4号）、そして、「第九条第一項の規定による……役務提供契約の解除に関する事項」（5号）、その他「主務省令で定める事項」（6号）を記す必要がある[7]。

(2)　本判決では、本件契約1に関し、「契約書」だけでなく、併せて交付された「価格書」の記載内容が法定事項に対応しているかどうかが検討され、結論として「役務の種類」（1号）の記載に不備があるとされた。認定事実によれば、部屋ごとの工事内容の記載はあったようであるが、「壁ビニールク

ロス（500番台）」や「設備：2階流し台新設」といった程度では具体性を欠くこと、本件事故のきっかけとなった上げ下げロール網戸（本件製品）に関する記載もないことが問題視された形である。

ちなみに、比較的近い時期の裁判例で、塗装工事の請負契約に関するケースでは、「役務の種類」について、「当該……役務が特定できる事項をいい、……その内容が複雑な……役務については、その属性に鑑み、記載可能なものをできるだけ詳細に記載する必要がある」との一般論の下、本件よりは詳細に思える記載でも書面不備であるとの判断が示されている[8]。また、給湯管更新工事の請負契約に関するクーリングオフの主張を認めた判決でも、当該書面では「提供される役務の内容や数量を具体的に認識することはできない。また、……役務の対価としても『金額￥1000000』との記載しかなく、それが提供される役務や資材を特定することができるように具体的な工事内容の内訳がされ、それとの対応関係がないものであって、提供される役務の内容や資材との対応関係を具体的に認識することができない。また、……代金の支払期日について『当日』との記載しかなく、それが具体的に何時なのかは定かではない……」と幾つもの不備が指摘された[9]。

こうした判決から窺われるのは、役務提供の過程で使用しまたは設置する材料や設備に関しては、その名称や品番、数量、単価を記載しなければならないということである。役務提供事業者から提供される見積書や契約書にしばしば見られる「材工共」や「○○工事一式」といった記載では足りないのはもちろんのこと、工事の場所ごとの記載であっても、材料や設備のグレード等のみが示された抽象的な記載でも足りないと言えるであろう。

（3）本件では、「役務の種類」の記載以外にも不備が指摘された。それは、「役務提供契約の解除に関する事項」（5号）の不備である。クーリングオフによる解除の効果として、請負代金の支払いが不要になることや、役務提供の結果を除去する等の原状回復措置を無償で求める権利が消費者にあることなどの記載を欠いていたのである。

ただ、本件契約1〜3に関しては、受領した金銭の返還等、5号所定の事項の一部が記載されていた。なぜそのような中途半端な記載になってしまったのか、法定事項を取捨選択して記載する合理的理由は見出し難い。顧客ごと、役務提供の内容ごとに記載を変える必要もないのであるから、「役務の種類」の記載で求められるような契約内容の詳細化・具体化にかけるコストよりも格段に低いコストで対応で

きるはずで、業界団体によるひな形も示されている[10]。そうしたことから、おそらくY₂の特商法に関する理解不足が原因と思われる。

しかし、これはY₂だけのことであろうか。請負契約でクーリングオフが問題となった比較的最近のケースでは、特商法施行規則5条3項が定める日本工業規格Z8305に規定する8ポイント（2.811ミリメートル）に満たない大きさの文字（2.3ミリメートル程度）の使用が問題となり、法定書面性が否定された[11]。Y₂に限らず、業界全体として、クーリングオフ制度に関する総点検が必要ではないかと思われる。

3　クーリングオフと権利濫用

（1）本件では、X₁のクーリングオフによる解除権の行使が権利濫用に当たるか否かも争われた。この点につき本判決は、「クーリングオフによる解除は、……役務提供を受ける者の動機を一切問わないものであるから、法律上クーリングオフによる解除が可能である場合には、その解除は基本的には正当な権利行使である」という原則論を示す。また、クーリングオフの結果、X家族がリフォームされた住居を無償で手に入れられるという「事態が生じるのは、……特商法の規定が存在するためであって、Y₂の被る不利益は法の予定していないものとはいえない上、Y₂としては、X₁に対して特商法の規定に沿った法定書面を交付していれば、X₁がクーリングオフによる解除権を行使することができる期間を制限することができ、その期間経過後に役務の提供を行うことで役務提供後に本件契約1ないし5が解除されるという事態を回避することができたにもかかわらず、……法定書面の交付を怠ったのであるから、……Y₂に不当な不利益が課されるとは評価し難い」とする。

クーリングオフ制度の仕組みと、それに沿った不利益回避行動を取らなかった事業者の落ち度を指摘する裁判例はほかにもある[12]。そもそも、特商法71条では、法4条や5条等の規定に反して、書面を交付せず、またはこれらの規定に規定する事項が記載されていない書面もしくは虚偽の記載のある書面を交付するという「違反行為をした者は、六月以下の懲役又は百万円以下の罰金に処し、又はこれを併科する」とされている。適正な法定書面の交付が刑罰をもって義務付けられている以上、役務提供事業者等には厳しい判断とならざるを得ないであろう。

それでは、クーリングオフによる解除権の行使が権利濫用になる余地は一切ないのか。本判決では、

X夫妻が契約締結までの間に「相応の検討時間を有していた」こと、「本件事故の発生前までに、X夫妻がY₂に対して本件建物のリフォーム工事の施工内容に関する不満等を伝えたような事情は証拠上うかがわれ」ないこと、さらには「X₁は、本件契約1ないし5に基づき代金を支払う意思を示していたと認められる」ことも認定されているが、「これらの点のみでは、X₁において、クーリングオフによる解除権を行使することはないという信頼をY₂に対して生じさせるほどの具体的な言動があったとは認め難い」とする。他方で、「X夫妻が、本件契約1ないし5を締結するに当たって、クーリングオフの制度を悪用して本件建物のリフォーム工事代金の支払をあえて免れようとするなどの不当な目的を有していたことを認めるに足りる証拠はない」ことにも言及する。したがって、適法な法定書面を受領していないことを奇貨として、クーリングオフ制度を悪用して不当な利益を得ようとする場合ぐらいしか、権利濫用が認められる余地はないと考えられる。Y₂とX夫妻との取引だけが書面不備のまま契約締結に至ったのであればともかく、Y₂において書面不備の契約締結が常態化しているとすれば、本判決の内容を知ったY₂の過去の顧客がクーリングオフの権利を行使しないとも限らない。本判決は、そのような「悪用」には釘を刺したと考えられよう。

（2） 以上、本判決では「書面の不備」によりY₂の主張は悉く斥けられた。紙数の制約から扱うことのできなかった争点として、「請求訪問販売」（26条6項1号）該当性の問題もあるが、この点に関し

ても、書面の不備を理由に、Y₂の主張は排された。

本件は、Aの死亡という不幸な事故を発端としており、「大岡裁き」[13]の結論自体には筆者も反対しない。しかしながら、形式的な書面不備に依拠した立論に若干の懸念が残る。本件では契約が5つに分けられているのに、本件契約1および2以外については契約締結に至る状況が詳細には検討されていないからである。特に本件契約4および5は、役務の内容が抽象的で、かつ、クーリングオフの記載さえないという書面の不備があったが、予算の許す範囲でのカップボードや照明器具が設置されれば良いという趣旨の合意で、本体工事たる本件契約1の追加工事として当事者間で認識されていた可能性も拭えない。また、これらの契約は、リフォーム工事が一定程度進んでいたであろう平成31年8月24日および10月19日に締結されていることからすると、Xらの契約締結意思は、本件申込書に署名をした6月10日や、本件契約1および2を締結した同年6月29日とは、その熟度において大きな違いがあって、本件建物で契約が締結された意味をさらに探る必要があると考える。

本件契約1〜5のすべてをクーリングオフの対象としてよいのか、今後の高裁の判断を見守りたい。

（ひらばやし・みき）

---

1) 「営業所以外の場所」（特商法2条1項）においてなされる契約締結や契約の申込みによりなされる取引であることが訪問販売の要件の一つである。本件で問題となった5つの役務提供契約は、内外部工事（本件契約1）、塗装工事（同2）、エクステリア工事（同3）、カップボード工事（同4）、照明器具物販（と銘打たれているが、照明器具の取り付けを含む請負工事の一つと認定された。）（同5）で、いずれも本件建物において、X₂がX₁の名で署名・捺印し、後日、X₁がこれを追認するという形で締結された。
2) 園山茂夫『詳解 特定商取引法の理論と実務〔第4版〕』（民事法研究会、2018年）226頁。
3) X₂は、平成31年6月10日、リフォーム計画の相談をしてきたY₂の従業員Bの案内で、水回り等の設備機器を扱う企業のショールームを訪れ、その際、Bから本件建築申込書を提示されて署名・捺印し、同月19日、X₁がこれを追認して申込金10万円をY₂に支払った。判決は、本件建築申込書の記載等を検討して、この10万円は、本件契約1の締結により本件契約1の対価に充当されたとした。
4) 「特定商取引法に関する法律等の施行について」（通達〔令和5年4月21日付〕）（https://www.no-trouble.caa.go.jp/pdf/20230411a02_00.pdf）18頁参照。
5) 池本誠司「契約書面の記載不備とクーリング・オフの行使期間」廣瀬久和＝河上正二編『消費者法判例百選』（有斐閣、2010年）114頁以下参照。
6) 齋藤雅弘「クーリング・オフの時間的拡張——特定商取引法における書面不備法理の展開」小野秀誠ほか編『民事法の現代的課題——松本恒雄先生還暦記念』（商事法務、2012年）122頁参照。
7) 省令5条には、役務提供事業者の氏名又は名称、住所及び電話番号並びに法人にあつては代表者の氏名（1号）や締結を担当した者の氏名（2号）などを含めて9号にわたり掲げられている。
8) 大阪地判平30・9・27消費者法ニュース118号257頁（LEX/DB 25562391）。
9) 東京地判平28・4・8判例集未登載（LEX/DB 25534680）。
10) さしあたり、一般社団法人住宅リフォーム推進協議会による「住宅リフォーム工事標準契約書」（https://www.j-reform.com/publish/pdf_shosiki/uke-R4.pdf）参照。
11) 東京地判平31・4・25判例集未登載（LEX/DB 25559898）。
12) 齋藤・前掲注6）140頁以下参照。
13) 2023年7月29日に開催された第27回現代民事判例研究会（財産法部会）における加藤雅信名誉教授のコメントである。

不動産　建築設計契約における予算の位置付け

東京地判令3・7・30
平成30(ワ)16228・(ワ)29709
設計業務報酬請求事件・損害賠償請求事件
判タ 1504 号 179 頁

堀田親臣　広島大学教授

現代民事判例研究会財産法部会不動産パート

●——事案の概要

　Y（不動産の賃貸業等を目的とする株式会社）は、その代表者Aと母Bの共有地上に賃貸用の旧建物を所有していたが、その老朽化及びA・B間での将来的な相続税対策を考慮して、その建替事業（以下、本事業）を計画し、訴外Z（不動産の売買、賃貸、管理等を目的とする株式会社）との間で、コンサルタント契約を締結した。Zは、本事業に関し、設計・監理者の選定のためのプロポーザルを主催し、X（建築等の企画・設計監理等を目的とする株式会社）が設計者に選定された[1]。

　X・Y間（実際にはZ（の担当者）を含む）での本事業に関する基本設計業務委託契約（以下、本契約）の締結に至る過程については、概ね以下の事実が認められている。①実施要領に「総事業費約20億円」と明記される一方、（業務委託料に関して）総事業費の増額があり得ることを前提とするようにも解し得る記載のあること、②「…総事業費と建物規模の乖離の件は、問題ない」、「総事業費20億円に無理に合わせる必要はないが、30億円超はオーナーにとって高いかもしれない」といったZ（の担当者）による発言、③Xによる2つの概算工事費の提示（約20億円案（地下1階地上9階）と約29億円案（地下1階地上14階）（共に税込み、坪単価95万円））、④本契約の契約書等に建替後の建物の規模等に関する記載（RC地上9階、地下1階等）がある一方、総事業費を約20億円とするなど工事費に関する事項を設計与条件とする記載はなく、Yらにおいてそのような求めの形跡もないこと、⑤基本設計業務のみが契約の目的とされたことである（本契約締結の翌月頃に前払い報酬480万円の授受あり。また、契約締結後の変更合意に関する認定もあり[2]）。

　その後、X、Y及びZは、本契約に基づく基本設計等に係る概算工事費について調整を行ったが（X

からの概算工事費を23億円程度とする提案を含む[3]）、合意には至らず、Yが、本契約に定められた解除条項に基づき、本契約を解除した。

　以上を前提に、Xが、Yに対し、その債務の本旨に従った履行をしたと主張して（本契約には、解除に伴う割合報酬に関する定めもあり）、同契約に基づく報酬残金2266万円余り等の支払いを求めて訴え（本訴）を提起したのに対し、Yが、同契約では、工事費の見込額がYの設定した予算内となるよう基本設計業務をするとの合意がされていたところ、Xによるその工事費の見込額が上記予算を超過しており、履行期間内にXが債務の本旨に従って基本設計業務を完了しなかったことから、同契約を解除し、それに伴う原状回復請求として既払い報酬相当額480万円等、及び債務不履行による損害賠償請求として2746万円余り等の支払いを求めて訴え（反訴）を提起した。

●——判旨

本訴：Xの請求一部認容、反訴：Yの請求棄却（控訴後、和解）。

　(1)　本事業の予算と本契約の内容

　本判決は、本件の事情等の下で、まず、本契約では、「概算工事費を約20億円の予算に収めることを確定的な設計与条件とした」との事実を認めるには足りないと判示する一方、「建物の建築に関し、工事費として用いることのできる予算の総額が重要な要素の1つであることは明らか」であり、Xにとっても、「そのような予算の額は、設計業務の遂行に当たって十分に注意を払うべき事項である」とし、本契約に関しては、概算工事費（予算）につき「税込み約20億円」ないし「坪単価95万円×延床面積約2182坪」（単純計算で約20億7000万円。消費税相当額込みで22億3000万円余り）が目安になるとの認定の下、Xにおいては、本契約上、「これらの目安に留意し

つつ設計業務をすべき義務を負っていたものと解するのが相当」と判示した。

(2) XのYに対する報酬請求の可否

本判決は、本契約の内容、基本設計図書の提出に至る当事者間でのやりとり、本設計図書の記載内容及び弁論の全趣旨に照らし、その基本設計の内容は、本事業による建替後の建物の客観的な性能、仕様、用途等の点からして、本契約で求められる水準を十分に満たすと認定する一方で、概算工事費（予算）との関係では、まず、基本設計図書の提出の過程でYから示された要望につき、「本件契約に関して示されていた概算工事費の目安とY側の種々の要望とを十分に調整した上で設計業務をすることが、本件契約に基づく基本設計業務の内容をなすものとして求められていた」とし、しかし、本件では、Xにおいて、「Y側から要望された項目につき、それを満たすためにどの程度の工事費の増加が見込まれるかを個別に説明したことはそれほど多くなく、また、全体の概算工事費については、本件基本設計図書をZに送付するまで示していなかったもの」とする。その上で、基本設計図書で示された概算工事費が、現行案30億円余り、VE・CD案27億円余り、本件解除前までに示された減額案で最も概算工事費を押さえたもので約22億9000万円（以上、いずれの額も税別）であったことから、「上記の概算工事費の目安とは未だ億単位の開きがあったもの」であり、「Xにおいては、上記の概算工事費の目安に留意しつつ設計業務をすべき本件契約上の義務を履行したものとはいえない」とした。

以上のことから、本判決は、本契約の契約条項27条1項に基づくYによる本契約の解除を有効（少なくとも、1号及び4号所定の事由あり＝Xの責めに帰すべき事由による債務不履行、又は契約を維持することが不相当）とした上で、本契約では、契約の解除に伴う報酬についての条項（28条）が定められていたことから、同条項に基づき、Xが「契約が解除されるまでの間、債務の本旨に従って履行した割合」を5割と認め、それに対する各割合報酬として1373万2200円、それから既払い報酬の480万円を差し引いた893万円2200円について、Xの請求を認めた[4]。

●――研究

1 問題の所在

まず、本判決は、事業者間で基本設計についてのみ業務委託契約が締結された事案であることに注意を要する。その上で、本事案では、X・Y間で、主に、

①基本設計契約におけるX（設計者）の設計業務（債務）と予算との関係（予算を超過した設計と債務不履行）、②Yによる本契約の解除の可否、及び③Xによる本契約上の債務の履行と報酬請求の可否が争われている。以下では、紙幅の関係上、①を中心に考察する。

（建築）設計契約は、建築主が（建築士等の）設計者に対し建物の設計業務を委託する契約である。「設計」等については、建築士法に定義規定（同法2条参照）があり、同契約の内容には、設計者（建築士）が、その責任において、設計図書を作成することが含まれることになる。このことから、設計者が、同契約に基づき、設計図書を作成する（債務の履行）にあたり、予算がどのような意義を有するかが問題となる。

東京地裁民事第22部（本判決も）の整理[5]によると、設計者の設計作業の手順として、設計者は、(i)建築予定地上の建築法令に基づく条件を前提として、(ii)建築主の要求を整理し、これを実現する提案、説明及び協議等をして、(iii)建築主が決定した設計与条件に基づき、建築方針を策定し、設計図書を作成することになる。この作業との関係で、予算を超過した設計が債務不履行になるかどうかが問題となる。その際、予算超過による債務不履行は、(1)契約時における工事予算額の合意内容、(2)設計業務期間における協議の内容、経過、(3)予算超過の程度、建築主の資力、見積額の減額の可能性等を総合的に考慮して判断される。以上のことを踏まえ、従来の下級審裁判例の動向を次項で確認する。

2 従来の裁判例の動向[6]

(1) 契約締結時の予算合意

第22民事部による整理では、工事予算は、設計に関する標準業務で、建築設計時の設計条件のうち、設計与条件に分類される[7]。裁判例でも、その枠内に工事費の見積額を収めるという意味での予算合意の成否が争われるが、そのような合意の成立が認められる事例は多いわけではない（本判決も認めず。詳細は(3)(a)参照）。そこで、上記意味での予算合意の成立が認められない場合の予算の取扱いが問題となる。

予算超過とは、要は、「契約当初の予算額＜建築設計に基づいて具体化した工事費の見積額」であり、設計契約の中でこの両者の「額」の関係をどうみるかが問題となる。予算額は、建築主が負担可能な額を設定するのであり、前述の予算合意の成否に関係なく、設計者の設計業務において、どの程度の超過かを計る基準となる。近時の裁判例では、前述の予

算合意の成立が認められなくても、本判決と同様、設計者に「予算額の目安に留意しつつ設計業務をすべき設計契約上の義務」のあることを明示するものが増えつつある[8]。

この予算超過は、設計者による建築設計の具体化の作業の中で、建築主の各種要望等が設計案に反映されることによって生じてくることが多い（詳細は次項(2)参照）。

(2) 設計業務期間における協議の内容、経過

(a) 建築主の各種要望と予算超過

各裁判例の事案をみると、設計業務期間中の打合せの中で、建築主が様々な要望を出した結果、予算超過になった例は多く、また、建築主の求める建物自体が特殊なものである場合も、建築コストが上昇する傾向にある[9]。設計契約では、建築主が建物の建築を望み、それを設計者の設計を通じて具体化し、施工業者に建築工事を行わせることが目的であることから、建築主が要望を出すこと自体は問題ではないが[10]、（当初）予算の超過が生じた場合、設計者は、前述の「設計契約上の義務」との関係から、必要な対応を求められる。

(b) 予算超過に対する設計者の対応

各裁判例では、予算超過に対する対応として、設計者は、建築主の要望とそれに伴う費用増加の説明、減額案の提示、施工業者との減額交渉等（まとめて「調整」）をする必要がある。この「調整」が済んでいない状況では、設計業務が未了（設計図書完成前の予算超過＝設計業務の履行の一過程）と評価される[11]。

そこで、各裁判例の判示内容をまとめてみると、設計者は、「建築主の要望等の聴取→それを反映した設計原案・見積り＝予算超過→必要な調整」をすることとなり、この必要な「調整」の内容として、設計契約上、設計者が予算超過を抑えるために何をなすべきかが問題になる（具体的内容は次項(3)参照）。

(3) 必要な調整の内容

予算超過による設計者の契約上の債務の不履行に関しては、結局、予算の枠内に如何に工事費の見積額を減額するかの検討が重要となる。従来の裁判例では、この検討の中で、予算超過の程度や建築主の資力等も考慮される。ここで、まず注意を要するのは、建築主の要望等を反映して作成した設計案とそれに基づく工事費の見積額が、契約当初の予算額を超過するからといって、直ちにそれが設計契約の本

旨に従った設計がされていないことを意味するわけではないこと、そして、この予算超過は、その後の必要な「調整」の要否を示す判断要素の1つと考えられることである。以下、予算超過がいかなる場合に設計者の債務不履行となるかについて、裁判例の動向をみることにする。

(a) 予算合意の成否と債務不履行

（設計与条件としての）予算合意が認められる場合、最終的に当該予算の超過があれば設計者の債務不履行（設計図書の瑕疵）が認定されることになる[12]。これに対し、そのような予算合意の成立が認められない場合は、予算額は、前述したとおり「目安」としての意義を有し、超過額が大きいほど、設計者が設計契約上なすべき対応の必要性・内容が増大することになる[13]（詳細は次項(b)(c)参照。なお、建築主の要望等による費用増大の場合、調整をする必要がある一方で、無理な要望の場合は、設計者の債務自体（したがって、その不履行も）が否定されることがあることにも注意[14]）。

(b) 予算超過の程度と債務不履行

従来からの議論だけでなく、当事者の主張でも、予算額に対する「割合」が一定程度注目されてきた[15]。ただ、すでに指摘のあるとおり、経済的、社会的状況の変化等を考慮して考えると、本件がそうであるように、予算超過による債務不履行の判断については、建築主の資力の兼ね合いもあり、「割合」だけでなく、「超過額」も、債務の本旨履行の有無との関係で重要視されることに注意する必要がある[16]。

(c) 超過を押さえるための措置等と債務不履行

予算超過の要因が、建築主側の要望にある場合、まず、建築主の側で、予算の増額が可能であるかが問われることになろう。これは、建築主の資力に関わる問題であり、特に自らの（追加）要望等に対し相応の負担をすることは、ある意味当然のこととともいえる。他方で、設計者の側では、まず、建築主との間で、予算超過の要因（例えば、建築主の要望等とそれに伴う費用増大の具体的内容）の説明、また、減額の提案（必要に応じ、建物の仕様、規模、資材等の変更可能性を含む）が求められる。次に、施工業者との間では、工事費用の減額交渉等が求められる[17]（これらの対応が未了の場合の評価は、(2)(b)参照）。

3 まとめと今後の課題

以上の考察から、設計契約における設計者の設計業務については、設計者の債務の履行との関係で、①建築主は要望等を出して、それで終わりではなく、

②設計者も、建築主への説明、減額案等の提示、③施工業者との間での減額交渉等が求められることになる。本事案では、主に前記②に関し、概算工事費（予算）の目安とY側の各種要望とを十分に調整した上での設計業務の履行が認められなかったものである（その他詳細は判旨(2)参照）。

なお、近時の裁判例では、建築需要の増加に伴う価格高騰問題の取扱いも争点となる。本判決では、価格高騰についても、XのYに対する説明・調整の内容に含めた判断がされているが、今後、このような設計業務期間における価格高騰の問題を設計契約との関係でどのように位置付けていくかも考えていく必要があろう[18]。

（ほった・ちかおみ）

---

1) 本来は、基本設計、実施設計、監理業務等のすべての業務を一括して契約する予定であったが、本事業の収支につき慎重な検討が求められていたことから、X側より実施設計の着手前の段階で事業計画の是非を判断する期間（1ヶ月）を設ける説明がされ、この基本設計期間の延長に連動して、基本設計業務のみが本契約の対象業務となった。

2) 認定の概要は、⑥打合せ時に、Zが、Xに対し、賃料収入確保のために付加価値のある建物設計を求める中で工事費を坪単価95万円とする旨述べる一方、計画の工事費は20億円程度を想定しているが、見直しの検討も考えられ、3つの案（「14階建て」という大幅な予算増を想定しうる案を含む）を示す等していたこと、⑦別の打合せ時に、個人での20億円の投資が大変との認識をY側がXに持って欲しい旨述べたこと、⑧変更委託契約書にも、元の契約書等と同様、工事費に関する設計与条件としての記載はなく、Yらにおいてそのような求めの形跡もないことである。

3) 調整の過程で、Xは、建築費の見積額を予算内に収めることに不安を感じ、訴外Cに確認しながら作業を進めることとした（Zも了承）。Cは、Xの設計案での見積額（26億2600万円）を提示すると共に、C独自案での見積額（20億8100万円）も提示。Xとの本契約解除後、YはCとの間で企画設計監理業務委託契約、続けて工事請負契約を締結。

4) 本件では、各割合報酬に関する定めが置かれていたことから、本契約の法的性質の一般論について議論する実益なしとして、判示せず。設計契約の法的性質は、従来から議論があり、先行研究も多いが、松本克美ほか編『専門訴訟講座② 建築訴訟〔第3版〕』（民事法研究会、2022年）68頁以下〔花立文子担当執筆〕にとどめる。

5) 同部は建築訴訟の専門部で、その裁判官による論考は複数あるが、本稿では、主に、田中一彦ほか「建築訴訟の審理モデル～設計・監理の債務不履行・不法行為編～」判タ1490号（2022年）5頁以下、特に11頁以下を参考とした。

6) 本稿では、[1]千葉地佐原支判昭47・2・8（判時679号57頁）、[2]高松高判昭48・8・8（判時722号72頁）、[3]東京地判平17・12・19（2005WLJPCA12190011）、[4]東京高判平21・4・23（2009WLJPCA04236007、1審：東京地判平20・10・31（2008WLJPCA10318021）、上告不受理）、[5]東京地判平24・2・10（LEX/DB25491837）、[6]東京地判平24・3・27（LEX/DB25492805）、[7]大阪地判平24・12・5（判タ1391号218頁）、[8]東京地判平28・12・27（LEX/DB25550137）、[9]東京地判令3・3・24（LEX/DB25588447、実際は予算超過なし）、[10]東京地判令3・4・8（2021WLJPCA04088007）、[11]東京地判令3・7・16（LEX/DB25589837）、[12]東京地判令3・9・10（LEX/DB25601335）、[13]広島高判令4・3・17（LEX/DB25592292、1審：広島地尾道支判令3・5・27（LEX/DB25592293））をとりあげた。

7) 田中ほか・前注5) 11頁。この理解との関係で、日本建築学会編『建築紛争ハンドブック』（丸善出版、2003年）4頁以下も設計者（建築士）が設計業務をどのように進めていくかを知る上で有用である。

8) [10]も同旨判断を下す。複数の先行研究でも同様の指摘あり（ここでは、小久保孝雄＝徳岡由美子編著『リーガル・プログレッシブ・シリーズ 建築訴訟』（青林書院、2015年）339-340頁〔溝口優担当執筆〕を挙げるにとどめる）。

9) 建築主の要望等による予算超過事案としては、[3][6][8][10]がある（なお、[6]の事案は、計画の頓挫した別の建築士との間で設定した予算額をある意味建築主が一方的に提示し、契約締結前の相談の時点で、すでに高額の仕様となる建物の設計を依頼したという事情もあり）。また、建物自体が特殊な事案としては、[2][7][11]がある。

10) この点、裁判例でも、基本的には、「委託者の注文に従った設計」（[6]）、「被告の要望を反映した設計を行うことが予定されている」（[7]）といった判断が下されている（[12]も基本同旨）。

11) 予算超過のため減額の検討等必要な調整を経ていない設計（案）について、設計業務が完了しているとはいえない旨判示するものとして、[5][7][10]がある（[10]では、予算額を1億2000万円超過しているような場合であっても、依然、設計者による調整の可能性を前提とした判断が下されている（合意解約による設計業務の中途での終了事案））。

12) 予算合意の成立を認める裁判例としては、[3][13]がある（ただし、[13]の事案は、自治体（市）による公園のリニューアル事業のための設計であり、予算との関係で「公金」がかかわるという事情があることに注意）。[3]では、3900万円が予算の上限であったとの認定の下、工事費の見積額が最低でも4926万円であったことから、設計者に設計変更等の必要性があったにもかかわらず、それをしなかったことから、設計に瑕疵ありと認定。

13) 合意の成立を認めないものとしては、[5][7][10]がある。なお、[4]は、設計者が建築主の予算を確認していなかったという事案についての判断であり、このような事案もある（ただし、工事予定額について4500万円と明記されていたことは認定し、この予定額との関係で、実施設計図の完成時の減額案でも1000万円以上予定額を上回っていたことから、予算を確認することなく設計業務を行った設計者について債務不履行を認定（1審・控訴審も））。

14) [6][11]がこれに関係する（ただし、[11]は、実施設計のみを委託された事案で、予算超過の要因が基本設計の段階で検討されるべき事項である場合に、実施設計の設計者は原則それら事項について説明すべき義務を負わない旨判示）。[6]では、「委託者のどのような希望までも予算内に収める義務」までは負わないと判示（基本同旨[7]）。

15) 例えば、予算額の2割前後の超過であれば許容される等と述べられてきた（[12]の建築主も、2割以内の超過であれば許容する旨主張）。先行研究がよく参照する[1]は1500万円の予算に対し780万円の超過、[2]が1億円の予算に対し3900万円の超過であるが、各裁判例は、設計契約の特殊性も考慮して、「何ら不思議ではない」[1]。ただし、見積もりの注文事案）、「幾分超過」「通例」「当事者の意思に反した結果であるとは認めがたい」[2]と判示する。

16) [1][2]を参考にすると、かつては、予算額の2～3割前後の超過は許容されるとの評価も十分に考えられるが、本判決では、予算額20億円の1割が2億円であるところ、「未だ億単位の開きがある」と判示された。これに関する重要な文献として、大森文彦『新・建築家の法律学入門』（大成出版社、2012年）があり、45頁以下も参照のこと。

17) 本判決がそうであるように、基本同様の判断枠組みを示すものとして、[5][7][10][12]がある。

18) 他の裁判例では、事案の相違等も考慮する必要はあるが、「設計者が責めを負うべき事由ではない」と判示するもの（[10]）がある一方で、「建築主も予見すべき」と判示するもの（[12]）もある。

不法行為 1 人格権に基づくツイッター上の記事について削除請求を認めた事例

最二判令4・6・24
令2(受)1442号 投稿記事削除請求事件
民集76巻5号1170頁、判タ1507号49頁
第一審：東京地判令元・10・11
原審：東京高判令2・6・29判タ1477号44頁

加藤雅之 日本大学教授

現代民事判例研究会財産法部会不法行為パート

●——事実の概要

2012年4月、Xは旅館の女性用浴場の脱衣所に侵入したとの被疑事実で逮捕され、同年5月に建造物侵入罪により罰金刑に処せられた。

Xが上記被疑事実で逮捕された事実（以下「本件事実」）は、逮捕当日に報道され、その記事が複数の報道機関のウェブサイトに掲載された。同日、Yが運営するツイッター（当時の名称、現在は「X」）上の氏名不詳者らのアカウントにおいて、上記報道記事の一部を転載する複数の投稿がされた。これらは、Xの実名が示された上記の報道記事の一部を転載して本件事実を摘示するものであり、転載元の報道記事のウェブページへのリンクが設定されていた。なお、転載元の報道機関のウェブサイト上では、本件各ツイートに転載された報道記事はいずれも既に削除されていた。一方、ツイッターには、利用者の入力した条件に合致するツイートを検索する機能が備えられており、利用者がXの氏名を条件としてツイートを検索すると、検索結果として本件各ツイートが表示され、閲覧することができる状態になっていた。

Xは逮捕の時点では会社員であったが、その後、その父が営む事業の手伝いをするなどして生活している。また、Xは、上記逮捕の数年後に婚姻したが、配偶者に対して本件事実を伝えていない。

以上の事実に基づき、逮捕から約8年後、Xは本件各ツイートにより、Xのプライバシーに属する事実をみだりに公表されない利益等が侵害されていると主張して、Yに対して、人格権ないし人格的利益に基づき、本件各ツイートの削除を求めた。

第一審は、本件事実を公表されない法的利益が本件各ツイートを一般の閲覧に供し続ける理由に優越するとして、Xの請求を認容した。これに対し、原審は、削除請求を認めるためには、本件事実を公表されない法的利益と本件各ツイートを一般の閲覧に供し続ける理由に関する諸事情を比較衡量した結果、前者が優越することが明らかな場合に限られるとした上で、本件においては前者が優越することが明らかであるとはいえないとして、Xの請求を棄却した。

Xより上告受理申立て。Xには、原審の判断は最三決平29・1・31民集71巻1号63頁（グーグル投稿結果削除請求事件）の基準によっている点について、検索エンジンであるグーグルを対象とした規範を、検索エンジンでないウェブサイトに適用することが誤りであるなどと主張した。

●——判旨

破棄自判

「個人のプライバシーに属する事実をみだりに公表されない利益は、法的保護の対象となるというべきであり、このような人格的価値を侵害された者は、人格権に基づき、加害者に対し、現に行われている侵害行為を排除し、又は将来生ずべき侵害を予防するため、侵害行為の差止めを求めることができるものと解される。」

「ツイッターが、その利用者に対し、情報発信の場やツイートの中から必要な情報を入手する手段を提供するなどしていることを踏まえると、Xが、本件各ツイートによりXのプライバシーが侵害されたとして、ツイッターを運営して本件各ツイートを一般の閲覧に供し続けるYに対し、人格権に基づき、本件各ツイートの削除を求めることができるか否かは、本件事実の性質及び内容、本件各ツイートによって本件事実が伝達される範囲とXが被る具体的被害

の程度、Xの社会的地位や影響力、本件各ツイートの目的や意義、本件各ツイートがされた時の社会的状況とその後の変化など、Xの本件事実を公表されない法的利益と本件各ツイートを一般の閲覧に供し続ける理由に関する諸事情を比較衡量して判断すべきもので、その結果、Xの本件事実を公表されない法的利益が本件各ツイートを一般の閲覧に供し続ける理由に優越する場合には、本件各ツイートの削除を求めることができるものと解するのが相当である。原審は、XがYに対して本件各ツイートの削除を求めることができるのは、Xの本件事実を公表されない法的利益が優越することが明らかな場合に限られるとするが、Yがツイッターの利用者に提供しているサービスの内容やツイッターの利用の実態等を考慮しても、そのように解することはできない。」

「本件事実は、他人にみだりに知られたくないXのプライバシーに関する事実である」が、「本件各ツイートがされた時点においては、公共の利害に関する事実であった」。「しかし、Xの逮捕から原審の口頭弁論終結時まで約8年が経過し、Xが受けた刑の言い渡しはその効力を失っており」、「本件各ツイートに転載された報道記事も既に削除されていることなどからすれば、本件事実の公共の利害との関わりの程度は小さくなってきている。」

「また、本件ツイートは、」「ツイッターの利用者に対して本件事実を速報することを目的としてされたものとうかがわれ、長期間にわたって閲覧され続けることを想定してされたものであるとは認め難い。」「本件事実を知らないXと面識のある者に本件事実が伝達される可能性が小さいとはいえない。」またXは、「公的立場にある者ではない。」

「以上の諸事情に照らすと、Xの本件事実を公表されない法的利益が本件各ツイートを一般の閲覧に供し続ける理由に優越するものと認めるのが相当である。したがって、Xは、Yに対し、本件各ツイートの削除を求めることができる。」

●——研究

1　本判決の意義

本判決は、インターネット上の記事によりプライバシーを侵害された者がその記事の削除（差止め）を求めることができるか、という問題について、その根拠として「人格権」に基づくことを明示し削除を認めた初めての最高裁の判断である。すでに、検索事業者に対する削除請求に関する先例（最三決平29・1・31民集71巻1号63頁）が、プライバシーに

属する事実を含む記事等の削除を求めることができる旨を認めたものの、同決定は差止めの根拠を明示していなかった。

また、投稿記事の差止めを認める基準に関して、結論として検索結果の削除を認めなかった最三決平成29年とは異なる基準により削除を認めた点においても意義を有する。

2　プライバシーによる差止めに関する先例
(1)　前科等に関わる事実とプライバシー

著作物において前科等に関わる事実が公表されたことによる不法行為の成否について、最三判平6・2・8民集48巻2号149頁（ノンフィクション「逆転」事件）は、事実を公表されない利益と公表を受忍すべき事情を比較衡量する判断基準を示した（ただし、同判決はこうした事実を「プライバシー」と明言していない）。

同判決は、みだりに前科等にかかわる事実を公表されないことは法的保護に値する利益であり、「前科等にかかわる事実の公表によって、新しく形成している社会生活の平穏を害されその更正を妨げられない利益」があるとして、前科等にかかわる事実を公表されない法的利益がこれを著作物で公表する必要性に優越する場合は、その公表によって被った精神的苦痛の賠償を求めることができるとした。

プライバシー侵害の違法性判断については、事実を公表されない法的利益とこれを公表する理由とを比較衡量し、前者が後者に優越する場合に違法性を認めるのが判例の立場といえる（例として、少年事件に関する実名報道に関する最二判平15・3・14民集57巻3号229頁）。

こうした利益の比較衡量による判断の場面では、プライバシーと表現の自由の対立という文脈で語られ、表現の自由の優越性を重視する考え方がある一方、表現の自由がプライバシーに対して優越するものではないという見解もある[1]。

(2)　プライバシーに基づく差止め

プライバシーに基づく差止め（出版の差止め）を認めた判決として、最三判平14・9・24判時1802号60頁（「石に泳ぐ魚」事件）がある（もっとも、同判決は原審判決を容認したものであり、最高裁としての基準を示すものとは言い難い）。

同判決は、差止めの可否はプライバシー侵害によって受ける不利益と侵害行為を差し止める不利益とを比較衡量により決せられるとし、「侵害行為が明らかに予想され、それによって被害者が重大な損

失を受けるおそれがあり、かつ、その回復を事後に図るのが不可能ないし著しく困難になると認められるときは」差止めが認められるとした。

差止めの根拠およびその可否については、権利的構成（人格権）を出発点としつつ、侵害行為の態様についての評価を加えて差止めの可否を判断していると理解されている[2]。

3　削除請求の判断基準
——最三決平成29年との関係を中心に

(1)　最三決平成29年（グーグル事件）

プライバシー侵害に基づく差止めについて、最高裁としての基準を定立したものが、インターネット上の検索事業者に対する検索結果の削除を求めた事案に関する前掲最決平成29年である。

同決定は、児童買春をしたとの被疑事実に基づき逮捕されたＸが、検索エンジン事業者（グーグル）に対して、検索結果の削除を求めた仮処分申立てに関するものである。仮処分申立ての時点において、グーグル上でＸが居住する県名とＸの氏名を用いて検索すると、上記逮捕事実を示す記事が表示されたことから、Ｘが人格権に基づいて検索結果の削除を求めた。

最高裁は検索結果の削除を認める判断基準を以下のように示す。

「検索結果の提供は検索事業者自身による表現行為という側面を有する」ものであり、「検索事業者による検索結果の提供は、現代社会においてインターネット上の情報流通の基盤として大きな役割を果たしている。そして、検索事業者による特定の検索結果の提供行為が違法とされ、その削除を余儀なくされるということは、……表現行為の制約であることはもとより、検索結果の提供を通じて果たされている上記役割に対する制約でもある」とする。その上で、検索結果の提供行為が違法性となるか否かの判断基準については、「当該事実を公表されない法的利益と当該URL等情報を検索結果として提供する理由に関する諸事情を比較衡量して判断すべきもので、その結果、当該事実を公表されない法的利益が優越することが明らかな場合には、検索事業者に対し、当該URL等情報を検索結果から削除することを求めることができるものと解するのが相当である」とした。

こうした判断基準を提示した上で、このケースにおいては、児童買春が社会的に強い非難の対象とされ、「今なお公共の利害に関する事項」であることや、検索結果は居住する県の名称と氏名を条件とした場合のものであることなどから、「本件事実が伝達する範囲はある程度限られたもの」であるなどの諸事情に照らして、公表されない法的利益が優越することが明らかであるとはいえない」とした（結論として削除を否定）。

同決定は、プライバシー侵害に基づく削除請求について、公表されない利益が公表する理由に優越するだけではなく、優越することが「明らか」であることを必要としている（「明白性」ないし「明らか」要件）。そこで、学説においては、前科等に関わる事実を公表されない利益が優越することで不法行為の成立を認めた前掲最判平成6年などこれまでの判例との関係が問題となった。

明白性要件が求められる根拠については、検索事業者の役割の重要性に基づくと解する見解、プライバシーに基づく差止請求であることに基づくと解する見解、また仮処分が問題になった事案である点によるとする見解があった[3]。一方、この問題について、本件の原審は明白性を要求していたが、本判決はこれを要求していない。そこで、本判決の裁判経過において、明白性がどのように位置づけられていたかを検討しよう。

(2)　明白性要件の要否

本判決第1審は明白性を要求していないが、その判断の根拠となっているのが、グーグルとツイッターの相違である。一審判決は、ツイッターには、「グーグル等の検索事業者による検索結果の提供のような表現行為という側面は認められない」、「ツイッター自体はインターネット上のウェブサイトの一つにすぎず、これがグーグル等の検索事業者による検索結果の提供のように、インターネットを利用する者にとって必要不可欠な情報流通の基盤となっているとまではいえない」ことを根拠に明白性の要件を必要としなかった。

このように「情報流通の基盤」であるか否かによって明白性要件の必要性が異なることになるものであり、こうした立場によれば、明白性の要件はプライバシーに基づく差止めの一般的な要件ではなく、情報流通の基盤という役割に基づく加重要件であると位置づけることができよう[4]。

これに対して、原審は「ツイッターは、その検索機能と併せて、現代社会においてインターネット上の情報流通の基盤として大きな役割を果たしているということができる」として、「比較衡量の結果、当該事実を公表されない法的利益が優越することが明らかな場合に限られる」として明白性を要求した

のである。

　もっとも、原審判決においても、ツイッターとグーグルのインターネット上の役割の相違にも言及されており、「ツイッターの検索機能の利用頻度は、グーグルなど一般的な検索事業者の提供する検索機能ほどには高くないことは、公知の事実である」としている（ただし、このことは、本件逮捕の事実が伝達される範囲はある程度限られ、具体的被害を被る可能性が低下していることを理由に削除請求を否定する根拠とされている）。

（3）　本判決の検討

　これに対して、本判決はツイッターのサービスの内容や利用の実態等を考慮しても、明白性の要件を求めることは妥当でないとして、最三決平成29年の基準を採用せずに、差止請求についてもプライバシー侵害による不法行為の成否と同様の判断基準によっている。

　本判決は、グーグルとツイッターのインターネット上の情報流通の基盤としての役割について、明確に比較検討をするものではないが、判示事項からはツイッターの性質（字数制限の下での事実摘示という速報的な役割）を考慮して、グーグル事件と異なる判断を示していると理解することができる。一方で、削除を求める側の事情である犯罪に関する事実について、二つの判断において大きな差異はないように思われる。本判決はあくまで事例判決であり、ツイッターの投稿一般に対する規範を示すものではないが、グーグルとの違いに着目するのであれば明白性が要求される場面は限られよう。

　付言すれば、最決29年に対して、明白性要件がインターネット上の情報流通の基盤であることに基づくものであると理解することはオフラインでは明白性が要求されないこととの関係で疑問も提起されていたことも踏まえると本判決の立場は妥当であるといえよう[5]。

4　残された問題

（1）　インターネット上の投稿の特殊性

　本判決においては、ツイッターの機能等からの検討がされているものの、判断枠組みは基本的に出版物によるプライバシー侵害の先例を踏襲しているが、この点は妥当であろうか。

　インターネット上の情報は、ひとたび発信されれば、検索エンジンで簡単に検索されていつまでもアクセス可能となるため、情報に対する実効的なアクセス制限措置を求める社会的なニーズが高まっていることが指摘されている[6]。いわゆる「忘れられる権利」をめぐる議論もこうした問題意識に基づくものである。本判決においてもこの点をより考慮してもよかったのではないかと思われる。

（2）　プライバシーと「更正を妨げられない利益」の関係

　最高裁は、平成29年決定および本判決において、問題となった前科に関する事実をプライバシーに属する事実としている。もっとも、前科に関する事実は逮捕時には報道がなされているのであり、これをプライバシーに属する事実として、他の個人情報と同様に扱うことは妥当であろうか[7]。二つの最高裁の判断はいずれも、最判平成6年が示す「更正を妨げられない利益」を保護法益とすることをあえて明示していないように思える。更正を妨げられない利益は、情報の半永続性を特徴とするインターネットにおいては特に保護の必要性が高いとも考えられる。また、かかる利益を保護法益とすることは、その効果として更正を妨げる行為に対する積極的な救済を認める余地もあるように思われる。このように考えると、更正を妨げられない利益をプライバシーとの関係でいかに位置づけるかなお検討が必要であろう。

（かとう・まさゆき）

---

1)　プライバシーは、もともと社会が関心を持つことが許されないとされる事柄について認められるものであり、定義上、他人がそれに関する事実に関心をもち、それを無断で公表することは許されないとする。山本敬三「前科の公表によるプライバシー侵害と表現の自由」民商116巻4＝5号636頁（1997年）。
2)　前田陽一「プライバシー侵害の差止めの要件に関する覚書」『社会の発展と民法学　近江幸治先生古稀記念論集』633頁以下（成文堂、2019年）。
3)　村田健介「プライヴァシー侵害による差止請求権と『忘れられる権利』」岡法67巻2号40頁（2017年）など。
4)　栗田昌裕「本件原審判批」判評751号21頁（2021年）。
5)　大塚直「検索事業者に対する削除請求決定（最決平29・1・31民集71巻1号63頁）に関する考察」Law and Technology84号39頁（2019年）。
6)　宍戸常寿、門口正人、山口いつ子「鼎談　インターネットにおける表現の自由とプライバシー」ジュリ1484号5頁（2015年）。
7)　木村和成「本件原審判批」新・判例解説Watch28号90頁（2021年）。

不法行為 2　建材メーカーの建物解体業者に対する警告表示義務の成否

最二判令 4・6・3
令 2(受)1125 号、令 3(受)1126 号、損害賠償請求事件
集民 268 号 1 頁、判時 2543 号 = 2544 号 55 頁、
判タ 1504 号 99 頁
第一審：横浜地判平 29・10・24
原審：東京高判令 2・8・28 判時 2468 = 2469 号 15 頁

永下泰之　上智大学教授
現代民事判例研究会財産法部会不法行為パート

●——事実の概要

本件は、建物の解体作業等に従事した後に石綿肺、肺がん等の石綿（アスベスト）関連疾患にり患した者またはその承継人であるＸらが、建材メーカーであるＹらに対し、当該疾患へのり患は、Ｙらが、石綿含有建材を製造販売するに当たり、当該建材が使用される建物の解体作業等に従事する者に対し、当該建材から生ずる粉じんにばく露すると石綿関連疾患にり患する危険があること等（以下、「本件警告情報」という。）を表示すべき義務を負っていたにもかかわらず、その義務を履行しなかったことによるものであるなどと主張して、不法行為等に基づく損害賠償を求めた事案である。本件でＸらは、Ｙらは、石綿含有建材に関する危険の内容及びその回避方法を、新築・改修工事における石綿含有建材の新規使用の場面や補修・解体工事における同建材の撤去と廃棄に向けてのプロセスの全般にわたり、成形板や吹付け材等、建材ごとの形状の特性に応じた方法によって、建築作業従事者に確実に到達する態様で警告する義務を負っており、「労働安全衛生法第 57 条に基づく表示の具体的記載方法について」（昭和 50 年基発第 170 号）は石綿粉じんばく露の回避の実効性を欠くものであって、Ｙらがこれに従った表示を行ったとしても、上記の警告義務を尽くしたとはいえないと主張したところ、Ｙらは、解体作業従事者との関係では、たとえ警告表示をしたとしても、警告表示による結果回避可能性はない等として争った。

第一審および原審は、Ｙらは、解体工事作業従事者を含む建築作業従事者に対して、本件警告情報を表示する義務を負っていたとして警告表示義務違反を認め、Ｘらの不法行為に基づく損害賠償請求を一部認容した。これに対して、Ｙらが上告受理申立てを行った。

●——判旨

一部破棄差戻、一部破棄自判

「石綿含有建材の中には、吹付け材のように当該建材自体に本件警告情報を記載することが困難なものがある上、その記載をしたとしても、加工等により当該記載が失われたり、他の建材、壁紙等と一体となるなどしてその視認が困難な状態となったりすることがあり得る。また、建物において石綿含有建材が使用される部位や態様は様々であるから、本件警告情報を記載したシール等を当該建材が使用された部分に貼付することが困難な場合がある上、その貼付がされたとしても、当該シール等の経年劣化等により本件警告情報の判読が困難な状態となることがあり得る。本件警告情報を記載した注意書及びその交付を求める文書を石綿含有建材に添付したとしても、当該建材が使用された建物の解体までには長期間を経るのが通常であり、その間に当該注意書の紛失等の事情が生じ得るのであって、当該注意書が解体作業従事者に提示される蓋然性が高いとはいえない。そして、Ｙらは、建材メーカーであり、上記の貼付又は交付等の実現を確保することはできない。これらに照らせば、原審の説示する上記の方法は、いずれも解体作業従事者が石綿粉じんにばく露する危険を回避するための本件警告情報の表示方法として実現性又は実効性に乏しいものというべきであり、Ｙらが石綿含有建材を製造販売するに当たり、ほかに実効性等の高い表示方法があったということもできない。／加えて、Ｙらは、その製造販売した石綿含有建材が使用された建物の解体に関与し得る立場になく、建物の解体作業は、当該建物の解体を実施する事業者等において、当該建物の解体の時点での状況等を踏まえ、あらかじめ職業上の知見等に基づき安全性を確保するための調査をした上で必要な対策をとって行われるべきものということが

できる」として、Ｙらは解体作業従事者に対する本件警告情報を表示すべき義務を負わないものと判示した。

●──研究

1 本判決の意義

一連の建設アスベスト損害賠償請求訴訟では、建材メーカーらは、流通した建材が、建物が解体されるまでに長期にわたり作業従事者らを重篤な石綿関連疾患にり患させる危険に晒すので、石綿関連疾患に関する医学的知見が確立していない段階においても、作業従事者らに被害が発生しないように、アスベスト粉塵一般の危険性の予見可能性がある場合には、常に最高の知識、技術水準に基づく調査義務を尽くして、被害発生を回避する義務を負う、または少なくとも製造販売につき警告表示義務を負う、また予見可能性が認められる時期として、遅くとも昭和30年代には、アスベストの危険性を現実に認識し、建材の加工作業の危険を容易に認識することが可能であったと主張されていた。同訴訟では、建材メーカーの一般的な警告表示義務を認め、建設作業員や配管工などに対する義務違反が成立する可能性は認められていたものの、地裁・高裁レベルでは、解体作業従事者に対しては警告表示義務は発生しないものとされていた。ところが、本判決の原審は、警告表示義務を初めて肯定した。そのため、高裁レベルでの判断が分かれる状況になった。

本判決は、原審が説示する方法では、解体作業従事者が石綿粉じんに暴露する危険性を回避するための本件警告情報の表示方法として実現性または実効性に乏しいなどとして、建材メーカーは警告表示義務を負っていたということはできないと判断した。これにより、最高裁として、建材メーカーの解体作業従事者に対する警告表示義務に関する判断がなされたものである。

2 裁判例および学説の状況

(1) 最一判令3・5・17における判断内容

令和3年5月17日、最高裁は、一連の建築アスベスト訴訟について、国および建材メーカーらの責任を認める判決を言い渡した（最一判令3・5・17民集75巻5号1359頁。以下、「令和3年判決」という）。当該事件では、建築作業従事者に対する警告表示義務について、次の通り判断されている。

令和3年判決の原審（東京高判平29・10・27民集75巻5号1882頁〔神奈川1陣判決〕）では、一般的な建築作業従事者に対する警告表示義務は認められたものの、解体作業従事者との関係では、①石綿含有建材の出荷から補修・解体による撤去・廃棄まで長期間が経過することから、これらの作業者に実効性のある警告をするのは困難であること、②通達（昭和61年基安発第34号、昭和63年基発第200号）や平成7年改正後の安衛則、特化則にあるように、補修・解体工事を行う事業者において石綿含有建材の使用状況を調査した上で必要な対策を採るのが実際的であることから、石綿建材メーカーは出荷時に警告表示義務を負わないとされた。

これに対し、令和3年判決は、「石綿含有建材の製造販売をする者が、建物の工事において、当該建材を建物に取り付ける作業等のような当該建材を最初に使用する際の作業に従事する者に対する義務として、当該建材が石綿を含有しており、当該建材から生ずる粉じんを吸入すると石綿肺、肺がん、中皮腫等の重篤な石綿関連疾患を発症する危険があること等を当該建材に表示する義務を負う場合、当該義務は、上記の者に対する関係においてのみ負担するものではなく、当該建材が一旦使用された後に当該工事において当該建材に配線や配管のため穴を開ける作業等をする者に対する関係においても負担するものと解するのが相当である」と判示した。この令和3年判決では、「建物を最初に使用する際の作業に従事する者」、「建物が一旦使用された後に当該工事において当該建材に配線や配管のために穴を開ける作業等をする者」に対する警告表示義務の違反が認められたものの、解体作業従事者との関係での言及はなされなかったため、解体作業従事者も警告表示義務の対象となるかについては、なお検討の余地が残されることとなった。

(2) 建築アスベスト訴訟の地裁・高裁における
警告表示義務について

令和3年判決原審は、出荷から長期間が経過したことから実効性のある警告をするのが困難であることや補修・解体作業従事者が必要な対策を取るのが実際的であるとして、解体作業従事者に対しては表示警告義務を負わないとしている。そして、以下に見るように、本件第一審・原審を除く地裁・高裁レベルでは、一貫して解体作業従事者に対する警告表示義務の発生自体が否定されている。

大阪高判平30・8・31判時2404号3頁〔京都一陣判決〕は、一般的な警告表示義務を認めつつも、解体作業従事者との関係では、建材メーカーの警告表示を直接視認することがないうえ、現場監督らからの指揮監督により、警告表示の内容が伝達されることも期待できず、また、新規施工時に危険性の継続（解体工事）も念頭においた警告表示を行うこと

は非現実的であるから、警告表示による結果回避可能性がなく、警告表示義務自体が存在しないとした。

また、大阪高判平30・9・20判時2404号240頁〔大阪一陣判決〕でも、警告表示義務は、製品を製造販売する際の付随義務であり、建物完成後の改修・解体時における危険性の伝達は、購入者以降の者に託されているとみるのが相当であり、改修・解体工事における建築作業従事者の石綿粉じんばく露からの保護は、改修・解体作業従事者が行う対策によって図られていることが予定されていると見るべきであるとして、建材メーカーは警告表示義務を負わない旨が判断されているほか、福岡高判令和元年11月11日〔九州一陣判決〕でも、警告表示義務は、「新築工事に関与するすべての建築作業従事者」に対して負担するものであるが、改修・解体作業従事者に対して負うものではないとされている。

以上の地裁・高裁における解体作業従事者に対する警告表示義務については、次のようにまとめることができよう。すなわち、新規施工時においては、警告表示の内容が現場監督者を通じて作業従事者に伝達されて健康被害を回避することが期待できるが、改修・解体工事に際して健康被害を回避できる警告表示をすることは困難で非現実的であり、むしろ、改修・解体工事を行う事業者に健康被害を回避する安全対策を執ることが委ねられている、と。

(3) 学説の反応

解体作業従事者に対する警告表示義務については、これまでほとんど検討されてこなかったものの、渡邉知行により建材メーカーの警告表示義務について包括的な検討が行われている[1]。渡邉は、建築アスベスト訴訟における表示警告義務につき、製造物責任法における医薬品の副作用についての情報提供責任を参照して、以下の通り検討する。

警告表示義務の相手方の範囲につき、「建材メーカーらは、生命・身体を侵害する危険のある建材を製造販売して利益を得るのであるから、最大限の安全対策を執って健康被害を回避する義務を負うものと解すべきである。製造販売した建材が建使用された建物などは、将来的に改修・解体されること、さらに、施工時から解体工事までには建物の耐用期間を考慮すれば長期間が経過することも予定されている。改修・解体工事を行う事業者が施工業者との取引関係などがなく、建材に関する情報が伝達されることを期待できないことも多いと思われる。建材を製造販売したメーカーが廃業している可能性もある。このような状況にも対応できるように、建材メーカーが、アスベスト含有建材メーカーを製造販売する場合に

は、新規施工時にも備えて警告表示をする義務を負うにとどまらず、改修・解体工事の安全対策にも対応できるように、建材の流通経路を把握して建物などに使用された記録を保存し、建設業界などを通じて実際に改修・解体工事を行う事業者に情報が伝達できるようにする義務を負うものと解される（下線筆者）」[2]。

以上の見解は、上記地裁・高裁が指摘したように、解体作業従事者へ建材に関する情報が伝達されない可能性が高いことを前提に、警告表示義務の内容として、解体作業従事者に対する警告情報につき、警告表示にかかる体制を構築しておく義務をも包含するものだと解することができよう。

3　本判決の検討

709条における「過失」とは、予見可能性の有無および結果回避可能性の有無が問題となるところ、本件警告表示義務については、後者の結果回避可能性の有無が争点となっていたところ、本件は、①解体作業従事者が危険を回避するための警告表示の方法として実現性または実効性に乏しいことがYらに結果回避可能性がないことから警告表示義務自体を負担しないことの理由とされている。また併せて、②建材メーカーが解体に関与しうる立場にないことから、解体作業従事者自身が必要な対策を講ずべきことも、Yらの警告表示義務の負担を否定する理由とされている。

(1) 警告表示の方法として実現性または実効性に乏しいこと

既に述べたように、本件最高裁は、Yらの結果回避可能性を否定した理由として、原審説示の方法での解体作業従事者に対する警告表示が実現性または実効性に乏しいことを指摘するが、これは警告表示義務の発生を否定する根拠として十分といえるだろうか。この点では、より実効性の高い表示方法が存在する限りは、建材メーカーの警告表示義務は発生しうるものと解される[3]。原審の説示する方法とは、「個々の石綿含有建材自体に警告表示をする方法のほか、施工完了部位に貼付する警告表示材料（ラベルや表示シールなど）と、これを貼付するよう新築工事の施工者に依頼する文書とを建材に添付する方法や、当該石綿含有建材に関する注意書と、これを建物所有者に交付するよう依頼する文書とを建材に添付する方法（これにより、建物所有者が石綿含有建材の種類、施工箇所等の情報を保管しておき、建物の改修・解体の際、当該情報を施工業者に伝えることが期待できる。）」といったものであり、物理的な方法な例示されているところ、このような物理的な方法

については、長期間が経過した後に問題が発生するような場合においては、経年劣化等が考えられることから、確かに実現性・実効性に乏しいということができるだろう。

他方で、警告表示につき、物理的な方法に限らず、建材メーカーには警告表示にかかる体制を構築しておく義務があると解する余地はないだろうか。すなわち、危険にかかる情報を記録・保存しておき、必要に応じて解体作業従事者がこれを参照することができる体制を整えておくべき義務をも包含すると考えるのである。従前は情報は紙ベースでの記録・保存であったことから、物理的に困難であったということができようが、今日の様に電子化が進んだ段階においては実現可能性は決して低くないと思われることから、上記体制構築義務を認めることも一考に値しよう。もちろん、危険にかかる記録の保管コストの問題が浮上しよう。すなわち、建材メーカーに対して、いつ生じるか不明確である解体作業までを見据えた保管義務にかかるコストを負担させるべきかという反論である。

この点に関しては、確かに、建材メーカーについては過大な損害回避コストを負担させることも問題である。いわゆるハンドの公式によれば、P（危険が生じる蓋然性）×L（危険が実現した場合の損害の重大性）＞B（十分な予防措置をとることによる負担）となる場合に過失が認められる[4]。ここで建材メーカーの損害回避コストはBに該当するところ、建材メーカーの解体作業までを見据えた保管義務に係るコストを考えると、ほぼ無制限のコストが発生することとなりうるから、常に過失なしと判断されうるであろう。しかし、人身損害の場合に損害回避コストを考慮すべきかという問題があり[5]、また、電子化が進んだ現代においては、危険に係る情報の記録・保存はむしろそれほどコストがかかるとは考えられないことから、警告表示義務として、建材メーカーの警告表示にかかる体制の構築義務を措定することが望ましいと思われる。

(2) 解体作業従事者自身による必要な対策について

では、建材メーカーが解体に関与しうる立場にないことから、解体作業従事者自身が必要な対策を講ずべきことが、建材メーカーの警告表示義務の発生を否定することの根拠となりうるだろうか。この点は、複数関与者間での注意義務の分担とも解することができるが、危険回避措置を講ずべき者が他にあるからといって建材メーカーの義務が当然に減免されるとはいえないだろう[6]。また、解体作業従事者自身は注意義務の分担者である「複数関与者」とみなすことができるか（実際に解体工事に従事する者ではなく、その使用者がこれに該当しうるのではないか）という疑問も払拭できない。

また、解体作業従事者自身が必要な対策を講ずべきという点については、こんにゃくゼリー事件（大阪高判平24・5・25判例集未登載）が想起される。当該事件は、事故発生当時の社会的認知度（こんにゃくゼリーによる事故発生の危険性等が報道等で周知されていた等）を考慮して、指示・警告上の欠陥を否定したものであるが、社会的認知度が高いことから警告表示義務の発生が否定されたものではなく、警告表示義務があるとしたうえで、社会的認知度の高さから被害者自身にも損害回避措置を講ずる可能性があったとして、義務違反がないと判断されたものである。そうすると、本件判断において解体作業従事者自身に対策可能性があったことは、警告表示義務の発生までも否定することにはならないだろう。

したがって、本件についても、建材メーカーが解体に関与できないことは警告表示義務の発生を阻害する理由となりえず、警告表示義務が発生するとして、過失相殺事由として考慮されうるものと解するのが妥当であろう。

本判決は建材メーカーの解体作業従事者に対する警告表示義務自体の発生を否定したものであるが、本件ではなお解体作業従事者に対する警告表示義務の発生についてさらなる検討の余地があったものと解されるのであり、そのうえで、解体作業従事者自身による対策可能性は過失相殺事由として考慮されるべきものであったということができる。

（ながした・やすゆき）

1) 渡邉知行「建設アスベスト訴訟における建材メーカーの警告表示義務」和田真一・大阪恵里・石橋秀起編『現代市民社会における法の役割（吉村良一先生古稀記念論集）』（日本評論社、2020年）263頁
2) 渡邉・前掲注1)290-291頁。なお、潮見佳男『不法行為法Ⅱ〔第2版〕』（信山社、2011年）390 - 391頁も参照。
3) 山城一真・本件判批・法教505号137頁
4) ハンドの公式については、例えば、窪田充見『不法行為法〔第2版〕』（有斐閣、2018年）58頁以下を参照。
5) 大阪アルカリ事件（大判大5・12・22民録22輯2474頁）では、「損害を予防するがため右事業の性質に従い相当なる設備」を施した場合には不法行為責任を負わないとしたが、新潟水俣病事件（新潟地判昭46・9・29判時642号96頁）は、「最高技術の設備をもつてしてもなお人の生命、身体に危害が及ぶことが予想される場合には、企業の操業短縮はもちろん操業停止までも要請されることがある」として、人身損害の場合における結果回避義務の拡張が認められている。
6) 山城・前掲注4)137頁。窪田充見編『新注釈民法(15)』（有斐閣、2017年）347頁〔橋本佳幸〕も参照。

家族 1　親子関係不存在確認の訴えについて確認の利益があるとされた事例

最二判令4・6・24
令3(受)1463号、親子関係不存在確認事件
集民268号315頁、判時2547号18頁、判タ1504号39頁、
金法2205号80頁
第一審：鹿児島家判令2・11・17
第二審：福岡高宮崎支判令3・6・2

床谷文雄　奈良大学教授

現代民事判例研究会家族法部会

●——事実の概要

1　原告Xは、検察官Yを被告として、亡D（平成29年2月14日死亡）の父である亡A（明治14年生、昭和22年死亡）及び母である亡B（明治13年生、昭和16年死亡）と、戸籍上亡A及び亡Bの七男とされている亡C（昭和2年生、平成14年死亡）との間にそれぞれ親子関係は存在しないことの確認を求める訴えを提起した。Xは、亡A及び亡Bの六男亡E（昭和25年死亡）の子であり、亡Dの相続人（代襲相続人）の一人である。亡Dは戸籍上、亡A及び亡Bの二女であるが、長女、長男から五男らについては第一審・原審・本件判決等に記述がなく、Dの死亡以前に死亡し、その子も存在しないものと推測され、戸籍上、亡Dの相続人（代襲相続人）は、亡Eの子2名（X、L）と亡Cの子3名である。亡Cは、昭和17年12月3日、訴外亡Fと養子縁組をした。また亡Cは、昭和31年2月20日、訴外Wと婚姻し、訴外G、H、Iをもうけている。

Xは、亡Cと亡A及び亡Bとの間の親子関係が不存在であることにより、亡Cの子らは亡Dの相続人でなくなり、亡Dの相続分はX及びLに帰属するから、Xは直接に特定の権利を取得する利害関係を有し、訴えにつき法律上の利益があると主張した。

またXは、亡Cの実父は訴外N、実母は亡Fで、亡Cは出生後に亡A亡Bと生活した実態はなく、Nの自宅敷地内の小屋で亡Fと2人で生活していたこと、亡CはC家の墓に亡FのほかNと亡F間の子らを入れていること、亡CはA家の集まりに顔を見せたことは一度もないことなどから、亡Cと亡A亡Bとの間には血縁関係はないこと、亡Cの出生時、亡

Bが47歳で出産は事実上困難な年齢であったのに対して、亡Fは26歳で出産は十分可能な年齢であったこと、地域の人々には亡Cの両親がN及び亡Fであることは公知の事実であったことからすると、亡Cが亡A及び亡Bの嫡出子であることを排除するに足る事情があると主張した。

これに対して、Yは、Xは亡Cと亡A及び亡Bとの間の親子関係が不存在であることによりX自身の身分関係に関する地位に直接影響を受けるものではなく、確認の利益を欠くから、本件訴えは不適法であると主張した。また、戸籍上、亡Cは、亡A及び亡Bの七男とされており、亡Bが亡Aとの婚姻中に亡Cを懐胎したのであるから嫡出推定が及ぶ、と主張した。

2　第一審は、「第三者が他人間の親子関係存否確認を求める法律上の利益をもつのは、その確定により直接特定の権利を得または特定の義務を免れるという利益関係を持つ場合に限られ」、本訴においては「親子関係の不存在が確定しても、これにより、Xの身分関係に何らの影響を及ぼすものではない」。「Xは、亡Dの遺産相続に関し同親子関係の不存在を確定する必要があると主張するが……相続による財産上の権利義務に関する限りで親子関係の不存在を主張すれば足り、独立の訴えをもって親子関係の不存在を確認し、身分関係の存否に関する効力を第三者に及ぼすべき法律的必要性は認められない」として、訴えを却下した（LLI/DB判例秘書L07560044）。

3　Xは、「亡Dの遺産相続手続において、亡Cと亡Aおよび亡Bとの間の親子関係不存在を理由に亡Cの子らの相続権を否定するためには、前提として、本件訴訟により身分関係を確定させることが必

要となる。また、身分関係を公証する戸籍の記載は原則として真実の血縁関係と合致させるべきであり、相続による財産上の権利義務に関してした親子関係不存在の主張が事実として認められる場合にはなおさら、真実の血縁関係に合致しない戸籍の記載を維持しておく必要性や相当性は認められない」との補充主張をして控訴した。

原審は、第一審の判断を是認し、Xの補充主張に対しては、相続による財産上の権利義務に関する限りで親子関係の不存在を主張すれば足り[1]、身分関係の存否を対世的に確認する法律的必要性は認められないとし、戸籍の記載を真実の血縁関係と合致させることは、訴えの利益を認める根拠とはなり得ないとして控訴を棄却した（LLI/DB判例秘書L07620620）。Xから上告受理の申立て。

●──判旨

原判決破棄、第一審判決取消し。
本件を第一審に差し戻す。
「上告人は、亡A及び亡Bの孫であり、亡Cの戸籍上の甥であって、亡Dの法定相続人であるところ、本件各親子関係が不存在であるとすれば、亡Dの相続において、亡Cの子らは法定相続人とならないことになり、本件各親子関係の存否により上告人の法定相続分に差異が生ずることになる。親子関係の不存在の確認の訴えを提起する者が当該訴えにつき法律上の利益を有するというためには、当該親子関係が不存在であることにより自己の身分関係に関する地位に直接影響を受けることを要すると解されるところ（最高裁昭和59年(オ)第236号同63年3月1日第三小法廷判決・民集42巻3号157頁参照）、法定相続人たる地位は身分関係に関するものであって、上告人は、その法定相続分に上記の差異が生ずることにより、自己の身分関係に関する地位に直接影響を受けるということができる。
以上によれば、上告人は、本件訴えにつき法律上の利益を有するというべきである。」

●──研究

1　はじめに

本件は、親子関係不存在確認の訴えにおける第三者の原告適格が争われたものである。戸籍上実子となっている者が真実は実子でないことの確認を求める親子関係不存在確認の訴えに関しては、人事訴訟法には出訴期間の定めがなく、訴えを提起することができる者についても明確な定めがないため、確認の利益の存否が訴えの適否の鍵となる。

親子関係不存在確認の訴えが問題となる場合には2つのものがある。第一に、妻が出産した子が民法772条の嫡出推定を受けない場合（婚姻の成立の日から200日以内に生まれた子）、又は夫婦が長期間別居中に出生した子で嫡出推定が及ばない場合に、夫との父子関係が存在しないことを確認する場合である。第二に、虚偽の嫡出子出生届がなされている場合である。特に虚偽の嫡出子出生届による場合、子が成長して後に、あるいは戸籍上の親又は子が死亡した後においても提起されることで身分関係の安定性が覆され得ることは、親子法の規律として大きな問題性をはらんでいる。本件は、原告の主張によれば、いわゆる「藁の上からの養子」として戸籍上の父母の実子として養育され成長する場合ではなく、いったん他人の戸籍に入籍してから、しかるべき時期に生みの親の元に引き取られ、法形式的にはその養子として成長した場合であると考えられる。

親子関係の存否をめぐる訴訟としては、実親子に関しては、嫡出でない子についての認知無効の訴えもある。すなわち、認知が事実に反する場合には、子その他の利害関係人から認知の無効を訴えることができることとされ（民法786条）、被認知者によって相続権を害される者からの認知無効の訴えが認められてきた[2]。認知者自身が利害関係人に含まれるか否かも争点となってきたが、判例はこれを肯定した[3]。この認知無効の訴えの提訴権者については、2022年民法等の改正で、一応の立法的解決が図られている[4]（2024年4月1日施行）。

養子縁組無効確認の訴えにおいても原告適格の議論が古くからある。本判決は、縁組無効確認の訴えにおける第三者の訴えの利益につき判示した最三判昭63・3・1（民集42巻3号157頁）を参照判例として挙げるが、縁組無効確認の訴えにおける第三者の原告適格と実親子関係不存在確認の訴えにおけるそれとを同じ基準で判断すべきことを明らかにしたものである[5]。

控訴審において、被控訴人はこの昭和63年判決の示した基準を引きつつ、亡Cと亡A及び亡Bとの間の親子関係が不存在であることにより、X自身の

身分関係に関する地位に直接影響を受けるものではないとして、Xの訴えの利益の欠如を主張しているから、この判断基準の具体的な適用における不明確さが如実に現れていた。本判決は、法定相続分に差異が生じることは[6]、「自己の身分関係に関する地位に直接影響を受けること」に該当することを示して、判断基準を明確にしたものと評価することができる。

2　親子関係存否確認訴訟における第三者の訴えの利益

親子関係の存否は当事者である当該親子に限って訴えにより確認することができるとする考え方もかつては存在したが、現行法下では、戸籍上の親子及び実父母以外の第三者も、法律上の利益を有する限り、親子関係不存在確認の訴えをすることができるというのが一般的見解である[7]。戦前は、虚偽の嫡出子出生届が容易であったこと、戦後に出生届書に医師の出生証明書が添付されるようになってからも、虚偽出生届は行われていたことから、事実に反する親子関係の成立が親族関係やそれに基づく相続等の権利義務の所在に及ぼす影響が危ぶまれた。

判例は、「実親子関係不存在確認訴訟は、実親子関係という基本的親族関係の存否について関係者間に紛争がある場合に対世的効力を有する判決をもって画一的確定を図り、これにより実親子関係を公証する戸籍の記載の正確性を確保する機能を有するものであるから、真実の実親子関係と戸籍の記載が異なる場合には、実親子関係が存在しないことの確認を求めることができるのが原則である。しかしながら、上記戸籍の記載の正確性の要請等が例外を認めないものではないことは、民法が一定の場合に、戸籍の記載を真実の実親子関係と合致させることについて制限を設けていること（776条、777条、782条、783条、785条）などから明らかである。」としているが[8]、この事案では、戸籍上の姉が父母とその戸籍上の子（弟）との間に実親子関係が存在しないことの確認を求めたものであり、実親子関係の存否により相続権の有無（法定相続分）が左右される事情があった。

また、子の血縁上の父は、戸籍上の父と子との間の親子関係不存在の確認を求める訴えの利益を有するものと解されるところ、その子を第三者の特別養子とする審判が確定した場合には、原則として訴え

の利益は消滅するが、審判に準再審の事由があると認められるときは、訴えの利益は失われないとする判例もある（最二判平7・7・14民集49巻7号2674頁）。ここでは、血縁上の父が法律上の父となる機会の存否が親子関係不存在確認の訴えの成否に係っている。

3　養子縁組無効確認の訴えにおける第三者の原告適格

適法な身分関係の形成がないことを確認する必要性が当事者以外にもあるのは、養子縁組無効確認の訴えの場合も同様である。裁判所が関与する未成年養子の場合は別として、届出主義により当事者間に縁組意思のない養子縁組届による法定親子関係の形成が容易に行われ得る法状況であることから、戸籍上の養親子及び実父母以外の第三者も養子縁組無効確認の訴えにより縁組の有効性を争う必要性が認められるべきものと考えられている。

縁組無効確認の訴えを提起しうる第三者の範囲については、戦前から議論の展開があり、養親子の一方と親族関係にあることで足りるとする見解、親族であるか又は縁組無効の確認により直ちに権利を取得し若しくは義務を免れる地位にあることを要するとする見解、親族でありかつ縁組無効の確認により相続、扶養その他の身分的権利義務に直接影響を受ける者であることを要するとする見解など厳格説と緩和説の間で変遷がみられた[9]。

本件判決が引用する最三判昭63・3・1民集42巻3号157頁は、「養子縁組無効の訴えは縁組当事者以外の者もこれを提起することができるが、当該養子縁組が無効であることにより自己の身分関係に関する地位に直接影響を受けることのない者は右訴えにつき法律上の利益を有しないと解するのが相当である。けだし、養子縁組無効の訴えは養子縁組の届出に係る身分関係が存在しないことを対世的に確認することを目的とするものであるから（人事訴訟手続法26条、18条1項）、養子縁組の無効により、自己の財産上の権利義務に影響を受けるにすぎない者は、その権利義務に関する限りでの個別的、相対的解決に利害関係を有するものとして、右権利義務に関する限りで縁組の無効を主張すれば足り、それを超えて他人間の身分関係の存否を対世的に確認することに利害関係を有するものではないからである。」と判示している。この事案では、亡養親の一

方は上告人の伯従母（五親等の血族）、養子（被上告人）は上告人の従兄弟（四親等の血族）[10]という身分関係にあるにすぎないから、上告人が本件養子縁組の無効確認を求める法律上の利益を有しないことは明らかであるとの判断を示している。

4　本判決の意義

　上記昭和 63 年判決の判断基準を実親子関係にあてはめれば、親子関係が不存在であることにより、「自己の身分関係に関する地位に直接影響を受けることのない者は訴えにつき法律上の利益を有しない」ことになる。ここでいう「自己の身分関係に関する地位」とは何か。「直接影響を受ける」とは何か。その射程が問題である。

　ある実親子関係（又は養親子関係）が不存在（縁組無効）であった場合、当該親子間の権利義務関係が消滅するのはもちろん、その親の他の子孫や配偶者も、その子との血族関係または姻族関係がないことになる。親（養親）との関係で共同相続人関係になるか否か[11]、あるいは自分自身との関係で相続関係が発生し得るか否か、扶養義務の発生の有無などにおいて影響があり、直接に特定の権利を取得し又は義務を免れるという利害関係を有する。単独相続

である家督相続制度や戸主身分のあった旧法とは異なり、現行法では、「身分関係に関する地位」とは、親・子・親族等の一定の身分関係に基づく権利義務の源泉と解することになろう。そして、「直接影響を受ける」とは、別途他人の行為（他の先順位相続人による相続放棄など）や裁判所による審判などを経ないでも権利義務が発生する場合と考えることができる[12]。本判決は法定相続権の内容の変動を根拠に基準の適用を明示した例として意義がある。これとは異なり、相続・扶養等の権利義務には関わらないが、親族の範囲を確定したいという場合や親族でない者を親族とされることの感情的不利益などは、親子関係不存在確認の訴えにおける訴えの利益の根拠とはならない。不存在確認の訴えにより自己の身分関係に影響を受けない非親族には、原告適格は認められないことになる。

（とこたに・ふみお）

---

1)　同旨の高裁判決として、東京高判昭 63・8・31 判タ 694 号 161 頁。
2)　最二判昭 53・4・14 家月 30 巻 10 号 26 頁は、認知者の妻と実子からの認知無効確認請求が、たとえ被認知者の実母である妻において認知後 50 数年間不真実の親子関係を放置しており、かつ、認知者の死亡後になされたものであるとしても、権利の濫用に当たらないとした事例である。
3)　最三判平 26・1・14 民集 68 巻 1 号 1 頁。
4)　改正民法 786 条 1 項では、認知の無効の訴えを提起することができる者として、子又はその法定代理人、認知をした者、子の母を明記している。ただし、子又はその法定代理人が認知を知った時から 7 年以内に認知の無効の訴えを提起しないで死亡したときは、子の直系卑属又はその法定代理人は、認知の無効の訴えを提起することができる（改正人訴 43 条 2 項）。
5)　畑宏樹「本件判批」新・判例解説 Watch32 号 156 頁。今津綾子「本件判批」民商 159 巻 2 号 262 頁は、本判決以前の裁判例には、昭和 63 年判決の基準によらず、「親子関係の存否に関する判決の効力を第三者にも画一的に及ぼすことが適当であると考えられる事情」をもって第三者の原告適格を認めるものがあったこと、認知無効の確認の訴えに昭和 63 年判決の基準を採るものがあったことを指摘する。
6)　本件で親子関係不存在確認請求が認容されたときは、X の相続分は 4 分の 1 から 2 分の 1 に増加する。なお、堀清史「本件判批」法教 506 号 148 頁は、父母の一方のみとの親子関係不存在が確認されたときは、X の相続分は 3 分の 1 となることを指摘する。
7)　人事訴訟法 12 条 2 項は「人事に関する訴えであって当該訴えに係る身分関係の当事者以外の者が提起するもの」について規定する。
8)　最二判平 18・7・7 民集 60 巻 6 号 2307 頁（戸籍上の父母とその嫡出子として記載されている者との間の実親子関係について父母の子が親子関係不存在確認請求をすることが権利の濫用に当たらないとした原審の判断に違法があるとされた事例）。
9)　戦前からの裁判例の変遷については、奥山興悦「判批」判タ 367 号 145 頁、西原諄「判批」判タ 522 号 117 頁、西野喜一「判批」判タ 706 号 152 頁、今津綾子「判批」リマークス 61 号 115 頁、参照。
10)　判決理由では従兄弟となっているが、上告理由では、再従兄弟（六親等の血族）としている。法定血族（養子）としては六親等であるが、自然血族としては四親等という趣旨なのか誤記なのかは不明である。
11)　旧法では、親子関係不存在や縁組無効により家督相続人であるか否か、その順位に関わるので、より明確に「身分関係に関する地位」に直接影響を受けるということができる。
12)　前掲最三判昭 63・3・1 は、縁組無効により相続人が不存在となれば特別縁故者として相続財産の分与を受ける可能性があるとしても、訴えの利益は認められないとしている。同判決を引用して最三判平 31・3・5 判時 2421 号 21 頁は、養親の相続財産全部の包括受遺者につき、縁組無効の訴えの利益を否定した。

家族2　遺留分減殺請求権が行使された場合における遺言執行者による貯金債権払戻しの可否

高松高判令3・6・4
令3(ネ)24号、貯金払戻請求控訴事件
判時2540号8頁
第一審：高松地丸亀支判令2・12・23
判時2540号13頁

青竹美佳　大阪大学教授

現代民事判例研究会家族法部会

●——事実の概要

令和元年6月15日に死亡したAの相続人は、夫BおよびC・D・E（いずれもAと亡前夫との間の子）であった。Aは、公正証書遺言を残していた。同遺言では、通常貯金を含む一切のAの財産を、夫Bの甥であるXに包括遺贈すること、遺言執行者としてXを指定すること、Xは、相続人の同意なしに、預貯金の解約、払戻等の遺言執行のために必要な一切の行為をする権限を有することとされていた。

令和2年2月8日に、C・D・Eは、受遺者Xに対して、訴訟上遺留分減殺請求権を行使する意思表示をした。同年4月23日に、Xは、Y銀行に対し、A名義の通常貯金債権の払戻請求権に基づき、1049万円余および遅延損害金の支払を求めて訴えを提起した。Xは、遺留分権利者が減殺請求権を行使したとしても、遺言執行者は本件貯金の払戻しの権限を失わず、Yは払戻請求を拒否することができないと主張した。これに対してYは、包括遺贈に対して遺留分権利者が遺留分減殺請求権を行使した場合には、本件遺言は一部無効となるところ、遺言執行者は、無効となった部分まで遺言の執行を行うことはできず、包括遺贈の全部が有効であることを前提とする本件貯金の全額についての払戻請求はできないと主張した。

原審は、遺言執行者の権限は、遺言の執行に必要な行為に限られるところ、遺贈に対して遺留分減殺請求権が行使された場合には、遺贈が遺留分を侵害する限度において失効し、遺言の対象から逸出するため、遺贈のうち遺留分を侵害する部分については、遺言執行者であるXの権限が及ばず、また、遺留分制度においては被相続人の財産処分権に遺留分の限度で制限が加えられていることからすると、遺言執行者の権限についての遺言における定めも、遺留分権利者の権利と抵触しない限度で効力を生ずる、と

してXの請求を棄却した。Xが抗告。

Xは、遺留分減殺請求権の行使によって、遺言執行者の貯金の払戻権限の定めが失効するとは解されないこと、Yは、本件訴状を送達した令和2年5月26日から遅滞に陥り、遅延損害金の支払義務を負うことを主張した。Yは、Cらが遺留分減殺請求権を行使すると、遺産中の貯金については、遺産性を有しない部分と、遺産性を有する部分を、CらとXとで準共有することになるところ、準共有関係の一部について執行権限を有する遺言執行者は、単独で払戻請求をすることはできないこと、Cらが遺留分減殺請求をした時点では具体的な遺留分額が確定せず、払い戻せる金額は不明でありYがこれを知ることができなかったから、払戻請求に応じないことは違法ではなく遅延損害金は発生しない、などと主張した。

なお、原審判決の後、令和3年1月28日に、別件訴訟が調停に付され、XはC・D・Eにそれぞれ86万円余を支払うこと、本件貯金について遺留分減殺請求に基づく権利を有しないことを確認する内容の調停が成立し、Yが全額をXに支払ったが、遅延損害金の支払をしなかった。そこでXは、本件訴訟においては、Yに対して遅延損害金のみの請求をした。

●——判旨

原判決取消し、請求認容。

**1　包括遺贈につき遺留分減殺請求権が
行使された場合の遺言執行者の払戻権限**

遺言執行者は、遺言の執行に必要な一切の行為をする権利義務を有し（改正前民法1012条1項）、本件遺言において、遺言執行者に預貯金の解約・払戻しを含めた遺言執行のために必要な一切の行為をする権限が与えられている。したがって、一般的には、遺言執行者であるXは、単独で、本件貯金の払戻請

求をする権限がある。

Yは、遺留分権利者が包括遺贈に対して減殺請求権を行使すると、包括遺贈は遺留分を侵害する限度において効力を失うため、本件貯金については、遺留分権利者に復帰する部分（相続財産としての性質を有しない部分）と、その残余部分（相続財産としての性質を有する部分）についてXとCらの準共有が生じ、Xは単独では払戻請求をすることができないと主張する。「確かに、遺留分権利者の減殺請求により、贈与又は遺贈は遺留分を侵害する限度において失効し、受贈者又は受遺者が取得した権利は、上記の限度で減殺請求した遺留分権利者に帰属するとされているが、それは、具体的な遺留分額が確定した時点で、贈与又は遺贈がその限度において遡及的に失効するという趣旨であって、具体的な遺留分額が確定する以前は、そもそも遺留分権利者に帰属する範囲も確定しておらず、その範囲は抽象的なものにすぎない。したがって、具体的な遺留分額が確定する以前は、遺留分減殺請求権が行使されたからといって、その権利の性質だけから、直ちに、遺言執行者が遺贈を執行することができなくなるものではない。」

しかも、本件遺言のうち遺言執行者の権限を定めた部分は、遺留分を侵害するものとはいえず、「預貯金の払戻しは遺言の執行というよりも、その準備行為にすぎないとも解される」。

仮に、「遺留分減殺請求権が行使されただけで、遺言執行者が単独で預貯金の払戻しができなくなるとすると、遺言執行者は、遺言の執行に必要な一切の行為をする権利義務を有し（改正前民法1012条1項）、相続人は、遺言執行者があるときは相続財産の処分その他遺言の執行を妨げるべき行為をすることができない（同1013条）とされている規定の趣旨が大幅に減殺され、遺言の執行事務が制約されることになって、実質的にも妥当ではない。」

「以上のとおり、Xは、Cらによる遺留分減殺請求権の行使にかかわらず、単独で、本件貯金の払戻しをする権限を有するものと認められる。」

2 遅延損害金の支払義務について

「民法419条3項は、金銭債務の不履行に基づく損害賠償について、債務者は不可抗力をもって抗弁とすることができない旨を定めているから、当該債務者は、請求権限ある者からの請求に対して支払をしない場合には、遅滞がその責めに帰すべき事由によらないときであっても、その請求を受けた時から、同法419条1項所定の損害賠償責任を負う。そして、

Cらによる遺留分減殺請求権の行使にかかわらず、控訴人が本件貯金の払戻権限を有することは前記で説示したとおりである」。「そうすると、Cらが遺留分減殺請求権を行使しており、同人らの具体的な遺留分額が確定していなかったからといって、履行遅滞に陥らないということはできない」。

したがって、Yは、Xに対して遅延損害金の支払義務を負う。

●──研究

1 本判決の意義

本判決は、2018年相続法改正前の遺留分減殺請求権の規定が適用される事案について、遺留分を侵害する包括遺贈がなされ、遺言執行者が指定されていた場合において、遺留分減殺請求権が行使されてもなお遺言執行者は遺贈の対象とされた貯金債権の払戻権限を失わないとの判断を示している。改正前の遺留分減殺請求権が問題となった事案[1]ではあるものの、本判決は、具体的な遺留分侵害額が確定する前の法律関係、遺言執行者の任務について今後も参考となりうる問題を扱ったものといえる。

2 遺留分減殺請求権が行使された後の法律関係
(1) 貯金債権の準共有について

Yは、遺留分権利者が包括遺贈に対して遺留分減殺請求権を行使したことにより、貯金債権について、遺留分権利者に復帰する部分（相続財産の性質を有しない）と、残余部分（相続財産の性質を有する）を、遺留分権利者と受遺者が準共有することを根拠に、遺言執行者が単独では本件貯金債権の払戻請求をすることができないと主張している。

たしかに、遺留分権利者と受遺者が準共有するというYの主張は、遺産共有に関する普通預貯金債権の共同相続についての先例（最大決平28・12・19民集70巻8号2121頁）の立場と整合的である。同決定によると、普通預貯金債権は、1個の債権として同一性を保ち、常にその残額が変動し得るものであり、預貯金契約上の地位を準共有する共同相続人が全員で解約しない限り、同一性を保って存在し、各共同相続人に確定額の債権として分割されることはないとされる。共同相続された普通預貯金債権につき準共有が生ずると判断した先例は、普通預貯金債権の性質についての理由付けからすると、本決定の事案のように、減殺により遺留分権利者と受遺者が本件貯金債権について権利を有する場合にも妥当するものとみられる。したがって、減殺により、本件貯金債権について、遺留分を侵害する限度で分割さ

れた部分を当然に遺留分権利者が取得するとみることはできず、受遺者と遺留分権利者による準共有が生じるとみるのが先例と整合した見方であるとみられる。

本判決は、受遺者Ｘと遺留分権利者とで本件貯金債権を準共有するとの理解を否定するものではないようであるが、ただ、遺留分額が確定していない段階では共有持分の割合が定まらず、まだ準共有が確定的には生じているとはいえない、と理解しているようである。

この点については、準共有の持分の具体的割合が決まっていない段階でも、準共有自体は既に発生しているのではないかという疑問が生ずる。比較として、共同相続においては、特別受益や寄与分が認められるような事案を含めて、各共同相続人は、その相続分に応じて被相続人の権利義務を承継するとされていることが参考になる（民法899条）。ここでいう「相続分」について、法定相続（相続分指定がされている場合には指定相続分）とするのが判例の立場とされるが[2]、具体的相続分であるとの立場も有力に主張されている[3]。しかし、どちらの立場をとった場合でも、遺産中の普通預貯金債権などの共同相続では、準共有を経て、その後、遺産分割の協議や審判等で具体的相続分が確定するから、その意味では、持分の具体的割合が決まっていない段階でも、各共同相続人による遺産共有が既に生じることとされている（2021年改正前民法898条、民法898条1項[4]）。同様に、減殺後に預金債権について遺産性のある持分と遺産性を失った持分を遺留分権利者と受遺者が共有する本判決の事案のような場合にも、遺留分侵害額が具体化せず遺留分権利者の持分が明らかではない段階でも、遺産共有の発生自体は否定されないとみるのが、準共有についての先例と整合した見方であるとみられる。

(2) 遺留分額が確定する前の減殺の効果

準共有に関する判断に関連して、本判決は、遺留分減殺請求権の行使の効果について、減殺請求されても、具体的な遺留分額（正確には遺留分侵害額）が確定するまでは、その効果がまだ発生せず、具体的な遺留分額が確定した時点で、遺贈がその限度で遡及的に失効する、との判断を示している。本判決では、具体的な遺留分額を明確にせずに減殺請求権がされているため、この点が問題にされている[5]。

具体的な遺留分額が確定する前は遺留分減殺請求権行使の効果が生じないとの本判決における判断は、改正前の遺留分減殺請求権の法的性質と行使の

効果についての通説的見解である形成権＝物権的効果説[6]、すなわち、遺留分減殺請求権を行使すれば遺留分を侵害する処分の効果は消滅し、目的物上の権利は当然に遺留分権利者に復帰するとの理解とは、距離をとった理解であるとみられる。なお、改正後の遺留分侵害額請求権については、遺留分侵害額請求権を行使する際には、具体的な金額を提示する必要がなく、行使の意思表示により遺留分権利者は金銭債権を取得するとされている[7]。

このようにみると、上述2(1)の準共有についての先例をも考慮すれば、本判決の立場とは異なり、遺留分権利者であるＣらが減殺請求権を行使すれば、具体的な遺留分額が確定していなくても、本件貯金債権について、Ｃらと受遺者Ｘとの準共有が生じているとの見方が可能であろう。もっとも、この点についての理解の差は、次の3でみるように、本判決の結論には影響を与えない。

3 遺言執行者の任務
(1) 遺言執行者の権利義務についての民法の規定および遺言による指示

本判決は、遺留分減殺請求権行使の効果という点に加えて、遺言執行者の権利義務についての民法の規定を根拠に、遺言執行者は減殺後にも預貯金の払戻権限を有するとの結論を導いている。たしかに、遺言執行者は、遺言の執行に必要な一切の行為をする権利義務を有する（改正前民法1012条1項）。この権利義務については、現行法ではより明確に「遺言の内容を実現するため」、遺言の執行に必要な一切の行為をする権利義務とされている（民法1012条1項[8]）。もっとも、遺言執行者の任務は、抽象的一般的に決まるのではなく、当該遺言における遺言者の意思によって定まるとされる[9]。これは、遺言執行者の任務は、遺言者の遺言における意思を実現することにあるからであり、現行法ではこのことがより明確にされているが、2018年相続法改正前にも遺言者の意思の実現は重視されていた[10]。

本判決の事案では、遺言において遺言執行者の権限が明示されており、それによると、遺言執行者は、相続人の同意なしに、預貯金の解約、払戻等の遺言執行のために必要な一切の行為をする権限を有することとされ、遺言執行者の具体的な権限についての遺言者の意思が明らかにされていた。そのことが、本判決において、遺言執行者の預貯金の払戻権限を認める根拠になっている。もっとも、原審の判断が示すように、遺言者の意思は、遺留分の制限を受けるため、遺言執行者は、遺言者の意思を完全には実

現できないことがある。本判決の事案では、包括遺贈につき遺留分減殺請求権が行使されていたから、遺言者の意思の実現は遺留分の限度で制限を受け、制限された遺言者の意思を、遺言執行者が実現することになっていた。

(2) 遺言執行者の権限と遺留分侵害

問題は、遺言執行者の権限についての遺言者の遺言における指示が、遺留分制度に反するとみられるかである。本判決は、本件遺言における、預貯金の払戻権限を含む遺言執行者の権限を定めた部分は遺留分を侵害するものとはいえない、との判断を示している。さらに預貯金の払戻しは、遺言執行の準備行為に過ぎない、とも述べている。したがって、預貯金の払戻権限を定めた部分は、遺留分を侵害するものといえるかが本判決において重要な問題となっている。

上述2でみたように、預金債権の遺贈について、遺留分権利者は、遺留分減殺請求権を行使すると、（本判決によれば、遺留分額が具体化したときに）預金債権の準共有の持分権を取得する。したがって、遺留分権利者は、遺留分として預金債権の準共有の持分を確保することができる。しかし、遺留分権利者が不動産の遺贈に対して遺留分減殺請求権を行使して不動産に共有持分を確保するのとは異なり、本件では貯金債権の遺贈に対して減殺請求権が行使されていることに着目するべきである。本件のような貯金債権は、現金等と性質が類似しているため、遺留分権利者が貯金債権に準共有の持分権を取得す

ることではなく、持分に相当する払い戻された現金を確保することで、遺留分が保障されたと評価しうる。このような評価に基づけば、遺留分減殺請求権が行使された後にも、遺言執行者は預貯金の全額を払い戻すことができ、払い戻された現金のうち、遺留分に相当する額を遺留分権利者に支払いさえすれば、遺留分を侵害したことにならず、遺留分制度の趣旨に反する結果は生じないとみられる。

このようにみると、本判決の、遺言執行者の権限を定めた部分について遺留分を侵害するものとはいえないとの判断は妥当である。

4 おわりに

以上のように、減殺後の遺言執行者の権限について、貯金の全額の払戻権限は制限されないとの本判決の結論は妥当であるが、その根拠としては、減殺後に遺言執行者が全額払戻しをしても遺留分を侵害することにはならない、との部分が最も本質的な部分とみられる。

改正後の遺留分侵害額請求権では、減殺により遺贈の効果の一部が否定され準共有が生じるということはなく、受遺者または受贈者に対する金銭債権が生じるのみである（民法1046条）。したがって、遺留分侵害額請求権が行使されたとしても、遺言執行者の権限は基本的には変わらないとみられる。

（あおたけ・みか）

---

1) 2018年改正相続法の施行日（2019年7月1日）より前に開始した相続については、改正前の遺留分減殺請求の規定が適用される。
2) 最一判平12・2・24民集54巻2号523頁。
3) 谷口知平＝久貴忠彦編『新版 注釈民法（27）』（有斐閣、1989年）174-175頁[宮井忠夫・佐藤義彦]、伊藤昌司「疎んじられる具体的相続分」判タ1016号（2000年）77頁以下。
4) もっとも、民法898条2項によると、相続財産について共有に関する規定を適用するときは、法定相続分または指定相続分によって共有持分を定めることとされている。しかし、この共有持分は、具体的相続分の算定によって修正されうるから、この段階ではまだ持分が確定していないとの見方も可能である。
5) 本来は、遺留分減殺請求権は、具体的な遺留分額を確定した上で行使されるべきであるとされるが、短期の消滅時効（改正前民法1042条、民法1048条）を意識して、具体的な遺留分額を算定せずにとりあえず請求するということが少なくないとされる。この点については、伊藤昌司『相続法』（有斐閣、2002年）385-386頁を参照。
6) 中川善之助＝泉久雄『相続法〔第4版〕』（有斐閣、2000年）662頁、我妻栄＝立石芳枝『親族法・相続法』（日本評論新社、1952年）638頁。
7) 潮見佳男『詳解 相続法〔第2版〕』（弘文堂、2022年）671-672頁、堂薗幹一郎＝野口宣大『一問一答・新しい相続法〔第2版〕』（商事法務、2020年）124頁。もっとも、相手方が履行遅滞に陥る状況を作るためには（民法412条3項）、遺留分権利者は、具体的な金額を示して履行請求をする必要があるとされる。
8) 2018年相続法改正における遺言執行者の権限についての規定の変更は、改正前の遺言執行者の権限の内容を変更するというのではなく、遺言執行者の権限を明確にするという意義を有する（堂薗＝野口・前掲注7）113頁）。したがって、改正後の規定は、改正前の規定の解釈が問題になる場合に、解釈の基準となりうる。
9) 松原正明『全訂 判例先例相続法V』（日本加除出版、2012年）118-119頁。潮見・前掲注7）558頁は、遺言執行者の権限の定めについて、遺言者の意思が第一であり、民法1012条1項は任意規定であるとされる。
10) 中川善之助＝加藤永一編『新版 注釈民法（28）〔補訂版〕』（有斐閣、2002年）291頁[泉久雄]、松原・前掲注9）118-119頁。もっとも、2018年相続法改正前には、「遺言執行者は、相続人の代理人とみなす」（改正前民法1015条）という規定があったことなどから、遺言執行者は、遺言者の意思だけではなく、相続人の利益を実現する必要があると主張されることがあった（堂薗＝野口・前掲注7）113頁）。

環境　建設アスベスト訴訟北海道 1 陣訴訟控訴審判決

札幌高判令 4・5・30
平成 29 年 (ネ)204 号
裁判所 HP
第一審：札幌地判平 29・2・14 判タ 1441 号 153 頁、
判時 2347 号 18 頁

大塚　直　早稲田大学法学部教授

環境判例研究会

●——事実の概要

　Xらは、主として北海道内で建物の建築、改修、解体の現場において建築作業に従事し、その際に石綿粉じんに曝露したことにより、石綿関連疾患に罹患したと主張する者又はその相続人である。Xらは、Yらが、石綿含有建材から生ずる粉じんに曝露すると石綿関連疾患に罹患する危険があること等を表示することなく、石綿含有建材を製造販売したことにより、石綿関連疾患に罹患したなどと主張して、Yら 19 社に対し民法 719 条 1 項後段の類推適用等に基づき、連帯して損害賠償を支払うよう請求した。

　原審（札幌地判平成 29・2・14 判タ 1441 号 153 頁）は、Xらの請求をいずれも棄却した。Xら控訴。

　なお、Xらは、本件のYらに対する訴えと共に、国に対し、国家賠償法 1 条 1 項に基づき、Yらと連帯して、同額の損害賠償を求める訴えを提起しており、原判決はこれを一部認容したところ、当審においてXらと国との間で和解に向けた協議を行うことになり、本件から分離された。

●——判旨

　原判決変更、一部棄却（下線及び記号・番号は筆者による）。

　1　民法 719 条 1 項後段の類推適用について

　(1)　「民法 719 条 1 項……後段は、複数の者がいずれも被害者の損害をそれのみで惹起し得る行為を行い、そのうちのいずれの者の行為によって損害が生じたのかが不明である場合に、被害者の保護を図るため、公益的観点から、因果関係の立証責任を転換して、上記の行為を行った者らが自らの行為と損害との間に因果関係が存在しないことを立証しない限り、上記の者らに連帯して損害の全部について賠償責任を負わせる趣旨の規定であると解される。そして、被害者によって特定された複数の行為者のほかに被害者の損害をそれのみで惹起し得る行為をした者が存在しないことは、民法 719 条 1 項後段の適用の要件であると解するのが相当である。本件では……建築現場の実情等からして、特定の被控訴人が製造販売した石綿含有建材から発散される石綿粉じんが、被災者の石綿関連疾患の発症にどの程度の影響を与えたのか明らかでないことや、被災者が特定の被控訴人以外の者の製造販売した石綿含有建材から発散される石綿粉じんにも曝露している可能性があることなどから、民法 719 条 1 項後段を適用するのは困難である。

　しかし、Yらは……いずれも石綿含有建材を製造販売する際に、当該建材が石綿を含有しており、当該建材から生ずる粉じんを吸入すると……重篤な石綿関連疾患を発症する危険があること等を当該建材やその包装に表示する警告義務を負っていたにもかかわらず、その義務を履行していなかったことが認められる。また……a Xらは、一定の期間、複数の建築現場において建築作業に従事し、それぞれの建築現場において複数の企業が製造販売する石綿含有建材から生じた粉じんに曝露し、かかる曝露が累積的に蓄積される中で、石綿関連疾患を発症したところ、Yらは……石綿含有建材を製造販売する企業として、いずれもこのような事態を想定することが可能であったということができる。以上の事情に照らすと、Xらが、ある石綿含有建材を取り扱っており、かつ、当該石綿含有建材のうち特定の被控訴人の製造販売したものが、当該被災者らが稼働する建築現場に相当回数にわたり到達して用いられているとの事情が認められる場合には、当該被災者らが、特定の被控訴人の製造販売した石綿含有建材から生じた粉じんに曝露しており、ひいては、Yらは、当該被災者らの石綿関連疾患の発症に少なくとも何ら

かの寄与をしているということができるのであるから、被害者保護の見地から、民法719条1項後段が適用される場合との均衡を図って、同条後段の類推適用により、因果関係の立証責任が転換されると解するのが相当である。もっとも……特定の被控訴人の製造販売する石綿含有建材を取り扱ったことによる石綿粉じんの曝露量は、被災者らの石綿粉じん曝露量の一部にとどまるといった事情等があることから、b特定の被控訴人は、こうした事情等を考慮して定まるその行為の損害の発生に対する寄与度に応じた範囲で損害賠償責任を負うものと解すべきである（最高裁平成30年（受）第1447号、第1448号、第1449号、第1451号、第1452号令和3年5月17日第一小法廷判決参照）。」

（2）「特定の被控訴人の製造販売する石綿含有建材を取り扱ったことによる石綿粉じんの曝露量は、被災者らの石綿粉じん曝露量の一部にとどまるといった事情等があること、c同項後段の類推適用により、因果関係の立証責任が転換されることなどに鑑みると、当該被控訴人に損害の全部について連帯責任を負わせるのは相当ではなく、当該被控訴人は、その行為の損害の発生に対する寄与度に応じた範囲で損害賠償責任を負う（複数の場合には、連帯して損害賠償責任を負う）ものと解するのが相当である」。

2　Yらの製造販売した石綿含有建材が、Xらの稼働する建築現場に相当回数にわたり到達したことの立証について

「Xらは、本件訴訟の口頭弁論終結に至るまでに、主張の修正等を通じ、各被災者について、概ね、主要原因建材を適切に選定するに至ったものと評価することができる。また、上記の主要原因建材の選定方法に鑑みれば、現時点で各被災者について主要原因建材として選定されている建材については、dこれが各被災者の作業する建築現場に到達していた可能性が相応に高いと評価することができる。そうすると、特定の被控訴人の製造販売した石綿含有建材が特定の被災者の作業する建築現場に相当回数にわたり到達していたとの事実……については、主要原因建材のシェアや各被災者が就労した建築現場の数に鑑み、確率論的な見地からの考慮を加味することで、立証できる場合があり得ると解するのが相当である。（最高裁平成31年（受）第596号令和3年5月17日第一小法廷判決参照）」

●──研究

1　本判決について──最高裁判決からの逸脱、追加的発展

（1）　本判決は、XらのYらに対する損害賠償請求を棄却した原判決を変更し、最一判令3・5・17民集75巻5号1359頁（以下、「最判1」という）、同民集75巻6号2303頁（以下、「最判2」という）に沿って、同請求を一部認容したものである。

紙数の関係から最判1についてのみ取り上げると、最判1は次のような判断を示した。①719条1項後段（以下、「1項後段」という）の趣旨を確認し、立証責任の転換となることを示すとともに、「被害者によって特定された行為者の中に真に被害者に損害を加えた者が含まれていること」（「十分性」）が必要とした。②複数行為者の競合の事例について1項後段の類推適用となりうることを示した。③1項後段の類推適用において集団的寄与度責任となる場合があることを示した。④1項後段類推の効果として、（集団的寄与度の範囲で）連帯となり、証明責任が転換されることを示した。⑤1項後段の類推適用において、個々の加害者が損害（ないし権利侵害）の発生に対する一定の危険性（「適格性」）について、被告メーカーらの建材の到達（の高度の蓋然性）を必要とする立場に親和的な判断をした[1]。さらに、⑥建設アスベスト訴訟の被災者について1項後段を類推した場合にYらに弱い関連共同性が必要かについては、最高裁の立場は明確でなく、調査官解説によれば、このような関係が被告間にない場合における広義の競合的不法行為（各被告の行為と因果関係のある損害が全損害とは証明できない競合的不法行為）について、1項後段の類推適用を認めた（その場合、各競合的不法行為の共通損害についての連帯責任を課することになる）と解する余地があった[2]。

このように、最高裁判決には難解な部分や、必ずしも論旨を確定していない部分があるため、──本判決が最高裁の立場に沿う判断をしようとしていることは明白であるものの──最高裁の立場との離齬がないかを検討することには、意義があろう。

第1に、調査官解説にもみられるように、⑤、⑥について最高裁の判断は確定的なものではないが、本判決は、⑤については、下線部d及びその後の記述（建材のシェア及び建築現場の数との関係で建築現場に到達した「高度の蓋然性」を認定している）から見ると、到達の高度の蓋然性を必要としているように見える。また、⑥弱い関連共同性について、本判

決は、下線部 a で最高裁と同様の表現を用いており、これを弱い関連共同性を示したものと見る余地はあるが[3]、明らかではない。なお、本判決は、広義の競合的不法行為の効果の点には触れていない。

第2に、より重要なのは、本判決の、最判1の③及び④の部分からの乖離である。すなわち、本判決は、下線部 b で一人の被告による寄与度責任を、1項後段類推の効果として導き出しているが、最高裁は、あくまでも複数の被告らの集団的寄与度についての連帯責任を認めただけである。そもそも1社だけが被告として問題となるのであれば、1項後段と類似している状況ではなく、1項後段との均衡は直接には問題とならないであろうし、最高裁が1項後段類推の効果を連帯責任としていることとも齟齬が生じることになる。また、本判決の下線部 c については、最高裁は、被控訴人が単数の場合について719条1項後段を類推しているわけでない。したがって、一般論として本判決の下線部 b や c のような判示をすることは不適切である。

しかし、（第1点に関連するが）到達の高度の蓋然性の要件を満たすために加害者らの絞り込みを（原告や裁判所）が行った結果、当該要件を満たすものが1社だけになってしまった場合について、この点をどのように解すべきだろうか。最高裁判決の解説をした中野調査官は、「①被災者の稼働する建設現場に到達して用いられた石綿含有建材が他にもあり、②いずれの建材メーカーも石綿含有建材に警告の表示をすることを怠っていた」場合（番号は筆者）には「1項後段の類推適用を肯定して良い」とする[4]。

本来は、被告が1社であれば709条を根拠とすることとなり、その場合、確率的心証論か割合的因果関係論をとらない限り、個々の寄与度との関係での高度の蓋然性を要求されることになることは明記しておく必要がある。他方、複数加害者のうちに、倒産した者や訴えを取り下げられた者などがあり、結果的に被告が1社となる場合もあろう。類推される719条1項後段の文言との関係では、「数人」の加害者が寄与度不明の関係で存在していることが必要なのであり、中野調査官の指摘する①及び②はこの点を言い表したものといえよう。本判決の下線部 b、c については、被告が1社となるときは①及び②の要件を満たすことが必要となるというべきである。

もっとも、建設アスベスト訴訟の場合、さらに検討が必要となる。①について到達の高度の蓋然性を要求する場合には、①を満たさなくなるケースが発生するからである[5]。この点について最高裁は、1項後段の「数人」の加害者の「適格性」の要件につ

いて到達の高度の蓋然性を要求し、加害者らの絞り込み（いわば、控えめな認定）を行ったのであり、個々の被告に集団的寄与度についての共同不法行為の責任を負わせるためにはこの要件が必要であるとしても、加害者らの絞り込みの結果被告が1社となってしまった場合に、その1社の責任を問題とする際に他の加害者の行為を論じるときは、他の加害者については到達の相当程度の可能性で足りると解することができよう。すなわち、上記①における到達の蓋然性は相当程度の可能性で足りるというべきである（が、それは必要であるということである）。到達の蓋然性については従来学説上盛んに議論され、相当程度の可能性で足りるとする見解が有力に唱えられてきたこと[6]を改めて指摘しておきたい。

前記最高裁判決はかなり微妙な判断をしており、下級審裁判所においても、最高裁の趣旨を十分理解した上で判断することが求められるところ、本判決は、調査官解説で触れられていた《到達の高度の蓋然性の要件を満たすために被告らのうちの一部を除外した結果、当該要件を満たすものが1社だけになってしまう》という、最判1が扱っていないケースを取り上げることとなった。この場合について、いかなる要件で1項後段の類推が可能かについて詰める必要がある。上述したところはその試論である。

（2）本判決は、X らにおける損害発生に対する Y らの寄与度について、石綿建材の種別に着目しつつ、X らが大工等、配管工、塗装工のいずれであるかによって基本的な寄与度を示した（それぞれ50％、40％、40％）上で、X らの罹患した石綿関連疾患及び稼働期間に応じた修正を行っている。

2 最高裁判決に関する学説上の議論について

本判決の前提となる最高裁判決に対しては、学説上議論がなされている。本判決の評価とも関連するため、最高裁判決に対する重要な批判的見解として、新美博士のお考えを中心に取り上げたい。博士の最高裁判決に対する批判点は、概ね次の6点である[7]。

第1は、最高裁が被災者の発症の因果関係について取り上げていないことである。この批判はもっともであるが、まさにこの点の証明が困難であるために、最高裁は719条1項後段を類推し証明責任を転換したともいえる。その結果、被告から自らの寄与度に関する主張立証がなければ原告が勝訴する一方、被告がこの点に関する主張立証に成功すれば被告は自らの寄与度の部分のみの損害を賠償すれば足りることになったであろう。本件では、この点に関する Y らからの主張立証はなかったようである。

第2に、最高裁が「1個の……損害を発生させる

危険行為を行った複数者の1部だけを特定して」おり、①「特定されなかった他の危険行為者の存在を許容する点」及び②「それら特定されなかった危険行為者の過失を要件としない」点を批判される。①については、西淀川1次訴訟判決（大阪地判平成3・3・19判時1383号22頁）などにみられるように、今までも許容されてきたのであり、今般、累積的競合事案を扱う中で、被告とされた者らの集団的寄与度についての連帯責任を課することが問題とされたのである。議論の前提として、被害者救済を行うことが公正であればできるだけそれを追求するとの考え方が基礎におかれるべきであり、すべての加害者が明らかにならないと加害者に責任を問えないとの発想は常にとられるべきではないであろう。②に関しては、特定されなかった他の者についての過失（警告表示義務違反）の存在は暗黙の前提とされている部分があると思われるが、最高裁が裁量に基づき3分の1という数値を控えめに打ち出す過程についての問題点ということになる。

第3に、最高裁判決は「『寄与度』を因果関係として捉える点で、割合的因果関係論に立脚しているものと評しうる」としてこれを批判する。この点は、上記1で触れた点にも関連する。最高裁は、1項後段類推、集団的寄与度論を展開したのみであり、割合的因果関係論を採用したわけではない。

第4に、最高裁判決は「寄与度を因果関係に関する概念と捉え、各人に寄与度に応じた個別責任（ないし分割責任）を負わせることを議論の出発点としながら、各人の寄与度……を合算した寄与度について各人に連帯責任が課されると判示するが、論理一貫性に欠けている」と批判する。この点については、最高裁は、1項後段類推の効果としては（集団的寄与度責任として）連帯責任を課しているのであり、類推の後、被告が反証に成功した場合に初めてその寄与度減責が認められるにすぎない。1項後段類推

の効果はあくまでも連帯責任であり、最高裁においては論理一貫性は保たれている。ただし、本判決は被告が結果的に1社となるケースを扱っており、その場合に1項後段類推がいかなる要件で認められるかを検討することは、前述のように重要である。

第5に、いわゆる「先回り因果関係」、「不必要な因果関係」について考慮していない点を批判する。この点が議論されてこなかったことは事実である。ただし、損害が1つといえる場合には、科学的・技術的に判断があまりに困難なものについて原告に詳細な証明を求めることは必ずしも適当ではない。そうした観点から、1項後段を類推できる問題状況があれば、むしろ被告に反証させることが適当であるとの考え方が最高裁ではとられているといえよう。

第6に、より一般的に、「単独惹起力」のケースは「想定できない」として批判し、これを前提として、最高裁のいう1項後段の適用例はないとされる。しかし、サマーズ判決[8]のような複数人の銃の弾丸が被害者に同時に命中する事案はあるのであり、1項後段の適用例がないとはいえないであろう。

さらに、より全般的な批判として、マーケットシェア・ライアビリティとの関連で最高裁判決の被害者救済的な側面に対する批判がなされることがある[9]。最高裁は、マーケットシェアを到達の因果関係の判断の一要素として用いているにすぎないと考えられ、筆者としては最高裁判決を評価するが、この点はさらに議論されるべき課題であろう[10]。

（おおつか・ただし）

1) 大塚直「共同不法行為・競合的不法行為論」民商法雑誌158巻5号（2022年）1221頁以下。
2) 中野琢郎「解説」曹時74巻4号884頁、905頁注61、大塚・前掲注1）1207頁以下。
3) 大塚・前掲注1）1214頁。
4) 中野・前掲注2）910頁（大塚・前掲注2）1221頁注153の問題である）。
5) 本判決で検討された23名の原告被災者のうち、到達の高度の蓋然性が認められる被告が1社となった者が5名存在する（第3節第4）。
6) 大塚・前掲注1）1202頁。
7) 新美育文「民法719条1項後段類推適用論の意義を問う」新美ほか編『不法行為法研究3』（成文堂、2022年）151頁以下。
8) *Summers v. Tice, 33 Cal.2d 80, 199 P.2d 1 (1948).*
9) 森嶌昭夫「不法行為法の再検討を試みる（三）」新美ほか編『不法行為法研究3』（成文堂、2022年）22頁。なお、新美・前掲注7）179頁。最高裁が寄与度としてアメリカのマーケットシェア・ライアビリティの考え方を用いたとされる点については、最判1はこの点の批判を恐れてか、3社の連帯責任を課する際の3分の1という寄与度について裁判所の裁量による判断としており、マーケットシェアとの関係を示していないといえよう。また、本判決は、1(2)で示したように、寄与度の判断においてマーケットシェアを用いていない。
10) なお、新美博士は、（石綿肺などに関して）「裸の統計値」ではなく「しかるべき帰納的一般（因果）命題又はそれに類する統計値」を用いるべきであるとされるが（新美・前掲注7）179頁）、これを具体的に示していただけると、裁判実務においても重宝するであろう。

医事

禁忌である薬剤を投与したことによって患者が死亡したケースにつき、担当医師が作成した死亡診断書の記載、医師法21条に基づく届出をしていないこと及び医療法6条の10第1項に基づく報告をしていないことが遺族の権利利益を侵害しないとされた事例

大阪地判令4・4・15
令2(ワ)2302号損害賠償請求事件
判時2542号77頁、
判タ1506号205頁

阪上武仁　弁護士

医事判例研究会

●——事案の概要

1(1)　亡A死亡前

(a)　亡Aは、平成30年7月23日（以下、年号の記載がないものはすべて平成30年である。）、自宅で転倒し、他院でのCT検査等で左大腿骨頸部骨折と診断され、被告である医療法人Y_1が開設・運営するB病院に入院した。

(b)　B病院の整形外科医であり、亡Aの担当医師であるY_2は、同月25日、亡Aに対し、同骨折に対する人工骨頭挿入術（第1回手術）を実施した。

(c)　亡Aは、同月27日、言葉に詰まるようになり、同月28日、B病院でMRI検査を受けたところ、右脳梗塞と診断された。

(d)　Y_2は、8月25日、亡Aに対し、左人工股関全置換術（第2回手術）を実施した。

(e)　同月26日午前10時25分頃、亡Aに左口角下垂、呂律困難が認められたことから、MRI検査が実施された結果、右大脳半球に広範囲の急性脳梗塞が認められた。

そこで、B病院の脳神経外科医Y_3は、同日午後1時頃までに、Y_2同席の下、亡Aの子であるX_1に対し、脳梗塞に対する治療として血栓溶解剤であるアルテプラーゼを投与することのリスク、同投与を実施しない場合には亡Aが半身不随になりうることを説明した上で、アルテプラーゼの投与についてX_1の同意を得た。

そこで、Y_3は、同日午後1時頃、亡Aに対し、アルテプラーゼを投与した（以下「本件投与」という。）。

(f)　亡Aは、同日午後2時47分頃、下肢創部からの出血が確認され、同日午後4時45分頃、呼吸停止となり、同日午後7時2分、死亡した。

(2)　亡A死亡後

(a)　Y_2は、同日、亡Aの死亡診断書を作成した。

同書には、直接死因が「脳梗塞」、発症から死亡までの期間が「1日」、死因の種類が「病死及び自然死」と記載されていた。

(b)　また、Y_2は医師法21条に基づく異常死の届出はしておらず、Y_1の理事長であり、B病院の管理者であるY_4は、医療法6条の10第1項に基づく報告をしてない。

2　そこで、亡Aの子であるX_1ないしX_3は、①Y_3およびY_1に対し、それぞれ不法行為および使用者責任に基づき、亡Aの死亡慰謝料など合計4591万1104円、②Y_2およびY_1に対し、それぞれ不法行為および使用者責任に基づき、Y_2が死亡診断書に脳梗塞と記載したことおよび医師法21条に基づく異常死届出をしていないことが「死亡の経過及び原因の説明を診療を行った医師に対して求める患者の遺族の側の心情ないし要求」というX_1らの権利利益（以下「X_1らの権利利益」という。）を違法に侵害したとし、慰謝料合計30万円、③Y_4およびY_1に対し、不法行為および一般社団法人及び一般財団法人に関する法律78条に基づき、Y_4が医療法6条の10第1項所定の報告義務をしなかったことがX_1らの権利利益を違法に侵害したとして、慰謝料合計15万円の各支払い、④Y_2、Y_3およびY_4に対し、不法行為および民法723条類推に基づき、真摯な謝罪を求め、訴訟提起した。

3　なお、上記①におけるY_3の過失と同過失と死亡との因果関係の存在については争いがない。

●——判旨

①は一部認容、②および③は棄却、④は却下（控訴）

1　死亡診断書の記載について

「Y_2の専門分野は整形外科であり、本件投与を含めた脳梗塞に対する治療は、基本的に脳神経外科のY_3を中心に実施されたものであり、Y_2は、少なくとも死亡診断書を記載した時点では、本件投与が禁

忌であったことを認識していないこと、……本件投与後の状態の悪化に脳梗塞が影響していないとは言い難いことなどを踏まえれば、Y₂が死亡診断書に脳梗塞と記載をしてはならないとまでは認め難い。」以上に加え、「Y₂らが、原告らから本件患者の死因等についての説明を求められたにもかかわらず、これを拒んだり、あえて誤った説明をしたなどの事実は見当たらないことも踏まえれば、少なくとも、Y₂が自己の認識と異なる死因等をあえて死亡診断書に記載したとは認められず、Y₂が、本件患者に係る死亡診断書において、出血性ショックにより死亡した旨記載すべきであったのに、脳梗塞と記載したことで、原告らの権利利益を違法に侵害したとは認められない。」

　　2　医師法21条に基づく届出について

　「本件において、外表上、創部からの出血が認められるとしても、……脳梗塞の治療として本件投与を実施した結果、創部からの出血が生じたなどの経緯のほか、Y₂は本件患者の遺体を見てはいるが、これをもって検案した、すなわち、死因等を判定するために死亡後の本件患者の外表を検査したといえるかについても検討の余地があること、Y₂らが、原告らから本件患者の死因等についての説明を求められたにもかかわらず、これを拒んだり、あえて誤った説明をしたなどの事実は見当たらないことなどを踏まえれば」、異状死として届出義務を負うとまでは直ちには認め難い。また「X₁は本件患者の出血に気付いており本件患者の死亡前の状態につき確認しており、Y₂は、少なくとも死亡診断書を記載した時点やその翌日の時点では、本件投与が禁忌であったことを認識していないのであるから、Y₂が本件投与による死亡を隠す意図を有していたとも認められず、Y₂が、本件患者の死亡につき、異状死として届け出なかったことで、原告らの権利利益を違法に侵害したとは認められない。」

　　3　医療法6条の10第1項に基づく届出について

　「医療法上の医療事故調査制度（医療法第3章参照）は、医療の安全のための再発防止を目的とし、原因を調査するために、医療機関が自主的に医療事故を調査し、再発防止に取り組むことを基本とした制度であって、責任追及を目的としたものではないと解されるところ、病院等の管理者は、医療事故が発生した場合には、遅滞なく、医療事故調査・支援センターに医療事故の報告をしなければならないとされ（医療法6条の10第1項）、その後、医療事故調査が行われることになる。この医療事故調査の対象となる「医療事故」該当性の判断は、専ら病院等の管理

者に委ねられていること（同項、医療法施行規則1条の10の2参照）、病院等の管理者は、医療事故の報告をするに当たり、死亡した患者の遺族に対する説明をしなければならないとされている（医療法6条の10第2項）ものの、この説明も病院等の管理者による「医療事故」該当性の判断を前提としたものであることなどからすると、医療法6条の10第1項に基づく医療事故の報告及びその後に行われる医療事故調査等は、患者の遺族の権利利益の保護を目的とするものとはいえず、仮に、病院等の管理者による適切な医療事故の報告がされなかったとしても、これをもって、患者の遺族の権利利益を違法に侵害するものとはいえない……。」更に、Y₃は、X₁に対し、創部からの出血が生じること自体は予期していなかったとしても、脳梗塞それ自体また本件投与によって亡Aが死亡する危険性は認識していたのであるから、管理者であるY₄は、「当該死亡を予期しなかったもの」とはいえず、医療法6条の10第1項に基づく医療事故の報告をすべき義務はなかった。

　　4　真摯な謝罪を求める訴えの適否

　不法行為及び民法723条の類推適用によって、判決に基づく真摯な謝罪を求めることができると解することはできない。

●——研究

　1　問題の所在

　(1)　本件では、①Y₂が、死亡診断書に亡Aの直接死因を「脳梗塞」と記載したこと、②医師法21条に基づく異常死の届出をしなかったこと、③Y₄が、医療法6条の10第1項に基づいて医療事故調査・支援センターに報告しなかったことが、それぞれX₁らの「死亡の経過及び原因の説明を診療を行った医師に対して求める患者の遺族の側の心情ないし要求」という権利利益を違法に侵害するかが問題となった。

　(2)　X₁らが主張する権利利益は、広島地判平4・12・21（判タ814号202頁）を踏まえたものである。同裁判例では、上記内容の法的利益を認め、反面、医師の遺族に対する死因等の顛末報告義務を認めていることから[1]、本件Yらの①ないし③の行為についても、顛末報告義務になるかの問題として捉えることができる。

　2　顛末報告義務

　(1)　顛末報告義務は、診療後の医師の患者または遺族に対する説明義務であり、主に診療行為が不

首尾な結果に終わった場合の診療経過、患者の死亡に至る経過や原因等の説明について問題となる[2]。

顛末報告義務に関する最高裁判決はないが、学説の多数説および裁判例は、同義務を肯定している。同義務の法的根拠については、診療契約が準委任との理解に立てば、患者が生存している場合、受任者の報告義務に関する民法 645 条に求めることができる。ところが、患者が死亡した場合、診療契約は終了することから、法的根拠を同条に求めることはできない。そこで、患者死亡の場合、不法行為責任とする考え方や診療契約の付随義務であって患者の死亡によっても消滅しないとする考え方などの様々な考え方がある[3]。

(2) また、顛末報告義務の内容についても、確立した考え方があるとはいえず、裁判例においては、単なる死因等の説明を超えた死因解明義務や病理解剖を提案する義務等について争われたものもある。

3 死亡診断書の記載

(1) 死亡診断書の記載が正確さを欠くとして顛末報告義務が争われた裁判例は、結論として、同義務違反を肯定したもの（東京地判平 16・1・30 判タ 1194 号 243 号〔裁判例①〕、東京高判平 16・9・30 判時 1880 号 72 頁〔裁判例②、①の控訴審[4]〕）と否定したもの（本判決のほか、津地判平 16・6・24 裁判所 HP、さいたま地判平 16・3・24 判時 1879 号 96 頁〔裁判例③〕、東京地判平 25・3・21LEX/DB25511899）に分かれる。

肯定した裁判例である裁判例①および②は、病院の院長である被告が、患者が病死や自然死ではないことが明らかであったにもかかわらず、その事実を認識した上で、死亡診断書の死因を病死として作成させるなどしており、少なくとも同被告には、認識していた事実と異なる内容の死亡診断書を作成する認識があった事例である。

否定した裁判例のうち、裁判例③は、死亡診断書の虚偽記載が不法行為となるには、「……医師としての地位を故意に濫用し、積極的に死因の隠蔽を図る意図の下に行われたものと認めるべき事情、ないしはそれに準じて、故意または過失により、信義則に反して違法に行われたものと評価すべき事情を要する……。」としており、死亡診断書の記載が誤りであることの認識を超える主観的要件を要求している。

(2) 本判決は、Y_2 には、死亡診断書の記載時点で本件投与が禁忌であるとの認識がなかった等の事情から、Y_2 が自己の認識と異なる死因等を死亡診断書に記載したとは認められないとして、X_1 らの権利利益の侵害を否定している。したがって、本判決は、死亡診断書に不適切な記載がなされたとしても、記載した医師に、認識していた事実と異なる内容の死亡診断書を作成することについての故意がなければ不法行為は成立しないとの立場を採るものと考えられる。

4 医師法 21 条違反

(1) 医師法 21 条の規定

医師法 21 条は、「医師は、死体又は妊娠四月以上の死産児を検案して異状があると認めたときは、二十四時間以内に所轄警察署に届け出なければならない。」と規定している。同条は、死体は殺人罪等の犯罪が関係する場合があるので、死体に異状を認めた医師に、司法警察の便宜のために届出することを義務付けたものである[5]。

そして、同条の「検案」とは、医師が、死亡した者が診療中の患者であったか否かを問わず、死因を判定するためにその死体の外表を検査することをいうと解されている（最三判平 16・4・13 刑集 58 巻 4 号 247 頁）。

また、「異状」とは、法医学的な異状をいい、死体自体から認識できる異状に限らず、死体が発見されるに至ったいきさつ、死体発見場所等の諸般の状況を考慮して死体に異状を認めた場合を含むとされている（東京地八王子支判昭 44・3・27 刑月 1 巻 3 号 313 頁）。

(2) 医師法 21 条違反と顛末報告義務に関する裁判例

医師法 21 条に基づく届出をしないことが顛末報告義務に違反するかが争われた裁判例は少なく、本判決のほか、裁判例①および②しか見当たらない。

このうち、裁判例①は、医師法 21 条に基づく届出義務がある事例において、「警察に届出を行い、死因の解明をゆだねることが、被告 Y_1 の死因解明義務としての具体的履行である」として顛末報告義務を肯定したが、その控訴審である裁判例②は、同条に基づく義務は行政法規上の義務であるとして、同義務違反を否定した。

(3) 本判決

本判決では、①医師法 21 条に基づく届出義務の存否、②届出をしないことによる遺族の権利利益を侵害の有無の 2 点について判断した。

まず、①については、本件の事実関係の下で、「異状死として届け出なければならない法的義務を負うとまでは直ちには認め難い。」として、Y_2 の医師法

21条に基づく届出義務を否定した。

その上で、②については、Y_2には本件投与による死亡を隠す意図は認められず、異状死としての届け出をしなかったことが、X_1らの権利利益を侵害したとは認められないと判断している。

本来、医師法21条に違反するか否かについては、同条の要件へのあてはめが必要である。仮に、同条の要件を充足する場合、同条所定の行政法規上の義務の違反が、いかなる場合に私法上の権利利益あるいは顛末報告義務違反となるかを検討・判断する必要がある。ところが、本判決では、①のあてはめが不明確であり、届出義務自体を否定したにもかかわらず、さらに②の判断もしている点に疑問がある。

5 医療法6条の10第1項について
(1) 医療事故調査制度
医療事故調査制度は、平成26年6月の医療法改正によって新設された制度であり、医療安全のための再発防止を目的とするものである[6]。

同制度においては、医療事故が発生した場合、病院等の管理者は、遅滞なく、当該医療事故の日時、場所及び状況等を医療事故調査・支援センターに報告しなければならないとされる。そして、医療事故とは、当該病院等に勤務する医療従事者が提供した医療に起因し、又は起因すると疑われる死亡等であって、病院等の管理者が当該死亡等を予期しなかったものとして厚生労働省令で定めるものをいう（医療法6条の10第1項）。また、病院等の管理者は、上記報告をするにあたり、遺族に対し、医療事故が発生した日時、場所及びその状況などについて説明しなければならない（医療法6条の10第2項、医療法施行規則1条の10の3第2項）。

(2) 医療法6条の10第1項と顛末報告義務に関する裁判例
医療法6条の10第1項に関連して争われた裁判例は、本判決のほか、医療機関が遺族との関係で医療事故調査によって死因を解明する義務を負うかが争われた裁判例（東京地判令3・9・9 LEX/DB25601153）しか見当たらない。

同裁判例は、医療事故調査制度等の趣旨に照らせば、医療法上の医療事故が発生した場合であっても、医療機関は、遺族に対し、医療事故の原因を調査するために医療事故調査を実施すべき義務を負うものではなく、同義務が診療契約上の債務となる余地はないと判断した。

(3) 本判決について
本判決は、医療安全のための再発防止という医療事故調査制度の目的や病院等の管理者が医療事故の該当性を判断するという医療法の規定から、仮に、管理者が適切な医療事故の報告をしなかったとしても、患者の遺族の権利利益を違法に侵害するものではないと判断した。

したがって、本判決は、上記裁判例と同じく、医療法6条の10第1項の規定が、顛末報告義務違反の根拠とならないことを明らかにしたものと考えられる。

6 本判決の位置づけ
本判決は、死亡診断書の記載等が原告らの権利利益を侵害するかという形で争われたケースにおける判断であるが、上記1のとおり、顛末報告義務の内容について判断したものと捉えることもできる。

（さかうえ・たけひと）

---

1) 広島地判平4・12・21（判タ814号202頁）が、患者の「……死亡の経過及び原因の説明を診療を行った医師に対して求める患者の遺族の側の心情ないし要求は、それが医師の本来の責務である診療行為の内容そのものには属しないことを踏まえても、なお、法的な保護に値する……。」とした上で、「自己が診療した患者が死亡するに至った場合、患者が死亡するに至った経緯・原因について、診療を通じて知り得た事実に基づいて、遺族に対し適切な説明を行うことも、医師の遺族に対する法的な義務である」としている。
2) 剱持淳子「医師の顛末報告義務」（2009年）判タ1304号35頁、河上正二「死因の説明過誤事件」医事判例百選（2006年）133頁
3) 剱持淳子「医師の顛末報告義務」（2009年）判タ1304号37頁、拙稿「医師の患者またはその遺族に対する顛末報告義務」法と政治63巻4号（2013年）1172頁
4) 「……医師法二一条に基づき警察に届け出るべき義務は行政法規上の義務であって、被控訴人らに対する診療契約上ないし不法行為法上の義務であるとはいえない」としつつ、「病院は、それぞれ本件診療契約に付随する義務として、本件医療事故について、所属する医師等を通じて、可能な範囲内でその死因を解明した上で、遺族に対し適時に適切な説明をする義務を負っていた」と判示している。
5) 米村滋人『医事法講義〔第2版〕』（日本評論社、2016年）57頁
6) 医療事故調査制度について説明したものとして、田上喜之「平成26年医法改正の解説——医療事故調査制度の創設」（2014年）法律のひろば2014・11号4頁

労働

時間外労働をしても賃金総額が変わらない給与体系下で、「時間外手当」と「調整手当」からなる割増賃金の区分を否定し、全体として割増賃金該当性を否定した事例
——熊本総合運輸事件

最二判令5・3・10
令和4年(受)第1019号 未払賃金等請求上告事件
労判1284号5頁、労経速2516号3頁
第一審：熊本地判令3・7・13労判1284号27頁
第二審：福岡高判令4・1・21労判1284号23頁

平越　格 弁護士

労働判例研究会

●——事実の概要

1　概要

本件は、一般貨物自動車運送事業等を営む第一審被告（被上告人）Yに雇用され、トラック運転手として勤務していた第一審原告（上告人）Xが、Yに対し、時間外労働、休日労働及び深夜労働に対する賃金並びに付加金等の支払を求めた事案である。Xは、無期正社員運転手で、勤務期間は平成24（2012）年2月頃～平成29（2017）年12月25日であり、未払賃金請求期間は、デジタルタコグラフが導入された平成27（2015）年12月1日～Xが退職した平成29（2017）年12月25日である。

2　旧給与体系

Yでは、Xが入社した当時、就業規則の定めにかかわらず、日々の業務内容等に応じて月ごとの賃金総額を決定した上で、その賃金総額から基本給と基本歩合給を差し引いた額を時間外手当とする賃金体系（以下「旧給与体系」という。）が採用されていた。

【賃金総額】運行内容（出発、輸送、積込、帰庫）等に応じて決定	－	基本給＋基本歩合給	＝	時間外手当

3　新給与体系

Yは、平成27（2015）年5月、熊本労働基準監督署から適正な労働時間の管理を行うよう指導を受けたことを契機として、就業規則を変更した（以下、変更後の就業規則を「平成27年就業規則」という。）。平成27年就業規則等に基づく新たな賃金体系（以下「新給与体系」という。）の主な内容は、次のとおりである。

（ア）　基本給は、本人の経験、年齢、技能等を考慮して各人別に決定した額を支給する。

（イ）　基本歩合給は、運転手に対し1日500円と

し、実出勤した日数分を支給する。

（ウ）　勤続手当は、出勤1日につき、勤続年数に応じて200～1000円を支給する。

（エ）　残業手当、深夜割増手当及び休日割増手当（以下「本件時間外手当」と総称する。）並びに調整手当から成る割増賃金（以下「本件割増賃金」という。）を支給する。

このうち本件時間外手当の額は、基本給、基本歩合給、勤続手当等（以下「基本給等」という。）を通常の労働時間の賃金として、労働基準法37条並びに政令及び厚生労働省令の関係規定（以下「労働基準法37条等」という。）に定められた方法により算定した額であり、調整手当の額は、本件割増賃金の総額から本件時間外手当の額を差し引いた額である。

本件割増賃金の総額の算定方法は平成27年就業規則に明記されていないものの、旧給与体系と同様の方法により業務内容等に応じて決定される月ごとの賃金総額から、基本給等の合計額を差し引いたものが、本件割増賃金とされていた。

新給与体系の下において、Xを含むYの労働者の総労働時間やこれらの者に現に支払われた賃金総額は、旧給与体系の下におけるものとほとんど変わらなかったが、旧給与体系に比して基本給が増額された一方で基本歩合給が大幅に減額され、上記のとおり新たに調整手当が導入されることとなった。

Yは、新給与体系の導入に当たり、Xを含む労働者に対し、基本給の増額や調整手当の導入等につき一応の説明をしたところ、特に異論は出なかった。

4　未払賃金請求期間の時間外労働、賃金支給状況など

Yでは、平成27（2015）年12月からデジタルタコグラフを用いた労働時間の管理がされるようになったところ、同月から平成29（2017）年12月までの期間のうち、Xの勤務日がほとんどなかった期間を除く19か月間を通じ、Xの時間外労働等の状況は、1か月当たりの時間外労働等の時間が平均80時間弱であった。

また、YからXに対する賃金の支給状況は、上記19か月間を通じ、基本給の支給額が月額12万円、本件時間外手当の支給額が合計約170万円、調整手当の支給額が合計約203万円であった。

5　第一審判決認容額の支払

第一審は、Yは平成27年5月に労働基準監督署の指導を受けた後、デジタルタコグラフにより適正に労働時間を管理した上で、平成27年就業規則の定めに基づき本件時間外手当を支払っていたものであり、明確区分性及び対価性を有することは明らかであるとする一方で、調整手当は、旧給与体系と同様に運行内容に応じた歩合給（出来高払い）に近い形で算定されており、時間外労働の時間数に応じて支給されていたものではないから、平成27年就業規則が予定していた時間外手当として支払われたものとはいえず、時間外労働の対価としての明確区分性及び対価性を有しないと判断した。

これを受けて、Yは、令和3（2021）年8月6日、Xに対し、第一審判決が認容した賃金額の全部（遅延損害金を含めて合計224万7013円）を支払った。

6　第二審判決

第二審も、第一審の前記判断を維持した。第二審は、調整手当について、その金額自体を算出することはできるものの、あえて調整手当という形式的な名称を付してこれらを技巧的に区分しているのみで、本来的・実質的な意味で基本給と区別されたものとはいい難いのであって、そもそも明確区分性があるとはいえないと判断した。

●──判旨

破棄差戻し（草野耕一裁判官の補足意見あり）

1　割増賃金の支払として認められるための要件

労働基準法37条は、労働基準法37条等に定められた方法により算定された額を下回らない額の割増賃金を支払うことを義務付けるにとどまり、使用者は、労働者に対し、雇用契約に基づき、上記方法以外の方法により算定された手当を時間外労働等に対する対価として支払うことにより、同条の割増賃金を支払うことができる。そして、使用者が労働者に対して同条の割増賃金を支払ったものといえるためには、通常の労働時間の賃金に当たる部分と同条の割増賃金に当たる部分とを判別することができることが必要である。

雇用契約において、ある手当が時間外労働等に対する対価として支払われるものとされているか否かは、雇用契約に係る契約書等の記載内容のほか、具体的事案に応じ、使用者の労働者に対する当該手当等に関する説明の内容、労働者の実際の労働時間等の勤務状況などの諸般の事情を考慮して判断すべきである。その判断に際しては、労働基準法37条が時間外労働等を抑制するとともに労働者への補償を実現しようとする趣旨による規定であることを踏まえた上で、当該手当の名称や算定方法だけでなく、当該雇用契約の定める賃金体系全体における当該手当の位置付け等にも留意して検討しなければならないというべきである。

2　本件時間外手当と調整手当の区別について

新給与体系の下においては、時間外労働等の有無やその多寡と直接関係なく決定される本件割増賃金の総額のうち、基本給等を通常の労働時間の賃金として労働基準法37条等に定められた方法により算定された額が本件時間外手当の額となり、その余の額が調整手当の額となるから、本件時間外手当と調整手当とは、前者の額が定まることにより当然に後者の額が定まるという関係にあり、両者が区別されていることについては、本件割増賃金の内訳として計算上区別された数額に、それぞれ名称が付されているという以上の意味を見いだすことができない。

そうすると、本件時間外手当の支払により労働基準法37条の割増賃金が支払われたものといえるか否かを検討するに当たっては、本件時間外手当と調整手当から成る本件割増賃金が、全体として時間外労働等に対する対価として支払われるものとされているか否かを問題とすべきこととなる。

3　本件割増賃金の対価性について

(1)　Yは、労働基準監督署から適正な労働時間の管理を行うよう指導を受けたことを契機として新給与体系を導入するに当たり、賃金総額の算定については従前の取扱いを継続する一方で、旧給与体系の下において自身が通常の労働時間の賃金と位置付けていた基本歩合給の相当部分を新たに調整手当として支給するものとしたということができる。そうすると、旧給与体系の下においては、基本給及び基

本歩合給のみが通常の労働時間の賃金であったとしても、Xに係る通常の労働時間の賃金の額は、新給与体系の下における基本給等及び調整手当の合計に相当する額と大きく変わらない水準、具体的には1時間当たり平均1300〜1400円程度であったことがうかがわれる。一方、上記のような調整手当の導入の結果、新給与体系の下においては、基本給等のみが通常の労働時間の賃金であり本件割増賃金は時間外労働等に対する対価として支払われるものと仮定すると、Xに係る通常の労働時間の賃金の額は、1時間当たり平均約840円となり、旧給与体系の下における水準から大きく減少することとなる。

（2）また、Xについては、1か月当たりの時間外労働等は平均80時間弱であるところ、これを前提として算定される本件時間外手当をも上回る水準の調整手当が支払われていることからすれば、本件割増賃金が時間外労働等に対する対価として支払われるものと仮定すると、実際の勤務状況に照らして想定し難い程度の長時間の時間外労働等を見込んだ過大な割増賃金が支払われる賃金体系が導入されたこととなる。

しかるところ、新給与体系の導入に当たり、YからXを含む労働者に対しては、基本給の増額や調整手当の導入等に関する一応の説明がされたにとどまり、基本歩合給の相当部分を調整手当として支給するものとされたことに伴い上記のような変化が生ずることについて、十分な説明がされたともうかがわれない。

（3）以上によれば、新給与体系は、その実質において、時間外労働等の有無やその多寡と直接関係なく決定される賃金総額を超えて労働基準法37条の割増賃金が生じないようにすべく、旧給与体系の下においては通常の労働時間の賃金に当たる基本歩合給として支払われていた賃金の一部につき、名目のみを本件割増賃金に置き換えて支払うことを内容とする賃金体系であるというべきである。そうすると、本件割増賃金は、その一部に時間外労働等に対する対価として支払われているものを含むとしても、通常の労働時間の賃金として支払われるべき部分をも相当程度含んでいるものと解さざるを得ない。

4　結論
前記事実関係等を総合しても、本件割増賃金のうちどの部分が時間外労働等に対する対価に当たるかが明確になっているといった事情もうかがわれない以上、本件割増賃金につき、通常の労働時間の賃

金に当たる部分と労働基準法37条の割増賃金に当たる部分とを判別することはできないこととなるから、YのXに対する本件割増賃金の支払により、同条の割増賃金が支払われたものということはできない。

●──研究

1　本件時間外手当と調整手当の区別を否定した判旨2に対する疑問

（1）就業規則に基づく賃金区分の明確性と対価性の判断の混同

第一審、第二審では、平成27年就業規則による新給与体系導入の有効性（不利益変更該当性）も争点とされたが、上告審での審理の対象は、本件時間外手当が労働基準法37条の割増賃金の支払として認められるかという点のみである。

判旨1は、日本ケミカル事件・最一判平30・7・19集民259号77頁、国際自動車事件第2次上告審・最一判令2・3・30民集74巻3号549頁[1]を引用して、その要件を説示している。しかし、判旨1から判旨2が導かれるわけではない。

判旨2は、本件時間外手当と調整手当の区別を否定し、本件割増賃金全体の対価性を審査対象とする理由として、「両者（本件時間外手当と調整手当）が区別されていることについては、本件割増賃金の内訳として計算上区別された数額に、それぞれ名称が付されているという以上の意味を見いだすことができない」と説示する。しかし、①平成27年就業規則の定めに基づく本件時間外手当と調整手当の区分が明確であるか否かの問題と、②平成27年就業規則の定めに基づく本件時間外手当の支払が労働基準法37条の割増賃金の支払いとして認められるか（対価性）の問題は、本来、区別される問題である。判旨2は、この区別をしていない点で疑問である。

本件で、調整手当が時間外労働等に対する対価性を欠くとしても、本件時間外手当は、労働基準監督署の指導後に社会保険労務士の助言を得て作成した平成27年就業規則に基づき、労働基準法37条等に定められた方法により算出されていたのであり、調整手当と明確に区分されているのであって、なぜ「名称が付されているという以上の意味を見いだすことができない」という評価になるのか疑問である。調整手当を含めた本件割増賃金の全体を審査しなければ、本判決の結論を導くことができないということであろうが、理由に説得力を欠く。

新給与体系における調整手当の趣旨は、第一審判

決、第二審判決が認定するとおり、「従前の給与より減額を生じないための調整弁」であり、給与体系の変更に伴う激変緩和措置である。そうであれば、調整手当の割増賃金該当性のみを否定すれば足りる。本件における調整手当の額は、本件割増賃金の総額から本件時間外手当の額を差し引いて算出されていたところ、このように、一定金額から労働基準法37条に定める割増賃金相当額を控除したものを通常の労働時間の賃金（調整手当）とする定め自体が、同条の趣旨に反するものとして公序良俗に反し、無効になるわけではない（国際自動車第1次上告審判決・最三判平29・2・28集民255号1頁参照）。

上告受理申立理由によれば、本件割増賃金は月220時間の時間外労働をしても追加の割増賃金の支払が不要な設計になっているところ、判旨2の背景には、弁論主義の制約から、このような定め自体を公序良俗に反するものとして無効とする判断ができなかった可能性も考えられる[2]。また、平成27年就業規則では、本件時間外手当のうち、「残業手当」について、「見込んだ調整手当の時間を上回る時間外労働を行った場合の差額残業手当（休日出勤含む）」と規定しており、支給実態に沿わない定めとなっていた。このような規定の矛盾が判旨2に影響を与えた可能性も考えられる。

(2) 罪刑法定主義の観点からの疑問

労働基準法は刑罰法規であり、罪刑法定主義の観点からも、法違反の犯罪の成立範囲を不明確に拡張するような解釈は許されない。平成27年就業規則で明確に規定された本件時間外手当と調整手当の区分をわざわざ否定し、これらを合算して全体の対価性を審査するという判旨2には、罪刑法定主義の観点からも疑問が残る。

2　本件割増賃金に通常の労働時間の賃金が含まれるとした判旨3に対する疑問

判旨3は、新給与体系の通常の労働時間の賃金の水準が低いこと、本件割増賃金と実際の勤務状況との乖離、新給与体系導入時の説明を指摘して、本件

割増賃金の対価性を否定した。しかし、これらは、いずれも調整手当の対価性を否定する事情であって、本件時間外手当の対価性を否定する根拠たり得ない。

草野裁判官の補足意見でも、「使用者が、固定残業代制度を導入する機会などに、通常の労働時間に対する賃金の水準をある程度抑制しようとすることも、経済合理的な行動として理解し得るところであり、このこと自体をもって、労働基準法37条の趣旨を潜脱するものであると評価することは相当でない」と述べている。そうであるならば、新給与体系における通常の労働時間の賃金水準が低いことは、対価性を否定する事情たり得ない。この点については、竹内寿教授も「当該賃金の変更ないし変更後の額の低さ自体の是非は労働条件変更の問題であり、労働基準法37条に係る対価性に関し論じる同判旨には疑問がある」と指摘されている[3]。

また、本判決は、判旨3(1)で、旧給与体系の「基本歩合給の相当部分」が新給与体系の「調整手当」に変更されたと指摘しているが、そうであれば、実際の勤務状況との乖離や新給与体系導入時の説明についても、調整手当の対価性を否定する事情として考慮すれば足りる。

3　本判決の評価

本判決には上述のような問題点があるが、それを措くとしても、本判決は、（上告受理申立理由によれば）月220時間の時間外労働をしても追加の割増賃金の支払が不要となる給与体系が、経済的負担による時間外労働の抑制や補償という労働基準法37条の趣旨を潜脱する「脱法的事態」であるという評価（草野耕一裁判官の補足意見）を前提に、対価性の判断において本件時間外手当と調整手当の区分を否定し、本件割増賃金に通常の労働時間の賃金が含まれているという解釈をしたものである。その限度での事例判断であり、射程範囲は限定的と解される。

（ひらこし　いたる）

---

1)　国際自動車事件（第2次上告審）は、残業手当の額がそのまま歩合給の減額につながり、歩合給が0円になることもあるという事実関係の下で、残業手当に通常の労働時間の賃金が含まれているが判別できないと判断された事案である。これに対し、本件は、本件割増賃金の中に、本件時間外手当と調整手当という明確な区分が設けられていた事案である。

2)　イクヌーザ事件・東京高判平30・10・4労判1190号5頁は、本給のうちの一定額を月間80時間分相当の時間外労働に対する割増賃金とすることは、公序良俗に違反するものとして無効とすることが相当であると判断した。

3)　竹内（奥野）寿「賃金体系変更により導入された手当の割増賃金該当性」ジュリスト1584号（2023年）4頁。

知財　知財越境侵害——コメント配信システム事件

知財高判令5・5・26
令4(ネ)10046号　特許権侵害差止等請求控訴事件
裁判所HP
原審：東京地判令4・3・24　令元(ワ)25152号

紋谷崇俊　弁護士・弁理士・NY州弁護士
知財判例研究会

●——事実の概要

　本件は、（コメントの重複表示を避けつつ動画と共にサーバから端末装置に配信する、サーバと端末装置を備える）「コメント配信システム」に係る本件特許権を有するX（原告・控訴人）が、米国法人であるY₁（被告・被控訴人）が運営するインターネット上のコメント付き動画配信サービスに係るY各システムは、本件特許に係る発明の技術的範囲に属するものであり、Y₁が米国に存在するY各サービスの用に供するY各サーバから日本国内に存在するユーザ端末にY各サービスに係るY各ファイルを配信する行為が、Y各システムの「生産」（特許法2条3項1号）に該当し、本件特許権を侵害する旨主張し、Y₁らに対し、Y各ファイルの日本国内に存在するユーザ端末への配信の差止め、Y各サーバ用プログラムの抹消及びY各サーバの除却を求めるとともに、損害賠償の支払を求めた事案である。

　原審は、属地主義の原則から、「生産」に該当するためには、特許発明の全ての構成要件を満たす物が日本国内において新たに作り出されることが必要である所、Y各システムは本件特許に係る発明の構成要件を全て充足するが、その構成要素であるY各サーバは、いずれも米国内に存在し、日本国内に存在するユーザ端末のみでは、本件特許に係る発明の全ての構成要件を充足しないから、Y₁らがY各システムを日本国内で「生産」したものとは認められず（また米国法人であるY₁が本件特許権の侵害の責任を回避するために動画配信用サーバ及びコメント配信用サーバを日本国外に設置し、実質的には日本国内から管理していたといった、結論として著しく妥当性を欠くとの評価を基礎付けるような事情はないとして）、Y₁らによる本件特許権の侵害の事実は認められないと判断し、Xの請求をいずれも棄却した。

　Xは、原判決を不服として控訴（なお第三者意見募集（特許法105条の2の11）も実施された）。

●——判旨

一部認容

1　「本件発明1は、……物の発明であるところ、その実施行為としての物の『生産』（特許法2条3項1号）とは、発明の技術的範囲に属する物を新たに作り出す行為をいうものと解される。そして、本件発明1のように、インターネット等のネットワークを介して、サーバと端末が接続され、全体としてまとまった機能を発揮するシステム（以下「ネットワーク型システム」という。）の発明における『生産』とは、単独では当該発明の全ての構成要件を充足しない複数の要素が、ネットワークを介して接続することによって互いに有機的な関係を持ち、全体として当該発明の全ての構成要件を充足する機能を有するようになることによって、当該システムを新たに作り出す行為をいうものと解される。」

　「Yサービス1のFLASH版においては……ユーザが、国内のユーザ端末のブラウザにおいて、所望の動画を表示させるためのYサービス1のウェブページを指定する（②）と……Y₁のウェブサーバが上記ウェブページのHTMLファイル及びSWFファイルをユーザ端末に送信し（③）、ユーザ端末が受信した、これらのファイルはブラウザのキャッシュに保存され、ユーザ端末のFLASHが、ブラウザのキャッシュにあるSWFファイルを読み込み（④）……その後、ユーザが、ユーザ端末において、ブラウザ上に表示されたウェブページにおける当該動画の再生ボタンを押す（⑤）と、上記SWFファイルに格納された命令に従って……ブラウザが……Y₁の動画配信用サーバ……コメント配信用サーバに対し……リクエストを行い（⑥）、上記リクエスト

に応じて……［上記各］サーバが動画ファイル……コメントファイルを、それぞれユーザ端末に送信し（⑦）、ユーザ端末が、上記［各］ファイルを受信する（⑧）ことにより……ブラウザにおいて動画上にコメントをオーバーレイ表示させることが可能となる。このように、ユーザ端末が上記動画ファイル及びコメントファイルを受信した時点（⑧）において、Y₁の［上記各］サーバとユーザ端末はインターネットを利用したネットワークを介して接続されており、ユーザ端末のブラウザにおいて動画上にコメントをオーバーレイ表示させることが可能となるから、ユーザ端末が上記各ファイルを受信した時点で、本件発明1の全ての構成要件を充足する機能を備えたYシステム1が新たに作り出されたものということができる」。

2 「a 特許権についての属地主義の原則とは、各国の特許権が、その成立、移転、効力等につき当該国の法律によって定められ、特許権の効力が当該国の領域内においてのみ認められることを意味する」。

「b ネットワーク型システムにおいて、サーバが日本国外……に設置されることは、現在、一般的に行われており、また、サーバがどの国に存在するかは、ネットワーク型システムの利用に当たって障害とならないことからすれば、被疑侵害物件であるネットワーク型システムを構成するサーバが国外に存在していたとしても、当該システムを構成する端末が日本国内……に存在すれば、これを用いて当該システムを国内で利用することは可能であり、その利用は、特許権者が当該発明を国内で実施して得ることができる経済的利益に影響を及ぼし得るものである。」「そうすると、ネットワーク型システムの発明について、属地主義の原則を厳格に解釈し、当該システムを構成する要素の一部であるサーバが国外に存在することを理由に、一律に我が国の特許法2条3項の『実施』に該当しないと解することは、サーバを国外に設置さえすれば特許を容易に回避し得ることとなり、当該システムの発明に係る特許権について十分な保護を図ることができないこととなって、妥当ではない。」

「他方で、当該システムを構成する要素の一部である端末が国内に存在することを理由に、一律に特許法2条3項の『実施』に該当すると解することは、当該特許権の過剰な保護となり、経済活動に支障を生じる事態となり得る」。

「これらを踏まえると、……当該システムを構成する要素の一部であるサーバが国外に存在する場合であっても、当該行為の具体的態様、当該システムを構成する各要素のうち国内に存在するものが当該発明において果たす機能・役割、当該システムの利用によって当該発明の効果が得られる場所、その利用が当該発明の特許権者の経済的利益に与える影響等を総合考慮し、当該行為が我が国の領域内で行われたものとみることができるときは、特許法2条3項1号の『生産』に該当すると解するのが相当である。」

「本件生産1の1の具体的態様は、米国に存在するサーバから国内のユーザ端末に各ファイルが送信され、国内のユーザ端末がこれらを受信することによって行われるものであって、当該送信及び受信（送受信）は一体として行われ、国内のユーザ端末が各ファイルを受信することによってYシステム1が完成することからすれば、上記送受信は国内で行われたものと観念することができる。」「次に、Yシステム1は、米国に存在するY₁のサーバと国内に存在するユーザ端末とから構成されるものであるところ、国内に存在する上記ユーザ端末は、本件発明1の主要な機能である動画上に表示されるコメント同士が重ならない位置に表示されるようにするために必要とされる構成要件1Fの判定部の機能と構成要件1Gの表示位置制御部の機能を果たしている。」「さらに、Yシステム1は、上記ユーザ端末を介して国内から利用することができるものであって、コメントを利用したコミュニケーションにおける娯楽性の向上という本件発明1の効果は国内で発現しており、また、その国内における利用は、Xが本件発明1に係るシステムを国内で利用して得る経済的利益に影響を及ぼし得るものである。」「以上の事情を総合考慮すると、本件生産1の1は、我が国の領域内で行われたものとみることができるから、本件発明1との関係で、特許法2条3項1号の『生産』に該当するものと認められる。」

3 「Y₁が……サーバを設置及び管理しており、これらのサーバが……ファイルをユーザ端末に送信し、……受信は、ユーザによる別途の操作を介することなく、Y₁がサーバにアップロードしたプログラムの記述に従い、自動的に行われるものであることからすれば、Yシステム1を『生産』した主体は、Y₁である」。

●——研究

1 本判決の意義

本判決は、属地主義の原則に関して議論されてきた国境を跨ぐ侵害行為について、日本国外に存在するサーバと日本国内に存在するユーザ端末からなる

システムを新たに作り出す行為が、特許法2条3項1号所定の「生産」に該当するとしたものである。

本件には、国外からのコメント表示プログラム等の「電気通信回線を通じた提供」について、地裁判断を覆し侵害を認めた関連事件がある（知財高判令4・7・20裁判所HP［コメント表示プログラム事件］）。本件も地裁と高裁の判断が分かれたが、地裁の属地主義の適用が硬直的との指摘もあり[1]、「ネットワーク型システムの発明」に限定しつつ、総合考慮により越境侵害を認め、ネットワーク関連発明の保護を実現した。但し後述の疑問もある。

2　判旨

(1)　属地主義

判旨2aは、平成9年及び14年最判[2]を引用し、特許権についての「属地主義の原則」とは、①各国の特許権が、その成立、移転、効力等につき当該国の法律によって定められ、②特許権の効力が当該国の領域内においてのみ認められることを意味すると述べる。争いあるも、上記①は抵触法上の原則、②は実質法上の原則と解されている[3]。

域外適用については、属地主義の原則より「自国の領域外」の行為（積極誘引）に特許権の効力を認めなかったH14最判との整合性等にも留意が必要となろう[4]。他方、近時は、海外サーバからのサービス提供に侵害を認めた裁判例[5]もあり、ネットワーク対応を念頭に属地主義の緩和も検討されていた[6]。

(2)　システムの生産

判旨1は、全ての構成要件を充足する機能を備えたシステムを新たに作り出すことを「生産」と述べ、全構成要件の充足は地裁同様だが、機能に着目し⑧時点に生産を認めた[7]。

なお、システムの機能に着目すれば通常④時点で「物の発明」が認められるように思われるが、判旨はコンテンツ配信の⑧時点と遅い。このため、ファイルを受信する毎に生産が繰り返される特異なシステム概念であり[8]、あたかも個別の配信方法やシステムの使用を対象としているかのようにも見える。

(3)　基準

判旨2bは、特許保護などバランスを勘案の上、「ネットワーク型システムの発明」に限定しつつ、「①当該行為の具体的態様、②当該システムを構成する各要素のうち国内に存在するものが当該発明において果たす機能・役割、③当該システムの利用によって当該発明の効果が得られる場所、④その利用が当該発明の特許権者の経済的利益に与える影響等」を「総合考慮」し、「我が国の領域内で行われたものとみることができるとき」に「生産」を認める。

前記［コメント表示プログラム事件］も、同様に「総合考慮」の手法により「日本の領域内で行われたものと評価しうるとき」に実施行為を認めるが、考慮要素は異なり、プログラム等の「電気通信回線を通じた提供」については⑦日本国の内外の部分に明確かつ容易に区別できるか、⑦制御が日本国内で行われているか、⑦日本国内の顧客等に向けられたものか、⑦特許発明の効果が日本国内において発現しているかなど諸事情を考慮する。

但し、「考慮要素」に共通点も見受けられる。まず行為は、①国内外の行為が「一体」として行われ（⑦）、②国内における表示位置「制御」という「主要な機能」（⑦）が考慮される。次いで効果は、③「発明の効果」を考慮する点で同様である（⑦⑦）が、本件では更に④「経済的利益」に言及する。

(4)　主体

判旨3は、必ずしも明確でないが、Y_1の「サーバの設置及び管理」等に言及し、道具理論の如く「生産」した主体はY_1であると規範的認定を行っている。

(5)　本判決の射程

本判決は、ネットワーク型システムの発明について総合考慮により「生産」に係る越境侵害を認めた。ネットワーク関連発明の保護の見地から、ある種のクライアント＝サーバ型システムについては、我が国の特許権を及ぼすことが望ましいとの判断であろうが、ASP/SAAS型サービス等を含め、本判決の射程については、今後の課題となろう。

3　疑問

但し、越境侵害の必要性に比し、許容性が十分論じられていないことが懸念される。

(1)　システム「生産」と属地主義

諸外国でも、ネットワーク化対応が検討されつつあるが、他国の法域に配慮しつつ、域外適用に否定的な国もあり[9]、属地主義を柔軟に解して越境侵害を認めたと学会で紹介された積極的な欧米の主要裁判例も、専らシステム（や方法）の「使用」を論じ、海外主体による海外構成を含むシステム「生産」の直接侵害は論じていないように見受けられる[10]。

自国内へプログラム等の「提供」や、自国からの「使用」は、自国との関係が明確な個別行為を対象とする。本判決も域外適用の論拠として「システムを国内で利用」と繰り返すように、「使用」を念頭にするが、「生産」は、その前段階に過ぎず、個々の使用を問わず、海外の「物」自体に、我が国の「生産」を認め広く排他権が及ぼすことには疑問もあろう。

Y_1代理人の言によれば、本件の米国サーバは全世界に配信を行っている。もっとも、本判決は、生

産時点が個別配信の⑧時点と遅く認定することで、日本向け個別配信のみを侵害対象とし、米国サーバに排他権を広く及ぼさないよう配慮している。但しソフトとハードが協働する「物」にも拘わらず、生産概念を限定して、ハード(サーバ)を捨象し、ビジネス方法自体を保護しているように見受けられる。

(2) 基準の不明確性

本件は①属地主義と②複数主体侵害に係る二重の例外論の場面であるにも拘わらず、明瞭な基準なく、原則が覆されていることが懸念される。構成要件の公示機能・罪刑法定主義に鑑みれば、①国内の実施行為とする論拠や②複数主体論の論拠や整合性や外延について明確な説明が必要となる。

もっとも、①は、「我が国の領域内で行われたものとみることができるとき」という一般基準は明らかでなく、どの考慮要素を重視するかによって総合考慮も不明瞭となる。②は、特許権侵害は単一の者が特許の請求範囲に記載されている構成要件のすべてを実施する場合に成立するのが原則であり、拡張をする際には慎重を期す必要がある[11]とされるが、我が国では規範的判断がなされており、①②の交錯領域では、更に複雑化する。

本件は②では、米国主体の海外における「サーバの設置及び管理」を重視しているが、そうであれば逆に、我が国に所在しない「サーバ」の構成要件に係る海外の実施行為の重要性を示唆する以上、地裁や米国等の「国内から管理」という①越境侵害の帰責法理では、国内侵害が問えないことになろう。

他方①では、日本のユーザ端末の制御機能を重視するが、そうであれば(「生産」ではなく「使用」の文脈の)米国 NTP v RIM 判決の如く、(クレームドラフティング次第で侵害となる)ユーザの国内使用行為を前提に、海外関与者に教唆の域外適用を認めるのと実質的に変わらない論理操作にも見える。

国際的に越境侵害は、クレームドラフティングや海外出願での対処の他、域外適用に積極的な諸国も、海外主体は(独の方法発明はともかく)、例外的に、主に国内侵害行為を前提に「教唆」等として対象を画する(帰責・従属性)[12]。しかし、これは我が国のH14年最判が属地主義の原則より否定した点でもある。域外適用には、逆に不明瞭な海外の構成を含むクレームに基づく①総合考慮論や②規範的な直接侵害に頼らざるを得ず、H14年最判を含めて全体的な見直しが求められているようにも思われる。

(3) 越境侵害の弊害

本件システム特許には、重複表示を避ける座標軸など技術的裏付けが明示されていない[13]。属地主義はしばしば「産業政策に基づ」く(H14最判)と指摘される所、欧米では、産業政策上、ビジネス方法やシステム発明の特許適格性或いは進歩性には厳しい基準が適用され、事実、本件特許に米国対応特許は存しない。本来、米国特許を出願して行使すべき、米国所在の海外向け配信サーバに、我が国の緩やか基準で認められた特許を広く及ぼしてよいのか。逆に今後、外国が、我が国と異なる基準により域外適用を広く認め、我が国所在の物自体に廃棄等を命じた場合、我が国は越境侵害を甘受せざるを得ないのか。

本判決では「ネットワーク型システムの発明」という限定と「総合考慮」の中でバランスを模索することになろうが、ネットワーク化対応のみならず、これまで国際実務の法的安定性を確保してきた原則や国際調和にも配慮し、「自国の領域外」の構成に広く排他権を及ぼす域外適用には慎重を期すと共に、むしろ「自国の領域内」の判断に馴染む関連事件のプログラム等の「提供」等の他、使用概念や教唆行為の立法等により明確化することが望まれる。

(もんや・たかとし)

---

1) 令和5年日本工業所有権法学会シンポジウム、鈴木・L&T98号11頁、愛知・特許研究74号6頁等参照。
2) 最三判平9・7・1民集51巻6号2299頁、最一判平14・9・26民集56巻7号1551頁。
3) 髙部・H14最判解説参照。
4) 我が国における方法の全工程の実施を必要とした下級審裁判例として、東京地判平13・9・20判時1764号112頁。
5) 知財高判平22・3・24判タ1358号184頁。
6) 髙部・秋吉喜寿161頁、知財研・報告書(平成29年3月)、IPジャーナル2号等参照。
7) 但し海外サーバを構成に含む本件は、生産完了時点の1工程⑧のみで海外サーバを具備できない以上、「生産」該当性に関し、サーバ構成充足は「行為の具体的態様」として考慮されることになろう。
8) 本判決70頁参照。
9) AIPPI2018(共同侵害に係る越境侵害の否決)及び拙稿・三村古稀(2024刊行予定)参照。
10) 前掲注1)9)参照。域外適用に積極的な諸外国も、米国は、国内侵害の教唆(271b)等はともかく(立法なき限り)方法の使用には認めず国内ユーザの管理・利益に基づくシステムの「使用」を認め(Deccaは国内主体)、海外主体には「教唆」を論じる(NTP v RIM)。英国は、海外からの間接侵害品の提供に係るユーザのシステムの「使用」を論じる(Menashe)。ドイツの近時裁判例も、教唆等共同行為を除き、専ら方法の「使用」の越境侵害を論じる(独PokeGoも生産否定)。
11) 中山・特許法[第4版]382頁。
12) 前掲注9)10)等参照。
13) 田村・WLJ297号は日本特許の特許性にも疑義を呈する。

今期の裁判例索引

地方裁判所

家庭裁判所

民事判例 27──2023年前期
みんじ はんれい

2023 年 12 月 20 日　第 1 版第 1 刷発行

編　者──現代民事判例研究会（代表・田髙寛貴）
げんだいみんじはんれいけんきゅうかい
発行所──株式会社日本評論社
　　　　〒170-8474　東京都豊島区南大塚 3-12-4
　　　　電話 03-3987-8621　FAX 03-3987-8590　振替 00100-3-16
印　刷──精文堂印刷
製　本──難波製本

Printed in Japan ⓒ 現代民事判例研究会（代表・田髙寛貴）2023　本文組版／中田　聡　装幀／林　健造
ISBN 978-4-535-00255-5

民事判例26 2022年後期

現代民事判例研究会編

日本評論社

好評発売中　定価 3,080円（税込）

第1部　最新民事裁判例の動向

取引裁判例の動向　溝渕将章　／　担保裁判例の動向　角　紀代恵　／　不動産裁判例の動向　伊藤栄寿
不法行為裁判例の動向　竹村壮太郎　／　家族裁判例の動向　松久和彦

第2部　最新専門領域裁判例の動向

環境裁判例の動向　島村　健・大塚　直・越智敏裕　／　医事裁判例の動向　米村滋人
労働裁判例の動向　山畑茂之　／　知財裁判例の動向　城山康文

第3部　注目裁判例研究

取引1──改正前597条2項ただし書[現598条1項]の類推適用による使用貸借の解除
　　　　（名古屋高判令2・1・16）三枝健治

取引2──新型コロナウイルス感染症の流行が結婚式場の利用契約に与える影響
　　　　（東京地判令3・9・27）山城一真

担　保──給与ファクタリング取引を金銭消費貸借契約であると性質決定した事案
　　　　（東京地判令3・1・26）角　紀代恵

不動産──スーパーマーケットの利用客が、レジ前通路に落ちていたかぼちゃの天ぷらを踏んで転倒し、
　　　　負傷した事案について、店舗側に安全配慮義務違反はなく、店舗の設置管理に瑕疵があるともいえない
　　　　として、店舗側の損害賠償責任を否定した事例（東京高判令3・8・4）橋本陽介

不法行為1──離婚に伴う慰謝料として夫婦の一方が負担すべき損害賠償債務が履行遅滞となる時期
　　　　（最二判令4・1・28）島戸　純

不法行為2──不法行為に基づく損害賠償債務につき、遅延損害金を民法405条に基づき、損害賠償債務の元本に
　　　　組み入れることができるかが争われた事例（消極）（最三判令4・1・18）前田太朗

家族1──特別養子適格確認事件において実父の同意が不要とされた事例（名古屋家審令3・2・26）山口亮子

家族2──相続人が被相続人の預金口座から相続開始前と後に無断で出金した場合における相続での扱い
　　　　（東京地判令3・9・28）渡邉泰彦

環　境──エネファームを発生源とする低周波音による健康被害に関する差止請求及び損害賠償請求が
　　　　棄却された事例（横浜地判令3・2・19）桑原勇進

医　事──病院で自家がんワクチン療法を受けたが死亡した患者に対し、医師が検査義務及び説明義務を怠った等と
　　　　して、患者の相続人が損害賠償を求めたのに対し、治療代相当額の損害及び検査義務違反・説明義務違反
　　　　による慰謝料を認めた事例（東京高判令4・7・6）櫛橋明香

労　働──休職理由に含まれない事由を理由として、休職期間満了による自然退職を認めることは、いわゆる解雇権
　　　　濫用法理の適用を受けることなく、休職期間満了による雇用契約の終了という法的効果を生じさせるに等しく、
　　　　許されないというべきであるとされた事例──シャープNECディスプレイソリューションズ事件
　　　　（横浜地判令3・12・23）山中健児

知　財──パブリシティ権の譲渡と芸名使用制限条項の有効性（東京地判令4・12・8）長谷川　遼

今期の裁判例索引